沧海桑田，方显人物本色
沧海一粟，犹见历史一斑

沧海文丛

舒新城　著

舒新城自述

三十五年教育生活史

（1893-1928）

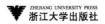
ZHEJIANG UNIVERSITY PRESS
浙江大学出版社

图书在版编目（CIP）数据

三十五年教育生活史：舒新城自述：1893—1928 /
舒新城著. —杭州：浙江大学出版社，2018.8
（沧海文丛）
ISBN 978-7-308-18184-6

Ⅰ. ①三… Ⅱ. ①舒… Ⅲ. ①舒新城（1893—1960）
—自传Ⅳ. ①K825.42

中国版本图书馆 CIP 数据核字（2018）第 088001 号

三十五年教育生活史（1893—1928）——舒新城自述
舒新城 著

责任编辑	罗人智
责任校对	姜井勇
封面设计	周　灵
出版发行	浙江大学出版社
	（杭州市天目山路 148 号　邮政编码 310007）
	（网址：http://www.zjupress.com）
排　版	杭州林智广告有限公司
印　刷	绍兴市越生彩印有限公司
开　本	880mm×1230mm　1/32
印　张	11.625
字　数	300 千
版 印 次	2018 年 8 月第 1 版　2018 年 8 月第 1 次印刷
书　号	ISBN 978-7-308-18184-6
定　价	52.00 元

叙

　　我怀着作此书的意思已有多少年，但决定动笔写此书，却是很近的事情。

　　1930 年 12 月 3 日至 5 日，中华学艺社在南京中央大学开年会，我以社员资格出席，最初只想去听听各专家的宏论，绝不想说话。哪知报到的时候，秘书主任马宗荣先生说预备会议决定第一日开会时派我为社员演说员之一。我当时既无预备，又不曾携带书籍，临时得不到题目，只得将我平日的教育意见略为讲述。不料下台之后，蒙许多社友赞许，夜间公宴席中，更有约为个人谈话表示赞同者多人——姓名现在不尽记得，只有郑天民及费鸿年两先生所给我的印象特别深——而当时的主席欧元怀先生于述欢迎词之余，并特别提出我的讲演来说。虽以讲演时的时间迫促，我的意见不能尽量宣布，致使听者有不明了之处，但大家对于我的见解之注意我却深深感谢。

　　还有，当我讲演的时候，中央大学有许多学生在旁听，第二日教育学院更约我去讲演。五六年来我都不愿在学校里演讲，但为着上述的两件事实，也就决然答应，并拟定题目为"我和教育"，于 5 日下午公开地讲了两小时，而且声明要写成一部书。

　　这是我写此册的原因，以下说"我和教育"的含义。

　　在中央大学讲演之前，我本拟定题目为"我和我的教育观"。后来觉得不对：因为我要说的不尽是教育见解，有的是我从事教育的经验，有的是我受教育的经过，而且有的只是些与教育间接又间接有关系的事情。所以最后改为"我和教育"这样,凡属与我个人有关的教育事业、教育经验、教育见解、教育理想、教育方法,以至于个人教育经验,都可以自由地讲出来,供大家批评。

我以为从广义讲,教育是人生中必然的事实:无论谁都得受教育,无论谁也有他或她的教育理想、教育方法。所以我和教育的"我"字可以把它作属于"我个人"的代名词,也可以把它普遍化,使之成为一切第一人称的代名词。也可以说谁都可以把他和教育的种种关系,写成一本书叫作《我和教育》。故这样的书,不能算作一种什么著作,只是一种叙述我个人与教育有关系的各种记事册而已。

当我未讲和未写之前,我也曾想过这样的记事册是否有写出的必要。我固然受教育二十余年,恃教育为生者又十余年,但是反躬自问,我对于教育的任何方面都不曾有深切的研究,我的记述,不过是个人教育生活史的自白,在教育学识上自无贡献可言。——但是再三考虑的结果,我仍要将"我和教育"写成,也有一种很重要的理由。

我以为人的思想之所以如此如彼,除了他的思想能力是根据他的天禀而外,其余都是为时代的轮子所转移,所以一个人的思想,精密讲来,都是反映时代的镜子。我个人的生活,在人群中,在中国社会上,当然都是渺沧海之一粟,算不得什么。但是我所处的时代与环境却有很大的意义与价值。这就是说,中国社会各方面都有最速的变迁的,要从清末海通以来的近世算起,而近世中变迁最速的,又要算甲午之战以后。从那时起,在国际方面由闭关转到通商;在经济方面由农村自给渐入工业社会;在政治方面,由帝制转到民主;在教育方面,由个别教学转到班级制,由私塾书院转到学校,由考试制转到学年制。至于社会思想的转变更为复杂:自从忠君尊孔的中心思想打破而后,世界上的各种伦理学说,各种政治理想,各种社会主义，各种文艺思潮，都曾在中国智识阶级中占一席地，而以1919年"五四"运动以后的情形为尤复杂。我在此时代中最为幸运，几乎各方面的情形都曾耳闻目见或亲历其境。因为我是生于甲午的前一年，是小农之子。幼时曾受过纯粹小农社会的私塾和书院教育，十五岁以后，又曾受过新式的学校教育，二十四岁以后即从事于教育事业，三十二岁以后专力于教育著述；较难得的是我的生活是由小农社会而转入工业社会。虽然我现在绝不能再回到故乡去过小农社会的生活，但小农社会的种种生活习惯，我仍丝毫不曾忘去，而且很感兴味。同时因为职业与生活的种种需要，对于工业社会的种种习惯我也能相安，它的好处和坏处，我还能判断。在教育方面，我更有些奇怪的经验：就是我当学生时，曾因闹风潮而被开除，更曾借过别人的文凭考入高等师范；当教员时，曾教过几省的中学师范及大学，并曾作过四次风潮的对象而几至于生命不保。所以在现代中国教育的舞台上，我曾冒充过各种各色的角儿，同时也曾做过各种各色的观客。把我的生活历程作根线索，去演述近代中国教育的变迁，我想或者比作几篇空洞的教育论文或者一本教育原理的书册，还容易使人感兴趣一点。所以也就不避夸大之嫌，毅然写成此册。同时希望读者不专把此册看作我个人的生活的记录——私塾和书院在中国旧教育制度上占极重要的地位，但其中生活情形，现在的青年便无从经验；我这记录也许有可以供研究中国教育史之参考处——而从这不完备的记录中追求时代的精神、推进时代的轮子，使它日日新、又日新，那是我所馨香顶祝的。

我写此书，于表白自己关于教育的生活外，冀供给读者以三十五年间的一部分教育真实史料，故一切以率真为主：在自己生活方面，固然以写作时的"我"力求客观地记述被写作时的"我"的真实现象；对于父母、亲族、师长、朋友亦本此态度，不避冒犯与嫌怨，力求客观。因为我以为"人"是不完全的，"人生"是有进步的，倘若我把我的父母、师长、亲族、朋友都矫揉造作或隐恶扬善地写成完人，或把我已往三十五年的教育生活写得完美无缺，那无异以宗法的观念替他人和自己作墓志，根本不足以表现时代中的"人"与"人生"，亦根本不必写此书。因为立意率真，故事中关涉师友、亲族的地方难免不有冒犯或不敬之处，尚望与此书有关之师友、亲族谅之。如能根据事实，予以校正，则更所感祷。

1931 年 12 月 10 日，上海

付印小记

　　此书自 1930 年冬开始写起，以事务之繁扰，时作时辍，至 1940 年 3 月始完成。以时世多故，深恐写此书之三十余年的史料不易保存，万一散失，即永久无法补写，乃于写成后立即发排，至同年 7 月排就，当即打样十份，分藏港沪各地，以期保存原稿，静待时局之许可，再行付印。1942 年后，旧著三十余种被禁售者达二分之一以上，且其中有纸版亦被毁者，此稿及同时排就之十年书、漫游日记，幸以无成书而纸版得保存。今日重行整理付印，不禁万感交集：盖此书与读者相见，距开始写作时已十七年，其中所述之人与物大多已成过去，而与此书亦即与我个人最有关系之陆费伯鸿先生及余妻贺菊瑞女士亦先后于 1941 年 7 月及 1942 年 10 月逝世也。——就生存者言，我家庭中又于 1942 年 5 月多一幼儿泽迟。

　　书末"写完以后"之末段曾说，"我现在还想用文艺的描写方法写几部'我和什么'以表现我幼年、少年、壮年的全部生活"，我以文字为活已三十余年，自问所能遗留于社会者只有文字，故今日仍存此愿，且拟以余年专心写作、以期完遂此愿！

1946 年 1 月

目 录

第三篇　　教育著述生活

附录一

附录二

第一篇

学生生活

第一章　幼年时代

一、刘家渡

从广义讲，凡自然界人事界的种种现象对于人生发生影响的，都可以叫作教育。 幼年时代的生活习惯自然是以家庭的影响为主体。可是因为童年感受性特强的缘故，自然环境的影响也不小。 就我个人讲，幼时所受自然环境的影响似乎并不小于家庭生活。 所以现在先述我的故乡风土。

我是清光绪十九年（1893）5 月生于湖南溆浦县东乡的一个小村落名刘家渡的地方，从刘家渡三字看去，就可知道它是一个有河流的场所。 不过湖南原是山峦重叠的高原，虽然山间的泉水要自然而然地汇成河流，但所谓河与流并非如黄河、扬子江之浩浩荡荡，渺无涯际，只不过是山谷乱石之中夹有若干流泉，渐渐集合成一个宽数丈、深数尺的小溪而已。

我的故乡是山地，同时也是水国： 因为溆东的山脉从宝庆分三路蜿蜒而西，中间的一路走到我的故乡戛然中止；而三山所夹的两溪之水，正在它中止的地方合流。 所以我的祖居对着溆水的正流，左侧复倚着它的支流高门溪。

刘家渡是以摆渡的地方得名的，是一块方五六里的小平原，分为上、中、下三截。 上、中两截均只有一面临溆水，一面背金山，独有下截多一道高门溪为邻。 上截以李姓为主，中截以胡姓为主，下截则属杂姓，虽然每截不过数十户，但下截却有十几姓： 通常是三五户聚族而居，以刘家渡出名的刘姓也不过十余户，最少的户数要算我姓舒的，就只有我家一家，世居乡左之溇水之滨。 三截的居民都是以农为业，而且多是佃农。 他们的生活除了靠天幸得点纳租所剩的稻子而外，就是靠杂粮（荞麦、油菜）和山财（桐、茶、树、木柴）。

下截因为居两水汇流之地，所以有数百亩沙田，这些沙田虽然常为溪水泛滥冲淹到今年河东明年河西，虽然也要出租金，但是这数十户的农产副业如甘蔗、棉花、桃、李、桑、麻等等都是靠这些沙田生产，利益比佃耕正当农田的好。 同时因为两水汇合，险流渐平，每当夏秋之交，并有鱼汛，本截的居民，大概都具网罟以为捞渔之具。 这种小溪的鱼汛，当然不足以为业，但只要有人去捞，秋收的荤菜，大概是可以无虑。 所以下截的居民在刘家渡中，要算是得天独厚了。

二、幼年生活

现在且说我幼年时代的生活。

我因父母的钟爱，未五周岁便进私塾读书。 所以五岁以后的生活情形应归在私塾生活里面。 这里所讲的只是五岁以前的事情。

舒姓在溆浦县算第一大族，有一舒二向三张四李之谣（即谓全县人口最多，文风最盛的第一推姓舒的，第二推姓向的……），通常都是聚族而居。 独有我家单独世居刘家渡。 五服以内的亲房都在离刘家渡上十余里的龙王江及黄茅寨住居。 而我的故居又是孤立在溇水之滨，半里以内并无邻居；半里外虽有两个小村落可以守望相助，但因既非同宗，又均有一丈余深的水沟隔着，除非年节请乡酒互相访问外，平常是不大往来的；所以我自幼即少和亲族邻舍接触，虽然遇着年节的社戏也跟家里的长辈去参加，但因我曾祖及祖父均系单传，父亲虽有两兄弟，而我在幼年时仍是我家唯一的孩子，家长们自然特别重视；就是参加地方的群众集会，也是守护维谨而不使我与一般邻孩往来，所以我在幼年时代所过的生活，可以说完全是孤独生活。

我家世代业农，且为佃农。在曾祖父及祖父时代都是以佃田力耕为生，故生活也很困苦。到祖父中年因我父亲及叔父长大，能代为耕种，且善于经营副业(我家之周围隙地及园场有柑、橘、桐、李、桃等各种果树，稻田除稻外兼种荞麦，沙田则种甘蔗、棉花及桑树等)，家道稍可过去；但除屋场外，仍无半亩田地。只因曾祖在某时曾受人欺侮，立志要送子孙读书，所以父亲在生活万难之中也曾读过几年书，而能记得出账目，写得出书信，在我家历史上要算读书人了。我母生于我家对河徐家湾的徐姓家，无兄弟姊妹，而且当她五岁时，外祖父即逝世，外祖母因生活关系，又中道改嫁，所以我母八岁即过我家为童养媳。她处那样的时代和那样的社会，当然说不上受什么教育。但是我的外祖父天资特高，虽然只在乡间读过数年书，可是他能动笔写东西，并且教过书；只因为人爽直高傲，终于被人排挤以至于死。母亲受了他的遗传，天资很高，而豪爽有打算，对于读书人，特别重视；但因自幼即过孤女生活，故性情极孤僻而执拗。到我家后，常与祖父祖母发生争执，我父亦畏之。所以我家自我母亲成人以后，家事多由其操持，且由之而有薄田数亩。我为长孙，在习惯上应得全家的钟爱，而因我母亲的性情与对于家族的劳绩等种种关系，我在全家中更占了特殊的位置。所以我虽然是贫苦的佃农之子，但幼时在物质生活上所享受的并不弱于中产之家。

我在五岁以前，既少与他家儿童相往还，又无兄弟姊妹做伴，所以在精神生活上是很孤寂的。当时家庭中的长者虽然都很重视我，但他们都有农事上的职务，不能常常和我在一起。与我形影不离的只有母亲，所以母亲是我幼年时代的唯一教育者。

因为母亲自幼便过孤独生活，加以性情上教育上的种种关系，故对于我的期望特切： 她希望我将来绝不再步祖先的后尘作胼手胝足的农夫，只馨香顶祝地向各求神拜佛，祷祝我长大成人时作一个读书种子，得一官半职以显扬我舒家与徐家的祖先。 所以小农子弟的种种生活如放牛砍柴等事，均绝对不准我参加，就是衣服行动也绝不准效邻家儿童的，而得保持斯文气派。 这在她以为读书人应有读书人的态度，幼时即当养成，绝不可有牧竖村童的粗野举动。 可是我生性好天然风景，对于牧童的风趣尤为醉心。 每遇母亲监督稍弛的时候，便跟着叔父和长工（长年的工人）跑到田野间去替他们帮忙。 对于牛尤有好感： 四岁以后，总是背着母亲和牧童商议要他把我放在牛背上骑着，躲到树荫下去唱歌。 每到秋季遇着摘棉、摘橘和收甘蔗、采茶子（采山茶树之子以为制油之用）——这些都是我家的农产副业——的时候，无论如何都得设法加入。 而对于水与鱼的嗜好尤为特别： 我家的后面与左面都为灌溉农田的水沟所围绕，而此水沟的水，又是从上流的溇水引曳而来，所以每遇到河水泛滥时，水沟也跟着高涨而有从河流中冲来的许多小鱼。 祖父常在沟口张网取鱼；到秋汛时，父亲们也常携网至河中取鱼。 我每遇他们取鱼的时候，总得设法跟去，为之背负鱼篓。 如果鱼篓盛满，至于背负不起，用拉纤式的方法把它拖回家中，并且不许他人帮忙。 回家之后，又得帮着母亲、祖母，把鱼剖好洗好然后才心满意足。 为着疲劳过度而睡在鱼盆的旁边，也是常有的事。 所以遇着不如意的事而哭泣时，只要有人拿着网喊声捕鱼去，我就自然而然地止着哭。 可是因为母亲的限制终于不会汩水，也终于不能捕鱼。 不过现在回想当时与祖父父亲们捕鱼的往事，犹使我的童年的天真宛然在目。

　　我的幼年，因为时代和环境的限制，当然不能受现代式幼稚教育。所有的生活习惯，除了母亲的指示外，都是从"直接参加"得来的。 故我幼时所受的教育影响，在人的方面自然以母亲为最大，在物的方面则以我所处的自然环境为最大。

　　母亲为受时代的限制，当然不知有所谓儿童心理。 她对于我，当然也和当时一般人对于他们的子女一样把我看作一个"小大人"，一切的生活规律，当然要以成人的标准为标准。 不过她对于我的期望特切，尤其是因为要使我成人后立于"士林"之列，所以对于我的一言一动，都特别注意养成"君子之风"，所以一切村夫粗野骂人的语言，绝对不准上口，一切欺骗的恶习，也绝对不准沾染。 同时她常常和我讲家庭困难的经过情形，鼓励我向上，而于"吃不穷，用不穷，不会打算一世穷"的几句话，讲得尤多。 在生活上，她确会打算的：我家只有薄田数亩，收入仅足自给，但她于秋收末籴米进来，将自己田里的稻留下，待第二年青黄不接时再粜出去，于冬间再以山芋玉米之类为食。 所以仅有的收入，卒可年有积蓄。 我因为她管教过严，当时常常以离开她为乐，可是我数十年治事做人的基础，却都是在那时代建立的。

农村的环境大概是很天然而闲静的，但是我的故乡除去这二者以外，还有一种难于言语形容的优美。 那门前流水，无昼无夜地冲着顽石，发出悠扬雄伟的歌声，使人听着，自然而然地感着自然的伟大、个人的渺小。 不论有什么苦闷，只要用心静听一会，便会心广气爽。 而我家四周的果树，种类极多，无论何时都可闻着花香鸟语。 春天的桃花，夏天的李花，秋天的梨子，冬天的橘子尤其令人可爱。 我幼年的生活除了夜间要睡在室内以外，白昼的光阴，最大部分是消磨在树荫之下、流水之旁。 虽然母亲不准我上树，不准我泅水，但花香水声我是可以尽量闻听的。 我数十年对于自然美的感受性特强，对于文艺的趣味特厚，那时的自然环境，未始不是一种很大的力量！

这是我四岁半以前的生活情形的简述。

第二章　私塾生活

一、故乡私塾

私塾是中国历史上传衍下来的东西，是中国社会经济制度下面的产物。它的价值如何？它在教育上的效用如何？都留待后来去讲。这里只述我个人私塾生活的经验。

甲午之战而后，在京师以及交通的地方都有人提倡举办新式的学校，但是以我故乡的闭塞，当然受不着这种潮流的影响，就是与国家存亡攸关的甲午之战的一件大事，我们乡下的老百姓，到现在还是不曾明白知道。他们当时乃至现在的唯一希望是在"圣明天子"的治下过太平日子，使他们的子弟有余力读书识字，乃至于得一官半职以"扬名声显父母"，那就是幸福无量。所以乡村农人在职业上虽不一定需要读书识字，而对于"士为四民之首"的传说，却有一种先天的认识。故无论何种小地方，只要有几个孩子，有几家能供给一个先生生活费的人家，便得共同醵金，集成一个学塾，延请一位先生来教读。

我的故乡，一共不过二三十户人家，而且都是纯粹的农人。那时能认得字写得信的不过几人，但他们对于子弟的读书问题仍很重视。他们重视的原因很复杂：有的希望子弟能读几本《百家姓》、包举杂字之类，便遇有账目可以看看写写；有的希望子弟能读几本《千家诗》《幼学琼林》《酬世锦囊》之类，便成人之后可作乡绅；有的希望子弟能读毕"四书""五经"开笔作文章，可以应试得青一衿而跻入士林。　总之他们情愿把胼手胝足由血汗得来的金钱供给子弟去读书，在他们的人生哲学和处世哲学上都是有根据的，而他们的目的也往往可以达到。　所以未改行新教育制度以前，国家不曾有强迫教育的命令，地方不曾有强迫教育的办法，然而呫哔之声，是"十室之邑"的地方都可以到处听得见的。　——我乡那时有两个蒙馆，就是实例。

我乡刘姓户口较多，家资也较富。　他们虽然立不起宗祠，但有一家自耕农，除了住屋外，还有藏稻的仓楼。　刘家的蒙馆，就常设在那仓楼上。　另外一个蒙馆，则是属于杂姓的。　我们杂姓的居民都是佃农，每日三餐(湖南通常每日吃三顿干饭，与江南之以早点代早餐及四川以下午晚点代晚餐的习俗不同，故每日三餐是我故乡的成语)都虞不给，当然无余屋可以开私塾。　好在当地人民对于菩萨是极崇信的，无论生活怎样艰难，求神拜佛的费用绝不会节省，所以我乡的末尾有两所庵堂：　一所在金山的山麓，俗名阁子庵堂，一所在我祖居的后面，名舒家庵堂。　两庵相去约一里许，但前者地面大，房屋宽，香火也很兴盛，后者因为是一族(实际是一家)所独有的，故只有三间小屋，除去供神像及备住持住居以外，再无余地。　故杂姓的蒙馆，总是以阁子庵堂为塾址的。

我是光绪二十四年戊戌(1898)正月进私塾的，那时我的实足年龄还只有四岁零八个月。　入学之早，为我故乡从来所未有。　所以能如此，则完全由于我母亲的主张和力量。

我母亲对于我的教育理想是要养成一个读书人的态度，同时要能入泮中举以光大门楣，所以自幼即不许我过牧竖儿的生活。　照我的年龄，在那个时代，无论如何，都不能进学塾。　只因母亲要送我读"长书"，一切不良的预兆都得避免。　适逢戊戌的次年，是一个闰年，乡俗以为闰年开蒙是于科第不利的，如那年不入学，必得再延二年。　母亲以为这是对于我的时间荒废得太多，故特别提早。

二、入学的第一天

第一天入学的情形，我现在不很记得清楚。只记得阁子庵和我家平行，同在刘家渡下截的末尾。但因一在东面的溆水之滨，一在西面的金山之麓，所以相去还有一里余路程。而这一里余的道路，又得经过几道水沟、两户人家。让四岁多的孩子单独在水旁行走，固然不是家长们所放心，而道旁那两家的狗又是有名的凶恶，无论什么人走过，它们都猩猩然向之追逐，我更无法独行。所以自第一日上学至中秋节，都是由祖父接送。

我乡有句俗话叫做"男服学堂女服嫁"，意思是说：不论怎样顽皮的男孩或女孩，只要送到学塾或嫁到婆家去，便会服服帖帖的；同时也表示学塾与婆家是两个很有权威的地方而为男孩子与女孩所畏惧。可是我当幼时，非常愿进学塾，而不愿常在家中。这第一由于家庭没有小朋友做伴，第二母亲把我当作"小大人"管教过严。所以当祖父送我进学塾去的时候，我绝不感畏惧。我现在还能记得清楚的，是过了上元节（正月十五）之后，母亲就替我预备新衣服、新鞋袜、新帽子，说要送我去读书。我因父亲不时于工作之余，翻阅些小说杂志之类，而从旁认得几个字，遂以为读书并不是难事，而有新衣服穿倒反视为一种快事。所以母亲夜间替我忙针黹时，我总是陪着她，催她从速制好。当上学的那一天，母亲清早便把新衣服给我穿，并且预备一些酒菜备祖父送我到学塾去时带去。早饭后，她一面忙着预备香烛献祖先，一面忙着请祖父和父亲引导我向祖先牌位行三跪九叩首礼。礼毕之后，并由父亲指导我向祖父、祖母、叔父、叔母、姑母、长工（长工虽系雇工，但在生活上则每视为家庭之一员，此为我乡通例）、母亲一一行叩首礼，母亲复嘱向父亲行叩首礼。然后由祖父领导我出大门。 当临行时，所有的长者，都向我说吉利话，祝我"步步高升"，母亲并燃鞭炮相送。 那时我并不知他们的用意所在，不过我有一种很强的印象，就是"读书人到底与人不同"。 所以我那天特别欢喜，在路上一面跳跃，一面和祖父说个不停。

我到阁子庵的时候，那山门外的杨柳、山门里的古柏、佛堂的神像、两廊的尼姑，都好像和我很有渊源，而觉得亲热。 走进左旁的客堂中，见着上面的壁上贴着一张长方红纸，中间写着一行黑字，底下摆着一张桌子，设有香案，燃着香烛。 我觉得和我方才在家中所经过的情形相仿佛。 不过旁边还有一张桌子，摆着些书籍和笔墨，桌旁又坐着不认识的穿长衣的大人，此外并有几张放着食盒的方桌，和家中的情形有些不同而已。 祖父跨进门内，就向那"大人"招呼，把所带的食盒放在桌上而引着我首向那红纸行三跪九叩首礼，次向"大人"行叩首礼而命我称他作先生，次命我向坐在先生旁边的大人和孩子作揖，我都一一遵命。 而礼毕之后，先生便称赞我很好，并命我坐在他很近的一条凳上，而询我的年龄和在家里做什么事等等。 坐了很久，别的家长陆续带来的孩子们有了十几个，然后由先生戴着没有顶子的红帽子（顶子要考试入泮的人才能戴，我那先生不会进学）穿着马褂，换过香烛，在前面引导我们一班孩子们再向那红纸写黑字的长条（孔子牌位）行三跪九叩首礼。 礼毕之后，命我们向家长行叩首礼，家长们又命我们向先生行一跪三叩首礼，再由先生命我们就座，他也就座，并在桌上取一本书向我们宣读（《论语》第一章），我们大家都屏息静听。 没有多久的时间，他先把书放下，起立向送我们的家长作揖，他们还他一揖之外，同时命我们向他作揖。 然后由先生命我们出外游戏，他们则把各人所带的酒菜拿出来圈坐在一起陪着先生饮酒吃菜。

这一群孩子彼此有相识的，有不相识的，但大概都有一二个伴侣。 只有我平日既不和邻儿往来，而且年龄又最小，当然是孤单单的。 可是我在当时并不感寂寞，当初虽然不曾参加他们的活动，但看着他们那样在园林中跑来跑去反很感兴味，所以终于因为一个十余岁的大孩子的一邀，而跟着他们跑了。

没有多久，祖父和其余的家长，都提着他们带来的食盒出来，各把自己的孩子寻着带同去吃午饭。当临走时，我们一群孩子仍各向孔子牌位及先生一揖而别。在归程上，祖父告我先生姓刘，并问我："学塾好吗？"我则以为那里有那样多的同伴和那么宽的地方让我们玩，比孤寂寂地在家里好得多。不过一天要叩那么多的头实在是一件烦难的事情。祖父回家后，在午餐席上把我在学塾的种种行动和先生称赞我的话和问我的情形，一一详告祖母们，大家都很欢喜，母亲尤其高兴，特别煮一个鸡蛋给我吃。并且告我，以后只要书读得好，每天都可以吃一个鸡蛋，父亲则告我以后只要上学去和散学回家时向祖父祖母和母亲们作一个揖，到学堂向先师和先生作一个揖就行了，不必天天要叩那么多的头。

三、私塾课程

第二日清早，母亲仍旧把新衣服给我穿。早饭后，由祖父扛一张我在家中常用的小木桌和小竹椅，送我到学塾去。据他说：庵堂里只有大方桌和高板凳，我太小了，坐不上去，所以特地由家里扛小的桌子和椅子去。我离家之前，母亲要我向长辈们行礼，到学塾后，祖父要我向先师和先生行礼，我都一一遵办。祖父与先生商量把扛去的桌椅安放在先生书桌的旁边，再和先生说几句话，便回去了。

我到学塾的时候，已有几个年纪大的孩子先在那里，围坐在两三张八仙桌旁，翻开书在那里高声朗诵。我是第一次进学塾，当然是无书可读。但据先生说：我家要把我送长书，所以不和其他学生一样地从《百家姓》《千字文》读起，应先读"四书"。不过上大人孔乙己的红本终得要读。所以第一天的正式功课，便是先生亲笔所写的上大人孔乙己的红本。 先生开首教我四句，我因为在家里曾认得几个字，所以并不觉得什么困难，不一会就记得了。 等到中午祖父送午饭来问我读些什么，我便背给他听，先生在旁边反吃一惊，以为这真了不得。 下午又教我四句，我也于散夜学时一同背给先生听；先生指着字问我，我并一一告他。 他忽要我站着不动，提起红笔向我额上画一个红圈，我倒反而奇怪得要哭。 幸亏祖父在旁，说这是认字不错，回去可以吃咸蛋的证明。我乃跳跃随祖父而出。 到家，母亲早已在门外等望，看见我头上有红圈，便大加称赞，抱着我遍向家中的长者行礼。 这夜全家的人员，都好像得着一种意外财产的一般，非常愉快。 虽然因为乡下不曾备得咸蛋，但却由祖母特煮两个荷包鸡蛋以补偿之，总算心满意足了！

　　第三日便把上大人孔乙己的红本读毕，从第四日起始读《论语》。日常的生活，总是早起和夜间在家里温习先生所教的书，由父亲加以指导；早餐后由祖父送进学塾，中午他送午餐去，夜晚他又去接回来。 他所走的路比我要多两倍。 但是有人说起："祚清伯伯，你的福气多好，每天总是为着孙儿读书忙。"他总是带着笑脸说："哪里说得上福气，不过怕善儿（我的乳名）怕狗，陪着他走走玩罢！"

　　这样的生活是天天如此的，无星期日的定期休息，也无年节的放假调节，我也不想有休息的日子。 有时候家里因为亲戚来家要我在家里作陪，我反而哭着要进学塾。 当时许多人都夸我是读书种子；其实，不过是学塾的同伴和功课的不难在那一面引着我，而家庭的孤寂和母亲的严格管理在这一面督促我使我避难趋易罢了。

　　到了清明节的一日，各家长们又一起在学塾聚集，并且各带许多酒菜去。 我们那天虽然在学塾，但是都不读书。 先生则忙于招待家长们，而家长们又于与先生作寒暄之后，避开先生，在对面的一间房间商议各人应担任的学费；于议定之后，一一写于红纸上，举一长者由袖中交给先生，并且向之说几句祝语，然后再将各人所带及先生所备的酒菜放在桌上，一一入座共饮，学生们也在旁吃饭。 这叫作"议学"，即由学生的父兄们酌量各人的家产有无，以为分担学费的标准；将数目派定，书之于册，交于先生，再按端午中秋两节分交先生，以为其家庭生活之资。 至于先生个人在学塾的生活，照例是各东家（学生的父兄）分别按月供以油、盐、柴、米及荤蔬菜等等。 先生不必为个人生活破费，且可稍有余剩以供家庭或亲戚朋友的需要。

我的家庭在当时的乡下也可过去。 但因为我的年龄太小，在邀学的东家（为首邀集学生聘请先生的人）和先生都不把我当作一个正角，所以我的学费和供养（东家供给先生之油盐柴米等日用品称供养）都特别轻。 后来据母亲说，当时只费了她三个半天的工夫，到秋末的棉田里摘野棉花，就把我千二百文一年的学费换得了；所有的供养，不过是端午和中秋送了先生两只肥母鸡和平时送了几十个鸡蛋而已。

端午和中秋，照例要放假一天，同学们都很欢喜。 因为平常除先生生病或有事回家以外，总是天天有读生书、写字、背书等等例行工作，而先生小病或偶然回家，总不预先告知，学生们仍得照常到校，就是工作减少，但也不放心去玩。 只有这两个节日是明白知道的，可以在家里大玩一天。 所以大的同学，未到端午和中秋以前，老早就在那里盼望。 在我的年龄上当然懂不得这些，但我对于假期并没有什么好感，而且觉得学塾比家里好玩，就是节气到来，我仍然要求祖父送我到学塾去。 母亲以为我不能离开先生，便于节日请先生到家吃饭（每家每年总得要请先生一两次谢先生教导之劳，同时由家长询问孩子们的成绩，并付托以种种事情，如从严管教之类），实则我是感于家庭的寂寞而要去学塾去找伴侣，于先生并无何种重大关系。

私塾的通例每年从元宵后一二日开学（开学的日子要从历书上拣选黄道吉日，所以迟早不一），10 月中旬散学。 先生的一年契约就在此时终止。 如冬季仍要续教则须续约，叫作"冬学"。 凡冬学所新请或续请之先生，第二年一定要继续下去，学生上冬学的第二年也得继续。教我们的刘先生，因为第二年要到别处去，所以我们冬学不能继续请他。 同学们大多数都转到刘家私塾去。 母亲初以怕我冬天受冷，不让我转学，要父亲于农隙时替我温课，后以我的坚求终于转到刘家私塾去做学生了。

私塾唯一的功课是读书，读书的唯一要义是背诵；不讲解，更不缀句。 可是我当时的记忆力特别好，竟能在八九个月中把《论语》第一本读完，而且都能背得出。 刘家私塾的黄先生，早就知道我能背书，我入学的第一天，就拣着"八佾"章要我背，背完之后，特别嘉奖，下午放学的时候，额上也得一个吃咸蛋的红圈。 这样一来，家长们固然个个都欢喜无量，而下刘家渡的全乡都把我看作神童，而有好几处人家要谋我作女婿。 终于在六岁的一年由母亲定了姜姓的女儿与我作妻，并且于我七岁时迎接过门了。

四、胡氏家馆

我在刘家私塾读了两年，"四书"便已读完。 母亲因为黄先生未曾入泮，对于我将来的前途恐怕有妨碍，所以又改送到中刘家渡的胡家私塾。 那里的先生姓胡，名求馥，字香泉，他是"秀才"，是我全乡唯一有功名的人。 他在家乡教书多年，照例是不收蒙童的，只因他与祖父在髫年时代有相当的交谊，而且认过同年，所以也就收了。 入学以后，一面读《诗经》，一面讲"四书"。 我于背书之外，又知道讲书，对于学塾的趣味更为浓厚。 那学塾离我家有三里多，沿河而上，要经过两个村落。 为怕狗的凶暴，开首尚由祖父或父亲伴送；后来因为路途太远，他们没有许多时间陪我，我便一手携着饭筐(内盛午饭)，一手执着竹杖，与狗作防御战，结果居然为我战胜了。 不过母亲终不放心，所以读过两年将《诗经》读完《论语》讲毕的时候，又送我到龙王江本家的私塾去。

在胡氏私塾除读书之外，还学了一种江湖玩意。胡先生本知医，常为人治病，但他患脚肿，自己屡治不愈。偶然遇着一位走江湖的郎中把他的病用符咒针灸和刀圭治愈。这位郎中是曾经读过四书应过试的，医卜星相，无所不知。他们谈论之下成为知己，他常住胡先生那里，一面行医，一面替他管教学生。他嗜鸦片而无多钱去购，常用"掩眼法"剪着纸人儿差出去向别人家中偷烟，结果非常圆满。不过他这方法，是永远秘不告人的。但我们对于他的多才多艺非常钦佩，常常向他学这样那样，而实际上他一样都不肯告人。最后当他临去的前两个月，因为他特别看重我，竟把他自以为最灵的"水药"教我。所谓"水药"者，是用符咒练水，遇有跌打损伤即可用法水治愈，而不假药力。我当时曾照着他的方法，练过七七四十九天，并且用刀划破舌头试验过，只因不曾正式治过病，它的效力究竟如何，至今还在模糊影响之中。可是自此而后，看了一些医卜星相的书，脑中装满着江湖义侠的思想。二十岁结婚后为着家庭问题，敢于只身远游。这种先入之见，倒是一种帮助。

五、龙王江

龙王江离我家十余里，以我那样幼小的年龄在理本不能去。只因为先生是一位族叔名舒建元，他与我父亲的交情很厚，他的夫人和我母亲的交情也很厚，所以就把我寄居在他的家中。我在那里读了两年，虽然把书经读完，但是讲解很少；虽然于第二年开笔作破题（八股文之首两句）和应制诗的首联，但成绩很少。不过在这期间有一件很重要的事情要说的，就是我的解除婚约与再订婚。

姜家的女儿是我七岁时过门到我家，她的年龄，大概比我大两三岁，她家离我家不过半里多，她的相貌，我现在已记不清楚，不过据母亲说是很好看。 但不知什么缘故，我非常之不欢喜她，好似有夙仇地一般，她替我做任何事件我都不要她做，而且常常要欺侮她，常常弄得她哭。 经过了两年多，越闹越凶，母亲对我素为严厉，无论什么事，总是"令出唯行"，但我对于她的种种举动，母亲竟无法制止。我要去龙王江读书乃是我对她一种最后的决绝的表示。 我家和她家家长们看得这种情形，都觉得前途非福，而她自己也有不堪其苦之感，卒于我去龙王江之后由两方家长们协议解除婚约，把她接回去另行字人。

我去龙王江的第一年在舒家私塾读书，离我那时未婚妻之家的大门坡有三四里，第二年因学生过多，移校于离她家不足一里的后溪垅回龙阁庵堂，她现在已故的胞弟贺才作与我同学。 他比我长一岁，学历却比我少五年。 但我们一见如故，非常要好，他有不懂的地方总是我教他。 可是他的家里我不曾去过。 但他的姨母家就在我家的近旁，第二年的正月，他同他母亲和姐姐到姨母家拜年，我们因是同学常相往来，而时时与他姊弟在一起，一共玩了十多日，母亲们看出了种种情形，竟把我俩的婚姻订了。 而我的一生以至于"我和教育"的种种，也由她们代定了大部分。

此外还有两件事也应得说及的：

第一是大家庭生活的陶冶： 我去龙王江的第一年是寄居在族叔兼教师的舒建元先生家中。 他家上有祖父、父母、叔父母，中有姊妹兄弟十余人，下有儿女侄辈十余人，帮工十余人，全家共有五十余人。虽然荤菜、零用是按照两大房的人口单位各立门户，但饭和蔬菜都是从一锅出来的。 形式上固然是一脉相承的四世同居，实质上除了几个成年的在大系统之下，略过他们小范围的小家庭生活以外，其余未成年的人，男男女女，都混在一起过日子，也很能表现几世同居的气象。 这样大的家庭，组成的分子又很复杂，自然不能说没有勃豀，但在"孝的宗教"之下，兄弟间在形式上总是很和睦的，下面的妯娌们和孩子们纵有什么不相投的地方，也不能尽情显露，而况我那时年龄很小，对于人生里面的险诈当然无从领悟。 我所感到的，只是那里有许多亲爱的同伴，有许多关心的长者(他们一半是真心，一半是客气，但对于我幼小的心的影响则是一样的)。 我觉得这个世界富有热力，能温暖我的童心，能培育我的热情： 我当时虽不曾对于我家庭的孤寂与冷淡有显明的反感，但我非常欢喜它的热闹，非常爱好它的自由。 我在家里最想做而不能做的牧牛、耕田、捕鱼、打猎、砍柴等等活动，在那里不独可以自由去参加，而且有最可爱的同伴陪着我、指导我去做。 故我每到下午散学之后，总是同着伴侣，去山间丛林采野果、野菜、野菌，或去溪流乱石中寻鱼、寻虾、寻蟹以为晚饭的特别添菜。 在我幼小的心灵上，林间水中的种种自由活动，已给我以无限的欢乐，而采寻有得，携回家中，一般长者所给予的赞许，更予我以无限的鼓励。 所以有时竟在东方未明之前或者日落西山之后，留在山间水中工作而使那位族叔母特别担心，每每以送我回家为恐吓的制止。 可是我在那里，已视为最乐的乐土，愿永远在那里过日子。 有时为着年节的关系，也不得不回家去，但到了家中，总是如坐针毡、坐立不安。 不一二日便得设法转去。 在这样的现象中，我曾博得父母、祖父母以及乡里长者的许多称赞，将我当作天亶聪明的孩子看待。 不知我当时之所以如此如彼，完全是为的好群的本性与自由的想念两件动力所引诱所支配！

第二件是自然与社会环境的影响。 我的故乡占有山水林泉之胜，风景已是难得，但是在溆浦全县中还要称作平地。 这就是说： 四周虽有重重叠叠的山脉围着，然而峰峦并不怎样高，山上虽有郁郁苍苍的树林，然而林木并不怎样深；就是溪流，也不十分险峻，可以行船，峡石也不十分巉岩，可以行人。 这样的平地，自然可以使人陶醉，使人艳羡。 可是在山里的人看来，实在是太平凡、太寻常了。 所以我初到龙王江读书的时候，凡是关于上山爬岭的活动，每每为同伴们瞧不起，而不许我参与。 所幸我的天性好动好胜，绝不因他人之轻视而自馁、且更因之而自奋，所以不久以后，便为同伴同学们视为同志了！

第一年的校址，是在龙王江的村口上。 那里只有三间正屋，一间厨房和杂房，是族人专建为学塾之用的。 它前面是上通凶坳后溪垅、下通高门溪的大道。 舒姓数十家就在桥那边聚族而居。 它左临后溪垅的溪水，上有木桥沟通大道，右边数十步便是龙王江。 江边的沙洲，和我故乡的情形相仿佛，只不过不是沃野，不能种树而已；而江头的石山高出水面数十丈，下跨着不见底的碧绿深潭（名庙潭），上有不知年代的大树数株；在古木之中，并有一座雄伟宏壮的龙王庙可以作休憩聚会之所；庙下有一座碾谷的碾子，终日有流水冲着轮子，在那里替全龙王江的人把谷碾成米供他们做饭吃；则非我故乡所有。 更难得的是江上有一座木桥，可以让我们于先生有事或课余之后，自由从江这边走到那边，看看那边几家小都市的客栈、杂货店和那些从宝庆挑烧纸（作纸钱用的纸）的客人。

我所寄居的人家，离学堂有三里多路，从学堂放学回去，系从校门沿着溪边的小道上去，走过一里多路的地方，有一个水车在那里借流水的力量冲着车轮把一段一段的枫树在石头上磨香粉（把木料磨成的粉用方五寸的模型包好晒干后、挑到城里售给人家作神香的材料，故叫香粉）。 这水车叫香饼车，是当地人民的一种产业。 这种车轮是借高丈余的直流水的力量冲动的，它的声音大而有节奏。 我每走过这地方总得停步静听它自然的音乐和观察那律动的轮转。 再走几十步过一座小石桥，便是山麓。 从这山麓由松林中上行一里多便到我寄居的地方。 我初去的时候，那位族叔母怕我不能走路，午饭总是差人送。后来我觉得那香饼车的音乐之美和那松林中的幽静之美，竟不是我一天两次的欣赏所能满足，遂于一个月后，连午饭也自己回去吃。 这样地每日来回四次，至少要走十四五里的路，我对于自然固然多了许多亲近的机会，我的身体的健康也受赐不少。

六、回龙阁

　　第二年移到后溪垅回龙阁，那自然所给予我的影响更大。 龙王江自然是山地，但还有一块方二三里的平原，而且前面有可以行舟的㴑水支流。 站在学塾前后一望，总可有数百丈宽的眼界，还可看见一片整齐的田垄。 回龙阁则建在山谷之中的一个小丘上：它的四周都为山峦紧紧地围着，虽然在道路旁也有田垅，但最大的田土，总不会有二三亩以上的面积。 可是磨枫树的香饼车和碾谷的碾子，却是前后都有。 这里的户口不过二十余家，都是以"山财"为生活的源泉。 他们种茶叶、种甘蔗、种玉蜀黍、种茶油树、种山藷、种辣椒、植林；除了岩石划作不毛之地外，凡是可以种植的土地，不论是山峰、山坳，都是生产的场所。 他们的稻田虽然极少，但玉蜀黍与山藷可以代米，所谓食的根本问题在他们是不生什么问题的。 至于衣的布疋，他们有剩余的茶油和甘蔗、茶叶等可以交换。 住则自己山上有材木，而且大半会建筑，只要将可用为建筑的杉树砍下，把树皮剥下当瓦，再加一点锯凿之力，一座简单而实用的住宅便已成功；所以住，在他们也是无问题的。 至于行，他们有强健的脚力，有充分的时间，爬山上岭，固然是家常便饭；而且，他们与外界往来极少，除了为换盐与换布每若干日要由乡间派人挑点木柴、带点茶叶到市上去以外，平常是无此需要的； 那些甘蔗和玉蜀黍等等如有多量的生产时，城里的商人自然为着生意上的利益要跑上门来讲交易，更是用不着出去。 总而言之，现在闹翻世界的衣食住行的大问题，在他们都不成为问题，或者至少不成什么重大的问题。

　　他们过的是很自然的生活，虽然不能断定他们之间没有诈欺，但他们所受的经济压迫绝不如现代都市人民所受的大；那种压迫的方法更不是他们所能梦想得到。 他们在生存上，既无须为剧烈的竞争，他们的天真也得多保存了许多。 譬如我们那些学生，十三人之中有十一人是从外乡来的，但他们对于大家都是一样地看待： 我们虽然带荤菜而由伙夫种蔬菜，但蔬菜下种之后，要经过长久的时间，方能采食。 在这青黄不接的时期中，蔬菜非仰赖他人供给不可。 他们知道我们这种情形之后，常是轮流而且争先地拣着他们肥且美的蔬菜送来，并且要请先生转嘱我们去采。 倘若我们缺着一件什么东西，要向他们家中去借用时，他们不仅欢欣地交给我们，且要看作有很大的光荣。 他们对于先生尤其重视： 每到年节，大家都要请他去吃饭，平常到了吃过夜饭的时候，先生的房间或者佛堂的天井中总是坐着许多本乡的老人和少年，围着先生听他讲《说唐》，讲《水浒》，讲《三国演义》，讲《包公案》，讲《荡寇志》以及其他的种种故事。 平常遇着乡间有什么重大的事件和争执，总是请先生代为解决，就是日常的婚丧喜庆，也得请先生选择日子，且作上宾。 在这种种情形之下，先生不独是全乡的领袖，而且作了日常事务的顾问。 所以一乡有了一个私塾，那乡间的人民都无形中感到一种光荣；而学塾与人民之间，不独无后来学校与人民的隔阂或仇视，且成为彼此不可分离的友谊。 现在回忆起来，那时的情景，真所谓三代以上的羲皇上人了！

那里的人民虽然不多，但社会活动的范围并不怎样窄狭，其现象也不怎样单纯。 因为每逢观音或雷祖菩萨等等的生日，四乡的男女老少，每每成群结队来烧香，我们照例放假去替住持作招待客人、收拾香烛、抄录签句的种种事情。 而每年一度的秋收大戏，更予我们以直接参与社会生活的机会。 这样的大戏是专门有所谓"本家"的，即富而风流的绅士或少年，集合若干能唱戏的人员，组织流动的戏班，到处受个人或团体之雇请，于一定的时期中，为之演戏。 秋收大戏照例是由一乡一村或数乡数村醵资合演的，正目的为酬答神恩，副目的为聊资娱乐，但实际上则往往反副为正，而以娱乐为主体，酬神为形式： 所以每当秋末冬初演唱大戏的时候，各地住民，常常不问男女老幼尽室以行。 因此集合的人特别多；就是我们的学塾，也每日下半天都放假。 而社会上的种种人物、种种现象也可由戏场中一一看到。譬如说： 茶馆和面馆，除了到过县城里或赶过大场——乡俗每隔十余二十里之地有市场一所，每五日为互市之期，轮流周转，乡人之要购买货品或出售产物者均于此行之，叫做赶场——的人，是不容易见到的，有大戏便可见到；乡下少女平时更不容易出来，有大戏时，大概都得盛妆而出；此外，如酗酒、争风的种种事情，也都是大戏场中所不免的。 至于由戏中表演出的桃园结义的义气、武松打虎的勇气和孔明的足智多谋、秦桧的奸恶凶狠，都足使淳朴乡人的心坎中印上一种强而活的烙痕。 我们幼弱的心灵，对于这些当然是更感兴趣而有更强更深的印象了。

回龙阁的自然环境更给我以很大的影响。 龙王江虽属山地，但塾址所在地仍为通衢，每日有不少的行人往来经过，常常影响及于我们的恬静；而江湖派的送字先生，更不时来扰乱我们的工作。 回龙阁深居山中，上面的种种尘嚣，自然无缘和我们相值，而那茂密的丛林和清澈的流泉，更给予我以身体上精神上无限的滋养料。 这庵堂的后殿、大殿和山门建在一座小岗上，故从前面去要走二三十级石阶，石阶的下面，是一块广数亩的菜园，四周都是很古的松树。 由菜园向左走十余步便是后溪垅的溪流。 这溪流不知从何处发源，但从它的水量看来，可以断定它底源头最多亦不过十里、二十里地。 因为平常只是宽三四尺深一二尺的泉水，围绕着庵堂从东向西流去。 我们只要堆几块石头在水中，便可由这边跨步达到彼岸。 可是这溪水对于我们的效用很大， 日常的洗濯与饮料固然取给于它，而从春末到冬初，它更成了我们的重要的游戏场。 因为它水不深，流不急，无论什么人，去玩弄它都不会发生什么危险，所以每当夕阳将下之时，我们总是结伴去那里搬石头、捉鱼虾，夏天更常常把它当作天然的游泳池，在那里游水乘凉。 我对于水和鱼自幼就感奇趣，但故乡屋前的河流过大，常有不可测的危险，而不能尽情去弄；屋后的水沟常不时干涸，又不容我尽情去弄；龙王江私塾旁边的水也因为过大与缺少伴侣而不能如我的意。 只有这里的水既晶莹清澈，又温柔皎洁，能涤我的垢、洗我的心，最使我满意。 所以我在那里一年，除了大雨之后，溪水泛滥涨满两岸使得我不敢尝试，总是当作必修的功课，每日一定要去亲近几小时。 而我后来每间若干日不看见水便感不安的习惯也在那时植下了根基。

回龙阁除后殿、大殿山门之外，还有客房。 这些客房是围着后殿、大殿三面的，一共有二三十间。 因为岗基为大殿占去，所以客房都是吊脚楼(以悬柱作基,使上面之地板与其他地板平行叫吊脚楼)，客房的四周又都围着很深的丛林；每当东方将明的时候，那清沁脏腑的山气便和在树上栖着将醒未醒的鸟声袭人而来，使住在这些客房中的孩子们都感着无限的愉快，跳跃着争先恐后地起床，更于朝霞映上树尖的时候，争先恐后地念书；而当夕阳将下，暮霭幂笼着全山的瞬间的清爽山气，又袭人而来，我们的书声也更与倦飞而还的鸟声相唱和了。 这样的日课，是我们最愉快最自然的工作，不要先生督促，更不要家庭约束。 把它和现在的学校生活相较，其相去真不可以道里计了。

此外，那丛林占地数亩，有参天的松柏，有长绿的修竹；更有不知名的乔木与野草。 每当春暖风和的时候，百花怒放，百鸟婉转，我们一些天真的孩子们都为这花香和鸟语所陶醉，而每于午餐后效宰我之昼寝。 先生虽为孔子之徒，但对于我们这些宰我尚不以朽木相讥，有时且和我们同样地梦见周公；且于日晖从西边斜射到我们书桌上的时候，常率我们去林中采菌采笋，以为佐餐之资。 在那里我们不独不畏先生，且视之为我们真正的家长，而诸事信托他、依赖他。 我们的生活，俨然是一个家庭：先生是家长，我们同学是兄弟，一切都很和睦而自然。 我在那里，不独感到家庭式的学塾生活为我所必需，且感到自然环境的不可离。 我虽然也觉得那里没有桃李、梨橘等等果木有不如我故乡的地方，但竹笋和栗子则远非我故乡所能及，而最使我醉心的，是可于搬石捕鱼的流泉中，听得黄莺的歌唱，闻得山茶的花香。 所以自元宵上学而后，清明、端午、中秋的三大节家中遣人来接，都不愿意回去。 在那里十个月的生活，使我于无形之中认识了自然的优美，同时扩充了社会的见闻。 论进步在文字方面虽然不及前几年，但在生活的意义的方面，则远非前几年所能及。 我在私塾的生活，也可以说我学生生活的全部，要以那十个月为黄金时代了。

我于那年 11 月初返家，原因是我那位族叔的先生，要自己预备考试，不愿意再教蒙馆，致误他的前程。 同时又找不着继任的，于是我们的学塾只好解散，我们同学也只好东西分飞。 当我们分别的时候，大家都有依恋不舍之感，而我与贺才作更至互相哭泣；我则于先生朋友的伤别而外更舍不得那回龙阁的山水和丛林至欲长居其中。 可是幼弱的愿望，终于敌不过命运的支配，10 月的某日，终于在哭泣中同着父亲走上归家之途！这次使我最伤心的是我与才作的生离竟成了死别(他于翌年因病弃我而逝了)。 我于他死后之第三月，由学塾归来，方由母亲告知他死的消息，我闻言未竟即号啕大哭，而且终日不食。孩子的心竟有如此的感动，实因他是我那时唯一的知己、唯一的良伴！

七、八股文和应制诗

我在回龙阁还受过几个月制艺训练。

我家送我读书的目的，本在求青一衿以扬名声显父母，我在回龙阁就学时虽然是清光绪三十年(1904)，清廷已有废科举之议，但其影响是不能及于偏僻的乡村的，所以我在那里从族叔舒建元先生学习"开笔"时，仍是习八股文和应制诗。

八股文在中国的科举场中有了几百年的历史，一称"制义"或

"时文"，又称"四书文"。据梁杰的《四书文源流考》说："南宋杨诚斋、汪六安诸人为之椎轮，文文山居然具体。"在宋时不过是论文的变体，到元仁宗定科举考试法，于是王充耘始造八比法，名曰书义衿式；明初又重定体式，至宪宗更以功令规定文字之字数。文中有破题、承题、起讲、提比、虚比、中比、后比、大结八大股，故名之曰八股。破题两句，道破全题要义；承题申明破题之义；起讲又名原起，为一篇开讲之处；提比又名提股，为起讲后入手之处；虚比又名虚股，承提比之后；中比又名中股，为全篇的中坚；后比又名后股，畅发中股未尽之义；大结为一篇之总结。全篇字数清顺治定为四百五十字，康熙改为五百，后又改为六百。明清均以此取士。

八股文注重章法与格调，在文学史上自有其价值，但在教育上则桎梏人性，可称无以复加。因为文章的格局与字数以及题目（通常以四书为限）均有限制，而且要作古人口气，代古人立言，学者不能自由发挥，纵有长才，亦在章法与格调之中销磨净尽。我当时就学的目的既然是"应制"，对于这敲门砖的工具，当然要学习。所以在回龙阁除去熟读"四书""五经"外，还要读"时文"。"时文"的范本大概为"闱墨"之类。读过若干篇"时文"之后，族叔便教我模仿它们的前两句作破题。当时作过的什么破题现在已记不清楚，不过总觉得太拘束，每每搜索枯肠，得不着两句好句子而甚以为苦耳。

应试于八股文外，还要作诗，叫作应制诗。所谓应制，义为奉诏命而作，唐宋人诗文即有以应制标题者（唐上官仪有过旧宅应制诗，宋欧阳修有应制赏花钓鱼诗），但体例较自由，明清之科场应制诗，则通常为五言律诗，排比要极工整，而且只许就题目字面描写，不能发挥性灵，其受拘束与八股文同。因为诗中的词句要讲对仗，所以通常在作诗以前要先学"对对子"：即先令学者记熟若干对比的词句，以便实行作诗时有现成词句好用。我在回龙阁时，族叔于夏日夜饭后乘凉时教我以"对对"。最初所学者大概为天对地、山对水、清风对明月、高山对流水等等习见词句。 经过一二个月，再出题教我们作第一联的两句诗。 当时作过些什么诗，现在也不记得了。 但对对子中有一个故事，却使至今犹能记忆。 这故事述一好酒者于夜间至其友人家扣门求酒，友人出对子给他对。 其谈话如下："谁——我；何往——特来；老兄好一小弟安；几时回府——明日返舍；去，不敢屈留——来，定要叨扰；灶下无灯无火——厨中有酒有肴；为客贪杯，断非君子——做东惜酒，定是小人；夜已深，不可传杯弄盏——天未明，正好行令猜拳；冬冬冬、当当当、三更三点，——来来来、斟斟斟、一口一杯。"这种宝塔式的词句，确易上口，而由此词句描绘出来的种种，也与儿童生活经验相近。 所以我们当时都很有兴趣，而每于无事时互相问答，所以记忆得很清楚。 (这方法很能启发儿童的思想，扩充儿童的词汇。)第二年春我投入水东张浣泉先生的门墙，即弃八股文与应制诗而不作，对对的玩意儿也不再过问。 我一生受制艺的训练只有在回龙阁的几个月，制艺训练所遗留于我的，只有上述的那件故事。

八、商业经验

从龙王江回家之后，因为是在冬初，不能得着适当的学塾继续入学。 适逢先一年，父亲与叔父分居，父亲即于那年与人合伙在高门溪开店。 那店的资本共有若干，我当时和现在都不知道。 但脑中有一个很强的印象，就是那片店是高门溪唯一的大字号。 记得店面有五开间，营业的项目很多，有染坊、屠坊、药坊、南货种种。 那时溆浦县的币制极其紊乱，凡属商号都可以自己发行兑换券，其通行范围的大小则以该商号的信用与资本为标准。 我们的票子可以通行全县，而且每每为人收藏着不肯用出。 平时别家柜上冷清清的，我们的二三十店员总是有事可作。 一遇五日的场期，则各店员从清早到夜深，都得不着休息，甚至于饭也忙得吃不着。 我回家之后，偶然走去几次，对于他们的忙碌生活很感趣味，而管账又是大老板的谢先生。 他看着我去，总要我去帮他算账。 我在第一年入学的冬天，曾从祖父学过珠算，所有加减乘除的方法，都在若干夜间习完，在算账方面自以为是很有把握的，所以谢先生要我帮忙，我便欣然允诺。 他最初不过是一种客气，后来看见我算得不错，便切实交许多账让我去复；并且告我以种种记账结账的方式，同时和父亲商量要我住在店里正式给他做助手。 我在那里住了两个多月，却从实际生活中学得许多应用的旧式簿记与商业常识的知识。 这两个多月中的实际教育建立了我对于商业的兴趣，其成绩也许不亚于进几年商业学校。

光绪三十一年乙巳即公历 1905 年，我已十一岁半。 那年正月，父亲与谢先生不知为了什么缘故拆伙，与族叔某另建商号；父亲与祖父祖母都要我替父亲管理账务，我自己初亦无所可否。 独有母亲绝对不许，她以为商人虽可营利，但是他的地位居于四民之末，就是有钱也不值得人羡慕；在事实上，我家那时的境况，并不需要孳孳为利地去赚钱；而况由锱铢计较所得来的钱，未见得一定可以多过高官厚禄。 所以她情愿店不开，绝不要我弃学就商。 母亲在我家是素有权威的，因为她的坚决主张，父亲们也都没有话说。 可是送到什么地方去读书，却成为一个大费商量的问题了。

九、张氏学塾

我乡虽有学塾三四处，但都是些蒙馆，教师也都是些认字先生，根本上不能容我这开讲开笔（即讲书作文）的学生。 胡家学塾的胡先生虽然自己也是一位秀才，但他教了十几年书，却不曾教成一个秀才的学生。 母亲送我读书的目的在光宗耀祖，为着"恐误前程"的观念所驱策，当然不愿再送到他那里去。 四处寻访，只有离我乡下十余里的水东地方，有一位最有名的张浣泉先生。 他自己虽然也是一位秀才，但他的学生有几名廪生，有多少名的秀才，所以母亲认为最合适。 但是张先生素日不收初开笔的学生，而且学费也很贵，地方又很远而无人照料。 所以当母亲决定要送我去的时候，家中对此数事颇有议论。 结果在学费方面，母亲绝不计较，情愿把自己的"私房"(私蓄之财物也)拿去缴纳，我自己则自信可以自了一切，无须人照料。而张先生经人一说之后，也允我入学。 于是过了元宵之后，我又随祖父所肩的一挑行李向水东的张氏宗祠作学生去了。

水东是方十数里的一块平原，溮水正流从其西面经过，所以地名水东(在溮水之东)，分上下两乡共数百户，都属张姓。 水滨有沙地数百亩，中有草棚数百座，专备每月一、六(初一、十一、二十一，及初六、十六、二十六等日)场期互市之用，平时总是空无一人。 沙地之涯为街市，有商店数十家，经营日用商品，备乡内及过道者购买。 我们的学塾张氏宗祠，在上水东的中间，离街市约半里，离乡村亦数百步，是一座孤立的建筑物。 因为它孤立比较寂静的缘故，所以它作了学塾的塾址已数十年(我们的张先生也是在那里作学生出身的)。

我到塾时正是上午讲书的期间。 我们从正门的戏台下面走过天井看见两旁厢房的楼下有几个小灶，旁边有一张方桌，摆着许多油盐罐和饭盏之类。 祖父告我， 这是这些大学生自己"开火"(自炊饮食)的家具，走进正厅，见左边一张书案，旁边坐着一位年约五十、须发斑白的老者，桌上摆着朱笔、戒尺、笔砚等等，正在那里看着一本书大声向围坐在旁边的十几个少年讲解，知道他是先生，其余的是同学了。 我们轻轻地走进去，站立在旁边静听，既不敢向先生为礼，也不敢向他人询问。 先生看见我们进去之后，只向祖父略点一点头，指着他对面的一张长凳轻说声"请坐"，仍旧讲书。 我们一直等他讲毕之后，然后由祖父告以来意及我的名字。 他略问我的学业经过，即嘱祖父将携去的香烛放在正中的先师牌位前点燃，领导我向之行三跪九叩礼。 礼毕，我按照习惯向他和同学一一行礼毕，然后由他指定一年长的同学，带我到间壁的厢房住下。祖父向先生把我嘱托并向我叮咛种种尊师勤学的话而后依依不舍地回去，从此我又踏入一个新世界了。

我那时在三十余同学中，年龄最小。在张先生的门墙中，从来没有这样小的学生。我初去的时候，很为他们所注意：年长的跑来调查成绩，年轻的从旁加以讪笑。我们的伙食是数人一组分开办的，组员都是先前自由集合的。每组公雇伙夫一人，或者自己轮流任炊爨之事；但无论人炊自炊，菜总得自己去做。我是一个新学生，而且去得比较的迟，当然不能作自由的组员。先生知其然，乃指定我加入年长而人多的一组里。这些同学，因为我的生疏，故意和我开玩笑：常常要我指挥伙夫烧饭，同时并要我替他们做菜。我从前都是吃现成饭的，当然不知油盐柴米的用法；就是在回龙阁的一年，也是完全由伙夫和先生包办，虽然有时也帮着洗洗菜、烧烧火，但对于油盐柴米的使用绝对不能自动。这当前的实际问题，倒给我以不少的困难。然而事实既经如此，我并不自馁，一面请伙夫作导师，一面本自己的心裁，经过若干次试误法之后，居然可以独立调味，博得同学的称赞；而我的烹饪的功课，也就在短期的尝试之中毕业了。

在这里读书两年，除了烹饪的实际知识以外，环境所给我的影响很不少。第一是"大学生"（即应试或有资格应试之学生）的风度，它把我爱好自然的习惯，更加以浪漫化，使我于优游自得翩然自喜之余敢于在半夜中加入"学生贼团"中踰墙偷别人家的鹅（在当时学生偷菜，俗所不禁；主人纵发觉，最多把赃物取去，不能加以责备；有时并明白告人以当于某日某时要偷某家某物。这种风气在当时所谓大学塾和书院中很通行，先生明知而不加禁止，不知是何来历），而逐渐跃为同学中的翘楚。第二是"平地"的景物，扩充了我的眼界；知道丛林流泉之外，还有似海的绿茵，如画的麦陇。第三是社会生活的复杂，使我于"五日一集"之交易场上，看见我前所未见的种种人物、种种物品，无形之中增加我不少的社会知识。第四是孤独的旅途，使我在只身往返于学塾家庭之间，越山渡河，增长我不少的历练。　至于书本的知识方面受益更多：　我在回龙阁虽曾开笔作"破题""对对"，作应制试诗首联，但是诗是什么，八股是什么，都无半点明确的观念。　张先生到底是大先生，他的知识到底和常人不同。　我入学的第三天，他便告我以八股是无用之物，以后不必再作；应制诗是无病呻吟的空话，以后也不要作。　同时给我以当时最流行的张之洞所著的《论说入门》和选集《新民丛报》中的论文要我读；在诗的方面，更选唐诗中之李、杜、古风及绝句作范本；而第一次给我作文的题目便是"立志说"，诗题是"即景"。　更难得的是他于每日上午讲"四书"或"五经"，下午讲《了凡纲鉴》，不独按照句字地讲，而且要比论时事，要提出问题。　我骤居其中，真是喜得心花怒放，觉得这些都是我所要学所当学的。　读过若干篇《新民丛报》之后，更感到"男儿立志当如斯"，所谓安邦定国的经济才，修身齐家的人格力，一定可以从这些功课中求得。　所以兴趣特厚，用功特勤。　不一年工夫，居然能作千数百字的策论文章，十余联的古风。　先生对于我也特加鼓励，有时每把我的诗文发贴(即露布校中,使大家见而自励)，而我在这两年中所最得益而使一生受用不尽的是听他讲完了一部"四书"、一部《了凡纲鉴》，作成了十几本笔记。　至于诗文的修养还在其次。

第三章　书院生活

一、郦梁书院

溆浦县在那时把全县分作七都（现在叫区），每都辖若干乡，由各乡醵资共建一座书院，为本都学子的最高教育机关。我的生长地属二都；二都周五十余里，共有十余乡，乡之最大者为水东和溪口。溪口与水东毗连，人口与富厚二乡相埒，文风之盛，亦以二乡为最。每三年考试一次的全县附生额五十人，二都可占十余人，而此十余人又十分之九以上是属于此二乡的。所以二都书院的学生，也最大部分是这两乡的子弟。他乡子弟之入书院者，大都看作例外。

这两乡的富厚与文风既然为全都之冠，对于书院经济上的担负，当然也较他乡为多，根据经济势力的原则，书院的院址自然以便于此二乡的子弟为本位。所以我们公共的郦梁书院也建立在离溪口很近的虾蟆潭的山林中，而离我家有二十里之遥了。

书院的学生一定要能自动求学，书院的山长，除了改课卷讲经文之外，绝不教章句。而入学的时候，又得经过相当的考试。所以进书院是比较进私塾困难，而每每被视为一种光荣的事情。以我的年龄和学历，在一般人乃至于我的家长和我自己都不曾作入书院之想。但清光绪三十三年丁未即公历1907年春天，我竟因张先生的推荐，并经过一篇文章的考试和同学四人一同入郦梁书院了！

郿梁书院在滨溆水虾蟆潭的山林中，离溆水之滨约一里余。这山高出河面二百余尺，历石级数百级而上，便是一条为茂密松树荫蔽的大道；两旁有山田若干，伴大道而行的为一泓流水。走过大道便是广数里的松林，松林中高阜上有一座广大的建筑物便是书院。它的房屋甚多，从历石级十数而进的大门起，到再上数级的讲堂止，两旁有专为住居工丁和"游学之士"（即告帮的穷书生）的厢房。讲堂地甚宽敞，可容数百人，中为山长坐位，旁列几席数十。两壁有朱熹写的盈丈的"整齐严肃""孝弟忠信"八个石刻大字。四柱与檐枋上的金漆匾对，更照耀炫目，使人自然生严肃之感。讲堂的左右，均有门通别室。右边一栋有房屋数间供山长居住，左边一栋有房数十间供监院带同学生居住。在山长住所的隔壁，更有圣庙一座，供孔子及其弟子与乡先贤的牌位。其日常生活情形如学生自备伙食，和每逢三八两日由先生出题课诗文等等，均和在水东私塾时相同。所不同者，先生不止一人，学生不缴学费且有膏火可得而已。

二、书院的规制

书院对于我虽然也是一个生疏的地方，但有旧同学四人同去，在伙食以及学业上都可自成一组，比初到水东私塾时已便利许多。我们四人之中的三人都是水东乡的张家子弟，年龄都在二十岁上下，故上学时除挑行李的挑夫外，无须人伴送。我则由父亲带一挑行李的工人，先至各家邀集三人一同出发。到院的时候，照例先见监院，由监院领见山长，向之行礼毕，再由他介绍于先到的同学十余人之前，然后引入宿舍，于门外张贴姓名及房间的字号。因为我们到院，在正式开学之前，所以初到时并无严肃的仪式。经过三日，学生来的渐多，所有的宿舍将近住满（约有七八十人）到第三日的晚上由山长条谕各生于明日早餐后，整齐衣冠齐集讲堂静候率领赴圣庙行开学礼。第四日的早上，我们多把早餐特别提早，争先恭候于讲堂之前，等监院与山长到来，然后随之出院转入鲜红的圣庙大门。 门内为一大天井，中有水池，池上建石桥，与桥上端相接处分为三列，中列为刻有双龙之斜石坡，左右两列为石级。 石级与石坡之上再为铺石之平地，平地再上一级即为孔子正殿之阶檐。 天井之两旁为走廊及厢房。 我们入大门后不走正中的桥而从左边之走廊上去。 由侧门入正殿，则见殿门大开，灯烛辉煌。 中间殿堂供"大成至圣先师孔子"牌位，其下竖"当今皇帝万岁万岁万万岁"牌位，入门之两旁各有小殿堂供孔门四贤牌位。 我们向先师牌位行三跪九叩首礼后，再向四贤行一跪三叩首礼，复走至两厢先贤乡贤牌位前行礼如前，再出庙门，进院门，直到讲堂，由监院指挥同学向山长行一跪三叩首礼，复由同学向监院行三揖礼，并彼此互为一揖。 然后山长就坐，讲学而一节，同学静听毕，由监院指挥学生退去。 这一幕开学礼所费时间总在二小时以上。 但全体同学都肃静无哗，随着山长及监院的步趋为步趋，而山长及监院更郑重其事地屏息无声。 一种雍容静穆的气象，到现在回想起来，还使我肃然起敬。

那里山长是贺金山先生，监院戴世求先生，一是廪生，一是秀才。 他俩掌教此间已有数年。 门生数百人，"入学"的数十人，故声名洋溢于乡里。 我因为当时年龄过幼，对于他们的性行如何，无详确的观念。 不过他们那年近五十道貌昂然的表情，很足以使人生敬畏之感（我在那里一年半，不独自己而且从未听得同学对他们有所怀疑或批评的）。

书院照例是有学田的。 所谓学田就是由当地人民对于书院所捐助的田产，以其租息供书院的一切开支。 故山长和监院的薪金都有院产供给，学生无须纳学费（但初入学的时候，却要量学生之家的有无缴点钱，叫作"贽敬"，是一种见面礼的意思），更无须乎宿费，只要能自备膳食而有相当学力的人都可入学。 只要学力较优、文章较好，就是膳食的费用也无须自备，且可得钱养家。 因为书院的公产，除了供给山长薪修及杂用而外，总是有剩余的，此种余款大概是提作奖励学生的奖金。 此项奖金叫作膏火， 其奖励的方法，是每月或每旬由山长出文题、诗题听学生撰作，呈送山长评定甲乙，规定在若干名以前给以奖金。 其数目视各书院财产之丰啬为断。 应试者不限本书院中之修业生、私塾生或他院生亦可应试；而全县每年总有若干次檄全县士子之诗文题，故能力优越之人，常常每月可得奖金数次，于维持个人生活外，还有余力供给家用。

当时的鄜梁书院，也是所谓"新派"，文章不作八股而作经义策论，诗不作应制体而作古风及普通律诗。 在书院中除了课诗文与讲述经史而外，其余的工作，山长很少有干涉，听凭个人自由努力。 而讲学的时候，大概要先讲一段进德修业的经训。 山长自己亦很注意于德性及学业的修养，除在讲学时发挥其心得外，并常常将自己读书的札记公布于众以助模仿而资鼓励。 学生相习成风，无不努力自学，而尤注重札记。 我们四人因在张氏私塾讲过一部《了凡纲鉴》，对于历史有相当的基础，而学着袁氏的评注作札记，尤有助于我们的文章，所以每旬作文，我们多是得着膏火的。那时的膏火虽然最多不过制钱一千文，少只二百文，但我则除去零用外，第一年还有四千文带回家中，致我的母亲为我喜而不寐，逢人必告，而乡下的父老更是互相传述而视为下刘家渡地方上的奇迹了。

我在鄜梁书院最受益的，第一是眼界提高， 因为贺先生的学养，到底比张先生高一筹，他所发挥的经义和史论，都是我闻所未闻而视为惊异的。（他讲《左传》时所发的政论与所谓史家的笔法，更为我后来习古文开一条前径。）一面对他起崇敬之感，一面对自己便有自卑之念，无形中增加了许多努力。 就是自然环境也较后溪垅为广大， 虽然院址是在松林之中，四周除了春耕秋收有少数的农夫到附近来耕种而外，并无别的人家，但松林广数里，四季常青的风景，已使我有海阔天空之感。 而走出院门不一里，便可望见我溆唯一的大河，由数十里蜿蜒而来，更数十里蜿蜒而去；两岸的田陇复星罗棋布，将农村无尽的宝藏都一一呈现在眼前。 这些更足以扩大我的胸襟，而引起我自负的精神。 第二是文思大进。我在水东时即已好作笔记，但经贺先生的启迪而后，对于历史的趣味更厚，又将《了凡纲鉴》重读一遍，所作的札记更多。 虽然文体很受了《东莱博议》的影响而有点空疏，但文卷的后面常常得着"气势雄厚"和"大气磅礴"的批语。 记得当光绪三十四年（1908）我正十五岁的时候，乡间的金山上，忽然有所谓南岳菩萨显灵，由一穷乡绅黄某传出，附近居民信之，趋而进香者络绎于途，数月之间，竟在荒凉的山头上建立十余座建筑物以为南岳行宫，同时将山名改为南岳山。 适其时乡间闹猪疫，我家所喂的七口猪都染着瘟疫，父母以为南岳有灵，向之许愿，若猪好当以一头奉献；同时并向坛神（不知所自始的一种神只，职司畜牧，家中神龛上为之另立花坛，每间一年由巫师禳之）许愿，准猪好请巫师禳解。 不料两处许愿未及五日，而七口猪陆续死尽。 母亲以为这是不诚心所致，还要买猪来还愿。 那时我正读范缜的《神灭论》，而作一篇文章赞扬他，对于鬼神之说本已怀疑，及见父母向南岳菩萨及坛神许了愿而猪陆续死去，忿恨异常： 以为神是聪明正直的，照理不当受人间的贿赂，就是把人间所许的愿当作一种的收入，至少也得替人家把事情办好，才可以告无罪于人。 今既无功反要受禄，实是人间最卑鄙的行为，还有什么资格称神。 我把这些意思演长了作成数千字的文章，贴在我乡过道的茶亭上。 被中刘家渡的一位黄先生看见了，以为天才，而约我去他家谈话，使我与他的儿子复强及其内侄胡惠人订交；而从前教过我的那位胡香泉先生知道了，则警告我以后不要如此猖狂。 我不服气，更将他所说种种记出而另作一长文驳之，送交黄复强看。（这两篇是我有生以来最痛快的文章，可惜现在找不着底稿了。）同时更将神龛上的花坛于夜间暗自取去丢到河里。 等到第二天早上父亲上香不见花坛正在四处寻找的时候，我乃毅然直告，并举种种理由以为非丢去不可之证。 好在那时我对于南岳菩萨的攻击已闹得满城风雨而无人敢直接向我辩难，同时社会上都相信"神童"是神降生的，我胆敢做这些事，必定另有神力在暗中主持；所以父母对于我也就不深加责难。 可是南岳山并不因为我的"檄告有众"而衰落，仍然日新月异地发达下去，一直到 1931 年我回家的时候还有零落的香客去朝拜。 不过我家神龛上的花坛却永不再见，而巫师也和我家永远绝缘了！

第四章　县立高等小学

一、"洋学堂"

清光绪三十四年戊申，即公历 1908 年的秋季，我与由农业社会所产生的私塾与书院告别，而开始过现代工业社会所产生的学校生活了！

那年的春天，郦梁书院山长受着县正堂(现在的县长)的命令，筹备于下年改为二都初等小学堂。 但我们的年龄与学力都在初等小学之上，不能再在那里久留了。 所以到秋季开学的时候，除去不愿进学堂的以外，都送到县城之西卢峰书院故址的县立高等小学堂。

我国颁行新式学校制度是光绪二十九年(1903)的事(1902 年张百熙奏订钦定学堂章程，但未实行，即由张之洞改订)，我那边僻的溆浦，虽也以功令所关，于 1903 年由知县苏萱烈督率邑绅董正汉、邹士桢等就城东文蔚山卢峰书院改为高等小学堂，但乡间的人民对于学堂都以"洋学"视之，还是希望科举不停，便读书的子弟得青一衿以光祖耀宗。 我家，尤其是我母亲对于我的期望，当然会超出一般人之上的，由书院跳进学堂自然不是她和他们所赞同。 但是我却很醉心学堂，且预知道母亲们的心情，所以先到县城里应试，被取录之后，再回家去夸张的说明，讲我是为山长所选定，非去不可，且以毕业后可得廪生(当时奖励规程如此)动之。 好在那时的学堂，一切费用都不要，只要带着换洗的衣服和被褥，就可以有书读(上学用品也是由学校发给的），在经济上既不增加家庭的负担，她和他们也就让我进"洋学堂"了。

我那时已整十五岁，早过学龄之期。但当时的学校系在草创时期，一切都不能按照规章实行；加以内地风气未开，一般人民，对于学校多属怀疑，以奖励科名之说动之，尚虞入学者之不踊跃，对于学龄当然无所限制。所以我那时进高小，在全班四十人中，还算是很年轻的。

入学的时候也是举行考试，应试者虽不如现在小学生之多，但也须为竞争试验。记得那次报考的共一百零数人，收两班正取八十名，备取十名。考试的科目只作一篇论文。我旧同学九人之中取了六名。我的学名改为维周。

学校对于我确是一件很新鲜的事情。那校舍的堂皇，人数的众多，自然是前所未见；但那头门、二门、大厅、讲堂、厢房的等等种种形式，长衫、马褂、辫子下的种种人物，也大体和郿梁书院的相去不远。使我认为新鲜的，就是头门有门房、号房，有学生会客室，二门有学监室、舍监室，进二门后有摆有若干桌凳连着的木器和两块大黑板的讲堂，再进有堂长室、教员室；正屋之外，左右两边的厢房一连几十间都摆着四张两屉的书桌和四张凳子，再从右厢房走进另一院子，所有的房间中都挤满了木床，外面悬着第几自修室、第几寝室的牌子，使我悬想着讲书、读书和睡觉分开的趣味。而最使我感到新鲜的，第一是师生的漠然：我的行李挑到门房之后，便由门房引去见监学。我见着监学，以长揖为礼，他只坐着点点头，也不问什么，只嘱门房指挥粗工将行李带到一定的寝室，摆上贴有我的姓名条的床上，再由他领到一定的自修室中，占有一套贴有姓名的桌凳，他便去了，让我自由行动。那位监学姓甚名谁，门房不曾告诉我，我也始终忘记去问他。其他的教职员不曾见面，更无从知其姓名了，教师与学生之间好像是路人一般。第二是少爷的派头。我知道官家的子弟叫少爷，少爷是什么劳动的事情都要别人代作的，学校既把我们乡下的孩子们当作少爷看待，所以工人也特别多，除了门房、号房、厨房的等等工丁外，自修室寝室也每两间有一个专人伺候，所有饮食起居的事情，凡属可以不必自己动作的，都由他们代劳（连饭都要人添）。　第三是起居的机械。　无论什么地方，自讲堂、食堂、自修室、寝室、会客室以至盥洗室、厕所都贴有若干条规则，一举一动都得顾忌着规条，好像没有规章就不能生活下去的一般。　第四是学校和社会的隔绝。我是乡下孩子，当投考的时候，看见学堂门口挂着两张虎头牌写着"学校重地，闲人免入"八个大字，就有点胆怯不敢进去；等到我进去之后，送我的工人因事再要进去看我，被门房拦住骂一顿，适我从旁边经过，虽然彼此见着了，但我心里非常不舒服，回想到后溪垅的情形，给我以无穷的感慨。　此外还有许多不甚习惯的事，在当时虽然也感着新鲜，但时间稍久便也成为自然了。　只有这几件事，多少年来还是不能习惯，还常常视为新鲜的事情。

二、开学的一天

我进校的时候离开学的日子尚有三天，所以教师同学都不曾到齐。　到第三日的夜间大家陆续到齐，我们清冷的广厦也顿形闹热了；而自修室、寝室里的喧哗的情形则正与那些规条所说的相反。　老班生（高级生）说，这是未开学的情形，开学礼行过之后，便有监学和舍监们监视着我们不能随便乱动，非请假不能随便出大门的。　到第四天的早饭后，同学们正在校前大坪游戏，忽听得大锣的断续声音从东门而来，不久并见十几个人穿着戏台上打大旗者所穿的号衣，戴着无顶子的红帽，分作前后两队，中间挟着一乘四人抬的蓝呢大轿，最前面有两面大旗，写着县正堂夏；锣声就是从旗后的两人手中发出来的。　这种现象在我虽是第一次看见，但从我看戏和看小说的常识上，知道是县官来了，却不知道他何以一直走到学堂前面来。 等锣声可以达到院内的时候，我第一次看见的那位监学，穿着补服、戴着顶子出来招呼我们进去，而三层中门也都洞开，许多戴着顶子、穿着补服的先生们都在最末一层的厅上站着。 我对这种种，都极感兴趣，于监学招呼之后，虽然也跟着大家走进校门，但并不去自修室，只在门房对面的会客室中偷看。 不到几分钟，呒喝之声渐近，锣声亦止，蓝呢轿子也停在头门外，从轿中钻出一位年约五十、白胖留须、穿着补服、戴着顶子的老者，我断定他是县正堂了。 他下轿之后，即有四人跟他进校，其余的都在门外。 他走到大厅，与在厅上的诸人一一拱手行礼，即与另一老者（校长，当时称堂长）对坐在正中的坑上，其余的都坐在两旁。

他们正在讲话的时候，便听得铃声绕着自修室和寝室响，大家都知道这是昨日堂长布告上所说的"明日午前九时诸生齐集圣庙行开学礼"的时间到了。 我们争先恐后地从右旁自修室的侧门走到后面山上的圣庙，静候着监学的指导，分班站在大殿之前，等到堂长和县正堂并肩、先生们随后走到大殿立定之后，由监学司仪向至圣先师及先贤等牌位行礼后，由堂长、县正堂二人训话毕，他们先出，同学则作鸟兽散。 （此后每逢初一、十五早八时，均由堂长率教职员学生赴圣庙行礼，礼毕并讲圣谕广训）但中饭的菜特别好，除了平日的两荤两素一汤外，并有满碗的鸡、鱼、猪肉、牛肉四味。 据老班生说：这样的盛馔，一年可吃到六餐，即是两次开学、散学及端午、中秋两节。

这四日之间，认识的朋友很多，对于学堂的事情也知道一些。 譬如说，不曾问过姓名的那位监学我知道是吴先生，不曾见过的堂长，我知道他是舒立淇先生。 同时更知许多教师的姓名和他们的特殊习性。 就是学堂中种种作弊的方法，如在讲堂上看本课以外的书和夜间在被褥里偷着看书等，以及同学们教师们的种种徽号，如堂长因秃头而被称做"玻璃灯"，某人特高而有"油榨桧"之号等等，也都知其大概了！

开学的那天的夜里，吃了夜饭不久，天还未黑，便听得铃声响。据老班学生说：这是上自修室的铃声，所以我们在各处的都得各归本室。当我从堂长室外面走过的时候，忽听得有"铛"的声音连敲七下，到处一望，知道这声音是从坑上面壁上所挂的一个八方玻璃盒中出来的。我站着仔细一看，那盒中划有多组直线和斜十字，并有两根像针一般的黑东西，左右还各有一圆洞，下面有一根铁丝，吊着一块圆东西在那里左右摆动。这东西在我是第一次看见，对于那针的自动，着实有点诡异。方要进一步再去考察时，堂长室里忽然有人走出的声音，便拔脚走到自修室里。后来知道这个玻璃盒就是"自鸣钟"，我们早起、晚睡和上课、下课、吃饭等等都得受它的指挥。我想到它对于人们有这样大的势力，是由于它能自动自鸣！但它为什么能自动自鸣，却不能再往下追问了。

三、生活一般

从那天晚上起，我便在起床、排班、点名和上课、下课，又排班、点名、就寝的铃声中过生活。早起夜睡的两次铃声，固然给我以许多不快之感，但还没有什么大不了：因为我前一年的冬天，曾经跟乡下的拳师习拳，那时还在练习，起身比别人早，铃声和我没有妨碍；就是就寝的铃声往往把我读书或做事的兴趣打断，但我还可等舍监查过了齐以后，暗中点起灯来继续我的工作。只有那上课下课的铃声，真使我厌恨不过：它好像铁面无私的魔王一般，操着"命里注定三更死，不能留人到五更"的大权，一声叮当，不问你什么样有趣味的事情和最努力的工作都得放弃去上讲堂，而非得它再叮当几声，更绝不能离开讲堂。我厌它、恨它，然而又无法不服从它。这真所谓矛盾的人生了。

初去的时候，我对于功课虽然嫌先生们写得太少（那时我县购不着印行的教科书，都是由教师拿一本书将课文在黑板上写出，令学生照抄），教得太少，但还有一点兴味。 因为从讲堂上我可以看许多人和许多先生，同时更能听到许多所谓地球是圆的，雨是地上的水蒸气遇冷凝结下坠的种种新奇的话。 后来在阅报室看见许多从前未看过而最愿看的书报（室中不仅是报纸杂志，连新书也陈列其中），对于讲堂上的功课更感着枯燥无味。 第一教师们所讲的太平常，远不如我在书中所看的有趣；第二，每五十分钟写一课讲一课，实际上只够我十分钟抄阅，有四十分钟是白费的。 （这不一定要怪教师，因为他们所用的是小学教科书，是教十岁上下的小孩子的，我那时的年龄与学力都够得上中学了。）当初想不出办法，只好"身在讲堂，心在阅报室"地混过去。 后来忽然想出一个妙法，就是在讲堂上虽不准带别的书去看，但是充作写笔记般地用笔写东西是可以的。 所以每当下课十分钟的休息时间，跑到阅报室去看几段文章或诗词，到讲堂上来默抄。 更后来则于教师讲书时手不停挥写文章。 记得有一次忽然想到未婚妻的脚应该放，在一日的课堂之间，写了三千余字一篇长信，从各方面说明放足的理由，寄交岳父，使他读后吓了一跳，可是他的女儿却未遵命照行。

四、万寿与国丧

我县的县城前滨溆水，后依华盖山；城周不过三里，只一条正街，几条小街，我虽属乡下人，但除初次进城稍有新奇之感而外，以后亦视为平常。 且进城须用钱，我既无钱而又好山水，有暇多在校前河滨或校后山中游散而少进城。 但在清光绪三十四年（1908）十月，却有两件事，使我对于城里发生兴趣，那是"万寿节"和"国丧"。

所谓"万寿"不是万人的寿，也不是一人有万岁而称寿，而是"当今皇帝和皇太后"的生日。 在那时无论什么寺观，在佛坛前面，都供有一块木牌，上面写着"当今皇帝万岁万万岁"的字样。 光绪三十四年十月初十日，是慈禧太后的生日，例须举国同庆。 我县自光绪十七年（1891）被土匪焚毁县署而后，十余年来，匪患时闻，地方未靖，很少举行盛典。 三十四年八月，由孙之湘任知县。 孙为山东聊城人，生长北方，习于北方风习。 初次莅任，欲于"万寿"时大举，以示与民同庆，故在九月初即行筹备。 十月初全县街道，均用五色绸布，搭设"幔天帐"——即用各色绸布搭帐篷将街道遮盖，县署外以及各城门口均扎彩色牌楼。 县署及学宫等处亦均开放，任百姓游览。并从其本地雇来杂耍若干人在县署杂耍，同时并于十月一日起，在县署内及城隍庙演戏。 城隍庙之戏，民众可自由去看，县署之戏，则逐日排飨绅士。 十月初九全县绅士均集县署祝寿。 初十早八时，我们由堂长率领赴县署行祝寿礼。 中晚两顿均吃酒席，并有寿面。 夜间并在城内考棚内大放焰火，我们的夜课亦豁免，而可自由去看。 我对于这种新奇的玩意自然很感兴趣，而不时与同学去街上闲逛。 可是某次上经学课时，堂长偶尔说及此次"万寿礼节"之隆重，为我湘多少年来所未有，但所费当在数万元之巨。 我那幼小的心灵上，却无形中印了一种深刻的印象。

　　不料"万寿节"的欢愉未完，到十月二十一日清德宗（光绪）卒于瀛台，我县于第三日（我县无电报，消息须由辰州府交驿站转达，故迟两日）得着消息，正要举行"国丧"，第四日又得着慈禧太后逝世的消息（她实死于二十二日），于是成为两重国丧。 所有人民的一切婚嫁、娱乐、宴饮都须停止百日，须发亦须百日不剃。 我校于得到消息之日，即由学校每人发给青布一方，缠之左臂，同时并由堂长率领向礼堂所设灵位行三跪九叩礼，礼毕，复讲演种种礼节及禁忌（如宴会之类）。此后之一百日中，每日上课之前，均由堂长率向灵前行礼。 我自然是跟着大家奉行故事，可是内心中却笑其虚伪无聊，恨其强人所难，而无形中增加对于帝制之不满。

五、课外种种

我在县立高等小学读书三年，除了每日要上四五次课不得不费去几点钟时间而外，对于功课很少去自修，因而剩余的时间也很多。我利用剩余时间，可分为下列种种方法。同时更本着郿梁书院的习惯，立定一个自学表，使它们能分途进行。

第一是看新书。以溆浦那样偏僻的地方，当然购不着什么真的新书，但阅报室中有《时报》《新民丛报》《国粹学报》《安徽俗话报》及《猛回头》《黄帝魂》《中国魂》《皇朝经世文编》《西学丛书》《皇朝蓄艾文编》《时务通考》等等。我因从张浣泉先生养成一种作札记的习惯，对于涉猎各书均录其精要而附以意见。对于《黄帝魂》《猛回头》尤为醉心而嗜读，当时章太炎《驳康有为论革命书》，及《猛回头》之重要词句都能背诵。我 1911 年被开除学籍，大半是种因于此。

第二看小说。我非世家，家中无多藏书，以前的教师又大都自命为圣人之徒者，除了"四书""五经"之所谓正书以外，不许看别的书。所以在水东以前，课外的读物只有从那位走江湖的胡医生手里，借来一些关于医卜星相的古董，胡乱囫囵地读了一些；到水东与郿梁书院则把剩余的时间都用在看《了凡纲鉴》和作札记上面。到县立高等小学而后，对于历史的趣味渐渐淡了，同时遇着一些富有藏书的朋友，可以借书看，同时又可以到市上书店买书，于是发现小说的一种宝藏。在那里三年，除去前一两个月外，无日不看小说，现在还能记得是那时看过的书名有《三国演义》《东周列国志》《红楼梦》《水浒》《西游记》《说唐》《今古奇观》《聊斋志异》《西厢记》《阅微草堂笔记》《包公案》《七侠五义》《儒林外史》以及林译的新小说及鼓词等等。因为没有人指导，而且要偷着看(总是下课躲到圣庙里去看)，所以看的东西漫无系统。可是对于社会各方的知识却增长不少，文章也无形中进步了许多。而扶弱不依强、傲上不傲下的习惯，也大半由这些小说所养成。

第三看理学书。同学向觉明(达)的父亲历官广东各地，最好藏书。他有家藏《曾文正公日记》的影印本，觉明携至学堂，我初看见那版本阔大、印刷精美的东西，欢喜异常。并不问其内容如何，便向之借阅。一阅之后，觉得他所讲的种种修养的道理与方法都深合我意(所谓我意还是从张沅泉先生读历史得来的，并非我的真正的意思)，便囫囵吞枣地从头至尾一本一本地看完，作了许多札记，并仿曾氏办法写日记，详记功课及言行，而于自己的错处加种种记号，随时翻阅以资反省。同时还读了一部《朱子学案》，也一样的作札记。而堂长舒立淇先生教修身，借许多先圣先贤的言论教给我们的处世作人的种种道理，他自己又是一位讲究真心诚意的学者(平日危坐，绝不偏倚)，所以我们都很受他的益处。二十年来，我做事负责任、待人以忠恕，也都是那时读理学书和那位舒先生给我所植的基础。

第四习字画。我在儿童时代，即欢喜乱涂乱画，只因无人指导，而且常常被禁止，所以没有成就。到高小后有图画和习字两科，不仅许我自由绘画，而且有教师专教，高兴非常，课余总是执笔乱画。第二年和黄复强同自修室，他有一部《芥子园画谱》，更被我视为无限的宝藏，无日不对着谱去画，所有谱中的松竹梅兰，以及别种花卉人物山水，大体都学过。虽然当时自己也莫明其妙，但是很为同学所称赞而替人画过中堂、屏条等等。在习字方面，起初并无特别注意，因在南洋劝业会中，辰溪县有位米子和用口写字而得奖，于是好奇心大发，每日必临帖，并可口写。字的成绩当然不足道，但是宣统二年(1910)，我从长沙回溆浦的旅费，和1913年在武昌两个月的生活费，都是从卖字中得来，也是一种奇事。

第五习武艺。我幼时在家中曾学过一点拳术，很看不起学堂的体操，但对于扛子浪桥都很欢喜，更约同朋友，自己制备弓箭，常于夜饭后到圣庙背后射箭，而在临睡之前扳弓、走浪桥、翻扛子。 这些活动，当然没有什么特别的成绩，但我那样终日地手不释卷，而身体并不曾受一点影响者却不能不归功于这些活动。

以上所举的五种事都是功课以外的，要同时办到似乎是很不容易，但是实际上我每日都把这五件事一律做到了。 第一因为我那时的学力，已在我的学级之上，所以对于课内的种种工作并不费什么事，且能把课内的时间移去做文章。 第二是我在水东及鄘梁书院时即已养成了自律的习惯，对于每日的工作，均能自定时间表而实行之。 这五项事情的支配，我至今还大概记得： 新书是在每次下课之十分钟及早午饭后休息，教师请假的时间中读的；下午下课后到晚饭前及休假日照例走到校外去看小说（因为校内不许看）早晨上自修室后之前半小时看理学书，晚间上自修室之最后一小时习字画（其余的时间温习功课）；早起及就寝时习武艺。 所以各方面都能顾到而能平均进行。 此外还从手工图画教师学了一点铁笔，替别人和自己刻了不少的图章，不过不当作日常的必修的功课罢了。

在高小三年的日常生活，大体不出上述的范围，但有三件特殊的事情，有一件与我一生的关系特大，兹为记之如下。

六、小学教员检定

清宣统元年（1909）的十一月，学部令各府举行小学教员检定，溆浦县为辰州府四县之一，其检定地点，在辰州府治之沅陵县中。 府治在沅水之滨，离溆城二百余里，从曾经去过的人的口中知道那地方的风景很好，局面很大，对面的辰州关，为湖南最有名的木税肥缺，其书院、考棚（考试的地方）尤为伟大。 因为我十二岁正打算于应县试之后再去应府试时，适逢祖母逝世不能进考场，常使我梦想着考场的风味和辰州府的风物。 这次在劝学所门口看见检定小学教员的布告，便约同黄复强、刘耕莘等四人，托故向学校请假，并假造几个名字（非小学教员不能应考），向劝学所请领公文。 那时对于检定是什么，一般人不甚了了，愿应试者很少，所以劝学所明知我们是假名，学校明知我们请假是托故，也都故作痴聋地让我们去了。

照理，检定小学教员，其方式当然和旧式的考试不同。 但是那时科举方才停止，科举的种种都还遗留在"士人"的脑中，所以考试的地点仍在考棚，考试的方法仍是头场经义，二三场策问。 五鼓入场，点灯出场，均以放炮为号；点名时由提学使派去的考官及府正堂并坐公堂，由皂隶按名唱号，应考者于听得唱自己的姓名时，趋前向主考者长揖为礼，然后持卷按照所编的天地元黄、辰宿列张等之号头各觅座位；点名完毕，即将头门落锁，场内由监试官带同若干小书吏分段监考，发现夹带枪替等事，便立即送之场外，取消考试资格。 第一场试毕，经数日始放榜，榜上有名者，第二、三场方可与试。 这些情形与科举时代的考试完全相同。 但老于应童子试的人却以人数过少（共三百余人，不足座号三四分之一），不热闹，考生太规矩，不威风！（科举时代每逢考试，考生总要闹风潮。）

我们去的时候是从溆水顺沅江而下，舟行两日，便到府治。 寓居一个小客栈里，每日每人连房饭只要五十个制钱，到目的地三日便是头场考试，可是为着等候放榜及考过二、三场而后，竟把我们每人所带的五千制钱，用去大半。 弄到结果，我们连回来乘船的钱都没有了，而走两日半的陆路归家。

我们同去的四人第一场都是榜上有名，等到三场考毕，我们即起程回家，但家里却接二连三地得着"捷报高升"的报条。 我母送我读书的目的，本为谋青一衿，当光绪三十一年（1905）我县举行末次岁试时，我正预备应试，适丁祖母之艰而中止，虽然为着大义所关，不能表示不满，然而心里却很懊恨，好像一个小秀才的顶子在那里等候，而我家无福去领取。 科举废后的洋功名，虽然不如从前的有价值，但有一重功名总比没有的好。 所以我家赍着我考取的报条，全家都欢喜非常，邻人并献酒相庆。 母亲在此时的愉快，真不可以形容。 等到我只身回家的时候，她正在厨房烧饭，听得我的声音立即把预备好的爆竹取出燃放。 一面慰劳我，一面怨我不先通知等轿子接风。 家人、邻人之闻我取得功名归，都来道喜。 我母于欢愉的自谦中，忙着倒茶、送烟和讲述算命先生对我测算的种种故事。 而厨房里的一锅饭，已在她的忙碌中变成半生不熟的焦粥(因为下米时不曾搅动，火力过大，便致下面干焦，上面成粥，中间不熟)等到客人去了，大家预备吃饭的时候，才知道又是一个吉兆，而唱着"封侯"(成粥的谐音)"升高"(烧焦的谐音)口号，再向我道喜。

那时候的我，也似真的得着一个光祖耀宗的功名回来，而喜得手舞足蹈! 过了几日，报子又接二连三地来了几次，我的被取已经证实。 所有的亲戚家里也得着捷报，而亲人来或遣人向我道贺。 岳父贺重任先生新从常德卖蓝靛回来，听得消息，更喜不自胜地约同岳母，亲自把他从常德贩来的大鲤鱼带上十几条，说是祝我高跳龙门。他们更于言语中有意无意地露着他们女儿的高兴，好似要借此鼓励我的一般。 我听了自然欢喜，可是他们把我想念她的心情提起而又不使我们相见，反把我的愉快给苦闷夺去了!

得了功名要请酒，这是习惯所规定的，可是请酒的钱，习惯却不能负责而得自己筹措，这在我家里是一个重大而不易解决的问题。 终于父亲的见闻广，说我在小学毕业，还有一重功名，不如等那时一起办理，所以除去对私塾几位先生送去一点礼物，算作谢师而外，什么酒都不请。 这问题总算得个相当的解决，不过另一问题继之而起，又费了我家许多人的时间去讨论。 这是因为我已经有一重功名，且规定可以在小学当教员，而我现在的学校，也不过是小学，以小学教师的资格进小学，不是太不合理吗? 幸亏得我自己的知识欲很强，不愿意离开那人多书多的学堂，抬出"高等"两个字来做护符：说由检定所得的资格，只能教初等小学（当时确也是检定初等小学教员），而且指着章程把家里人看，说过几年便会教不成，不如由正途出身，一面既可再得一重功名，一面又可永远做教员之为愈。母亲极为赞成。于是我于第二年上学期乃又以小学教员资格而再进小学了。

七、初去长沙

第二是我在宣统二年（1910）的暑假，与同学张经文雇一只船直航长沙。这事的起因最有趣：我们在学校读了若干课地理读本，知道世界和中国的广大，而每日所看的时报，以及他种新书、新报，都是从湖南省会的长沙来的，我们同学对于长沙大概都把它想象作一个天堂。而那时正是练新兵的时候，前一班年龄较长的同学，很有几位去干投笔从戎的生活，从长沙小吴门外四十九标寄回的信，更是赞美长沙不置。同时幼年同学彭松年正在长沙进法政学堂，屡次来信都说不久毕业便可分发知县（现在的县长），于是长沙在我的脑中，已成为光华灿烂、无美不备的天国，时时以得到长沙一游为快。同学中有张君经文，家中号称富有，他对于长沙的梦想也和我的相同，于暑假前三日偶然谈到长沙的种种，立即决定于暑假中去长沙。学期考试完毕，立即分途回家筹措旅费。我家仅足自给，绝无多钱供我作游历之资，所以我归家将我们的计划告知父母，父母虽不阻止，但对于经费则一钱不给，实即不许我去。哪知第三日张君即亲来我家，谓其祖母允给以大麦十石，又钱十千，我们欢喜异常，通夜商议游历方法。最后，决定把钱作途中杂用，另雇一帆船装运大麦去长沙谋利。

第二日把我们雇船的计划告知父亲，但假说有大麦三十石。父亲以为三十石大麦要雇一专船运长沙，未免太不经济，最好是搭船。我们因为要立即起行，不能久等别人，而我乡的客船都只航行常德、津市，绝无直航长沙的，与我们的目的尤属不合，所以仍请他雇船。 适逢对江桐油林黄某的船空着，泊在我家码头边，便以十二千文一月的船钱与之约定三个月。 第三日我们便乘着他的空船，一直到县城里装货。

大麦是阴历四月间收获的，乡下资产稍裕的人，都要乘着新收的时期将小户人家的出产收集送到城里一定的店号囤积。 张家的大麦是屯在城里李同和商号里，虽然他的祖母只允他出十石，但我们计议之下，觉得这数目实在太小，谋不到什么大利。 所以出货时，竟假其祖母之命将所存之三十余石一律出空。 可是装上船后，船主皱着眉，耸着肩，大声叫着说："张相公！货都出齐了，还浸不着桄子（船边之起码载重线），到青龙滩只有装石头。"这句话是说青龙滩很危险，轻飘的船很难走过，非加载石头加重它的重量不可。 可是当时我们并不懂得，只催从速预备一切，于第三日起碇直赴长沙。

大麦装好之后，我们觉得两人航行千余里未免太寂寞，于是又临时拉拢同学罗品庄等三人，一共五人同行。 在船上我做会计兼庶务，张君是唯一的资本家，其余都是专门消费的劳动家。

山地行船有种种的忌讳。 如早上不能说鬼、说梦，遇着"翻""沉""破""烂"的字样，都要改口说"滚""升""圆""好"。 我们对于这些本来就不习惯，加以那时都自命为科学大家，以破除迷信自任，凡越是船主嘱咐所不能说的，便越要多说而大声说。 船主无法，只得暗中于夜间烧香祷告龙王菩萨不见怪。 我们经过很险的青龙滩：此滩长十余里，水从万山夹峙的乱石中激流而下，水花飞溅达四五十尺的高岸，其声轰烈，至于对面谈话非高声不辨；滩头有庙，供马伏波；庙中麇集滩夫，庙外丛栖乌鸦。 （滩夫靠个人的本能与气力为上下各船撑舵或帮纤以谋生，乌鸦则靠神力专食船主船客的供养。船将下滩或上滩之前，例须以酒食致祭伏波将军，祭后即将致祭时之肉切碎与米饭抛向空中听乌鸦飞集攫食。若乌鸦不来食，即是凶兆，绝不开行。

不过乌鸦习惯了，专以"坐食"为业，从无不食者。其本领绝大，无论怎样抛散，它们都能在空中攫住。）当要经过此滩之前，船主果然命伙计们搬上许多石头，致祭时更特别郑重其事，三跪九叩首地向伏波庙行礼。　我们唯一的快事是抛食物引乌鸦来食，虽然因船主的切嘱不敢立在船头以避危险，但人坐在舱中，浪将头发打湿了，我们还是努力在向空中抛食物。　那一天的船主特别得意，于平安过滩之后，笑着向我们称谢，说今天之所以能如此"风平浪静"（这是船上的常用语，不必合事实）地过大滩，都是我们诚心供奉黑衣将军（乌鸦的称号）的功劳。

　　我们由辰州而桃源、而常德、而沅江，险流一天一天地少，江面一天一天地宽。　过常德而后，走入小港，水平如镜，不分顺逆。　虽然芦舍满堤，少女如云（常德以下，操小舟者均女子），别是一番风味，然而与我们山野粗犷的习性不甚相合，所以反而感到苦闷。　出沅江县入洞庭湖，那水天一色和推山倒海的波浪，又把我们征服了。　一直转到湘江逆水而入长沙，我们的心意还为洞庭的风波所笼罩。

　　以我们十几岁初出茅庐的孩子们到商埠的长沙去和商人争利，自然是没有什么好结果的。　所以到长沙之后，对于大麦的出售反而成为问题。　幸亏我替父亲当掌柜时，知道有所谓牙行的店家，可以代客人买卖货物，总算在两日的排街——在街上闲游之谓——中，觅得主顾。　虽然后来知牙行曾大大的欺负我们这些年幼的客人，但结算下来，尚不至于赔本，不过花去几十千船钱而已。　大麦脱售之后，便把船解雇，我们投寓客栈，准备假期后在长沙进学堂。

　　长沙对于我自然是有些新奇，但并不是我们想象的天堂。　除了轮船与火车，那些行人拥挤的街市和高楼大厦的建筑，并不能引起我的兴趣。　最使我依恋的，只有又一村的通俗阅报室。　那里有比我们县立小学堂更多的书和报，而且可以容许人自由地尽量翻阅。　所以在长沙二十余日，他们每日排街看戏，我则把所有的时间完全消磨在阅报室中。 那里最使我爱不忍释的，是一部旧《湘学报》。 我从《湘学报》得读时务学堂的十条学约（这学约在当时是梁任公所订，很足以代表当时的学风），更照着学约所指示的去律己，于我后来治学治事的效益很大。 时务学堂与《湘学报》均于戊戌政变后消灭，不料残篇的文字竟能影响到我这无名的青年。

我们去长沙的初意原是去"看世界"，但后来却想考学堂。 有一所西路公学堂是西路士绅所办的（湖南向分中、西、南三路），很欢迎西路的学生。 可是那时的教育已经挂上了"学堂重地，无钱免入"的牌子，要征收一切费用（学堂收费令），公布于光绪三十二年（即 1906 年10 月）。 每学期共缴膳宿杂费五十余元，在富厚之家自然是不成问题，可是每年百余元的用费，我家是绝不能负担的。 所以到了将要开学的时候，我独自一人返家。

我们初到时本来同住一处，后来因为各人的目的不同，我乃搬到和通俗阅报室相近的贡院坪和彭松年同住。 彭君系我乡唯一的留省学生，他所学的是法政，所希望的是官职。 他曾劝我卖田学法政，我却不知什么缘故，对于官总不怀好感（也许是受了《水浒》和《儒林外史》的影响）虽然知道法政学堂的学费轻，而且可以住在外面，不必一时要许多钱，但绝不愿意进去。 有一日我们争论了许久不得一个解决的方法，我竟于第二日把伙食结清，带上仅有的大钱六百二十文，一人走宁乡经新化步行归家。

从长沙到溆浦共七百数十里，但因山路崎岖，通常总要走八日。那时的生活虽低，但旅行用费每日至少也要二百文，以六百二十文要作八日行程的费用当然是不够的，我所以敢于起行的是受着所谓"走江湖"的影响，自信我的口书的字可以换钱。 所以第一日走完了一百里路到宁乡县，歇下客栈，便把所剩余的五百文全用去买纸笔写字。初意本是要把字写好送到各商家去卖的。 不料我正在书写的时候，便激动了同寓者的好奇心，全寓以至左右街邻都来围观。 后来有人询，知所写的字可以出卖，不一时便把当时所写的十张字以四百文一张一律买去。　我的志愿既遂，自然是很高兴，可是也绝不留恋；虽然当夜曾答应再写若干给那些求而不得者，但第二日天将明的时候，我便只身动身了。

　　这路程我从未走过，但因知道方向，且随时问讯，终于不曾走错，于第九日上午安然到家了。　家人的欢喜自不待言。　同时，乡邻之来探听者更多。　我则俨然如说书者，将来去途中以及在省城的种种见闻手舞足蹈地说给他们听。　卖字一事博得赞美尤多。

　　当年的下学期仍继续入小学读书。　到第二年宣统三年的春季便又作了第三件特别的事情。

八、革　命

　　宣统三年辛亥即公历 1911 年，也就是武昌起义的那一年。　我那时正十八岁。　那年在中国革命史上有两件最重大的事情，第一是 3 月的黄花岗之役，第二是 8 月的武昌起义，而促成武昌起义的近因是由 5 月的铁路国有政策之公布。

　　我在当时虽看过很多的《新民丛报》和《中国魂》，但对于它们作者君主立宪的意见很不以为然，而醉心于黄帝魂的民族革命之说。　那时有《安徽俗话报》，鼓吹排满尤力，我很受它的影响。　平日自命满腹经纶都是革命政策，而政策中之最要者就是勤习武备，以御外侮，平内难。　3 月黄花岗之败，我从时报上看到消息，而为之痛哭。　5 月间铁路国有政策公布之后，更以为"非我族类，其心必异"有了明确的证实。　而"万寿节"浪费与"国丧"的无聊，也无形中予我一种憎恨，因而同仇敌忾之念也随之日增。　适逢 4 月某日，学部令学堂加兵式操的公文由堂长公布，我以为这正是我们勤习武备御外靖内的绝好机会。　不料结果是由学堂仿制若干木枪，由一位在长沙当过新兵的体操教员领导我们在操场上效兵的动作。 我上了第一课之后，便觉得太滑稽，更感得异族欺人过甚，非设法推翻清室不可。 因为我的见解：不加兵式操则已，既教兵式操，一切便当和真的兵一样， 人当效兵的行为，枪也当用兵所用的真枪。 而当时的枪却是假的，名目又要作兵式操，是执政者明明存着满汉种族的界限而不信任我们汉族，姑假此以为玩弄之具。 所以下课之后，我便与黄复强（他年最长，有军师之称，许多事情都是他出主意）商量如何革命之法。 结果是以得真枪为第一步的手续。

全县有若干真枪，我们不曾调查过，而且不曾看见过；怎样才可以取得真枪，也没有详细计划过。 只从"兵士以枪为生命"的定理中，演成一个"有真枪才能上兵式操"的结论，而将此结论到处散布。 适逢同学黄洪镇家中有快枪（即来复枪）数杆，某日的下午，因我们要看真枪，特从家中带一杆来给大家看。 我在龙王江学过打猎，在家中很欢喜玩鸟枪（这在当时认为武艺之一，父母均不禁止），对于射击很有点相当的练习。 忽然看见这不需火药的自动枪，不觉见猎心喜，试射数枪，都能中的，博得同学的称赞不少。 我对于枪固然爱不忍释，同学也因实物之暗示，对于我所散布的言论更推崇备至。 当夜由各班班长集议，非有真枪绝不上课，我则以班长而更被举为全校请枪的唯一代表了！

我所持的理由当然不出上面所述的范围，不过关于种族的种种见解则略而不述。 因为那时还是大清天下，所有官吏、教师都得受其统制，所以表面上绝不提及革命，只以卫国为理由化的门面话。 那时的堂长为舒玉衡先生，系黄复强的业师，他的年龄小于舒立淇先生，德望也不及他，而又比较地短于言词。 故我第一次与他交涉时，他便无多少语言可以对付我，而答应与劝学所商。 我则据以报告全体同学，大家都以为堂长既答应去劝学所商量，一定是有好结果的。 不料第二日早上点名的时候，他向全体宣布他在劝学所交涉的结果，不但不能如我们的预期，反而责备我们不应该。 语言之间，很有盛气凌人的态度。 同学中很有怒形于色的，然而都不敢开口，我独提出种种理由与之辩论，他不能尽答，相持很久，直等早餐的铃声到来方能解围。 当时食堂的空气骤然紧张，只因教师同席，幸没发生大乱子。可是一日之间，无论上课下课，所有校内的人员，无论学生教师以至工丁，都不绝的谈论此事。 我乃于下午下课之后，在校后荒地召集各班班长商议办法。 结果从第二日起一律罢课，非得真枪不复课。 同时由我提出几条整饬风纪的办法： 在罢课期间绝对不准请假，一律于上课时间内在自修室自习；舍监、学监及教师来劝导上课，则于见其来时高声读书，装作不闻；近前问话，亦不作答。 议定之后，立即回校执行，但班长之中有数人不敢传命，我乃亲至各自修室一一告白之。 第二日上课铃响，果然无一人进课堂。

那时的罢课，是顶重大的问题，若被提学使知道，知县、劝学所长都要被处分，堂长当撤差。 所以几小时后闹到满城风雨，而城中的所谓绅士十余人，都来向我及各班班长劝导。 我以代表的资格说话最多，也最为他们所注目。 结果终于由他们之藏有枪支者以私人名义，借给学校数十杆，始于第三日照常上课。 可是我的学籍也于复课后不到两星期，于端午节特别放假的三天中而被开除了。

学籍之被开除是我意中事，而且在前一两天也曾略有所闻，但为"好汉做事好汉当"之侠气所驱使，终于不愿屈服。 端午原拟归省，亦因此羁留。 牌示发布之日，即亲去堂长室质问，堂长畏而早避去，由学监官清先生敷衍之。 略谈数语即将行李携至姑丈向宗荣家（他住长乐坊，离校甚近，我的衣服，均由姑母代洗，平时往来甚密）。 姑母闻始末而泣，我反侃侃而谈。 午饭后即自拟一呈文呈知县，控堂长以教导无方、故意摧残之罪。 实则我的做代表以及鼓动罢课，在我都莫名其妙，不过凭一时之意气，作快心之举而已。 所谓革命排满，也不过是从书报上看来的两个名词，其含义都不甚了了，更说不到什么研究与方法。呈文上去五日，始得着一个"着劝学所查复"的批词。劝学所无办法，找我去面谈，允下年送我去辰州中学堂，要我不再追问（他们所怕的是把罢课的消息传到提学使面前）。我那时意气自豪，也不愿再回原校。结果由劝学所具一纸面面周到的复文，总算把我县学界上破天荒的大问题解决了！

开除的时候离暑假还有一个月，劝学所虽然答应我备文送到辰州中学堂去，但一切费用最少都得八十元，在我的家境上是绝对办不到的。所以出校之后，还不能把这种"高升"的消息明白告知父母，仍得在城里谋安身之所。适逢黄复强的旧友黄中杰在城里教书，缺少体操、算学教员，约我去尽义务，住与食的问题总算得一个暂时的解决。暑假后，城里开办自治研究所招考学员（因为六个月研究毕业便要去作绅士，所以不叫学生而称学员），我因它期限既短，且可以得张文凭向家里作个交代，便辞书不教而移居鹤鸣山去作学员了。

自治研究所的毕业期限虽然定为六个月，但9月1日湖南革命军兴，我县虽属僻地，到了10月也不能不顺着"潮流"而忙于反正。我们也就提早一个月于11月初毕业。毕业的时候，虽然是属民国统治，可是科举遗留下来的功名观念仍然深踞在一般人的脑中而没有什么变更。所以毕业的时候，我家和岳家及亲戚家中还是得着许多"捷报高升"的报条；父母和岳父母则更以为改朝换帝之初就得了一重功名而高兴得了不得。我呢？费去五个月时间，除了从同住者学习一点月琴，看了几部小说，写得几本札记而外，在几十次课堂中还听得一些法律的名词。后来有人说及根本法、补助法、命令不能变更法律的种种名词，能使我不翻词典而有相当的了解，总也算得"不无结果"了。可是毕业后回家去，母亲看见我的长头发离我的头而去，不禁忿火中烧，连功名也不稀罕了，而欲赶我出去。所幸不久革命的风气侵到了乡下，凡到过城里的人都是垂辫而去，秃发而归（因为城门上有警察强迫剪发），母亲也就不长久坚持她的意见了。

照时代和家境，我的学校生活应该与大清帝国的命运同时终了。不料一个结婚反把它延长到民国六年，这实是我们始料所不及的。

九、结　婚

1911 年冬，我正十八岁半，我妻长我两岁半，已足二十一岁。因为我系独子，父母抱孙心切，所以聘着一个大的媳妇，预备妻十八我成童时便举行婚礼。所以我十五岁时，便借二内兄结婚的名义，开始向岳家行走。只因我的知识欲特重，非毕业不肯结婚，所以迟至 1911 年即宣统三年的腊月二十二日才成礼。

在那个时代和那个地方，我们的婚姻当然是要凭媒妁之言、父母之命的。而且子女本身对于婚姻的权利反不如父母的大。我在七岁时曾因我的不欢喜，而退去一位未婚妻姜氏。现在妻子贺菊瑞，是我母亲当时最中意的媳妇，尽了许多心力始把她的八字弄到手，而常常以之夸耀于人。所以当她未正式过门时，每逢年节都得给未来的媳妇寄些食品和衣料去以示关心。我俩虽然以年龄与时代关系，说不到什么恋爱，但亦无恶感。

我俩既然可以过去，而她又是我母亲最中意的媳妇，照理，我们结婚以后的家庭应当很圆满了。可是因为我俩很好之故，事实上竟大大不然。她到我家的第三天，母亲对她就不满意，第十天的晚上，就因为一句话的误会而责我教妻不严。以后问题愈弄愈多，她的一切固然动辄得咎，我更弄得无法安身。到第二年 5 月 22 日，我晋二十岁的时候，因为洪水把路冲断，她不能带着礼物回来替我作生。母亲乃怒不可遏，决定不要她再回。虽然 8 月间，她的父母将她送到我家，但终于不能使她安居，不久又由她家接归。以后三年之间虽经亲族几次调和，她曾几次回到我家，但终于愈弄愈僵。她既无法支持母亲的待遇，我则常常为母亲赶出家外，以露宿绝食为家常便饭。到了民国三年秋天，我因人道主义的驱策竟冒天下之大不韪，毅然把她从母亲手中夺出送之归其母家。我的学校生活也在此波涛之中别开一条生路。

这里有件事应得插在中间说明的：我的母亲何以于我结婚之后，对最亲爱的儿子和最中意的媳妇都有出乎人情之外的待遇？这问题在中国的旧家庭中很普遍(就我所知,其困苦情形远过于我们而演成极悲惨的结果者很多)。二十年来，我无日不在求解答，但十余年来不曾得着一种满意的答复。当事变初起的几年，我只觉得妻在性情上、行为上都是一个很合理想的好媳妇，我从人道上不满意于我母亲对于她的种种待遇，所以有几次竟用全生命的力量将她从旧社会的各方面救出。但是每经一次事变，我便对于母亲性行的种种方面作一番分析，但在十年前所得的结论，只是她"性情孤僻厌故喜新"的几个字。近数年来读书渐多，对于人生体验渐深，始知上面的几个字绝不能解释我们的事情，更不能解释同类的问题。其根本原因为心理的，即是因爱生妒。这就是说：我是她的独生子，她对我的爱是最纯洁、最真挚的。她在家庭中，与父亲不甚相得，因习俗的影响对于女儿又不甚重视(我只一小我五岁之妹,亦于三十岁时继我母亲而逝)，所以我成为她精神上的唯一寄托者、唯一安慰者。她因时代和教育的种种关系，当我幼时即把我当作"小大人"看待而管教过严，致我极怕她，而不甚爱她，然而这正是她爱我最深切的表示。以我那种家庭境况，她情愿以手工替我换学费，必使我"读书成名"，又岂是一般母亲所能作得到。当我幼年离家上学，她每次都得远道相送，而每次归家的时候，总预先把好东西备好等我回去吃，更要在门口倚望；倘使约定日期竟不回去，她在我未归以前总是坐立不安。这也不是一般母亲——尤其是许多半新式母亲——所常有。她爱我既如此之深，她的潜意识自然要驱策她使她常占据我的心。而我的心中忽然冲入一个妻，将它排挤出去，它的精神自然不安。所以我们越和谐，她越不舒服。然而社会的种种，又不许她的潜意识抬头，她只好替它找别的道路让它出去，于是媳妇便成为迁怒的对象了。　我因幼年读过些社会小说和理学书籍，素有人道思想，所以能于万难之中，凭个人的"心安理得"将妻救出，不使演成最悲惨的结果，以遗累社会；可是在我母亲逝世以前，我没有现在的见解，不能了解人类的缺点，不能体验她的苦心，致使我的"心安理得"成为她的伤心。　现在看来，我当时之所谓合理，实是人道主义之片面的皮毛，若在今日，我或有方法于不伤母心之余救出妻，而使她们两全。　此见解我于 1927 年 10 月母亲逝世后因回忆她的种种在万分苦闷之中体验得来。　每念往事，精神即为不安。今日写此，并曾大哭。　然而母亲已逝，哭又何补。　只愿现在还有处境与我相似的人，明白人类此种缺点而谋美满的补救。　我母有知，亦当含笑九泉而恕我了！

民国元年(1912)暑假后我的学校生活，完全从我的婚姻中得来，也就是从我母的伤心史中得来，她虽未尝有意地要造就我，然而我无她，绝不会有今日。　所以在述我此后的学校生活，首先要感谢我母。

第五章　常德长沙武昌三校

一、常德第二师范

民国元年(1912)春，我即在从前的郎梁书院，当时的二区区立小学校任体操、算学教习，其生活情形，当于教师生活中详述，这里不赘。斯年秋季，因家庭问题，既不能在家安身，同时又不能在近处任事(因畏母亲吵闹)，适逢常德第二师范附设单级教员养成所招考学员，我县应派两名，因劝学所于前一年有送我去辰州中学堂之约，得于十数名志愿去的人之中占一席地，与小学旧同学夏耀先于中秋前三日暗乘岳父之蓝靛船起行赴常。

我父亲秉性纯厚，对于我钟爱异常。每当母亲责罚我时，他总在旁劝解，而母亲的性情执拗异于常人，每以他的劝解而更生气，他俩的争执也更多，但结果总是父亲屈服。每当母亲赶我出外时，他总暗中约乡里的前辈设法转圜。元年夏，为着我的"生日"问题，母亲连续闹了几个月，实在不能相处，我要外出，父亲亦以为然。但经济权素来操在母亲手中，他无法得钱，又不忍我无钱，乃暗中取鸦片烟十数两给我，且托故赴县城亲送我上船。临别的时候他嘱我诸事小心，并谓以独子而有如此家庭问题，只可委之天命。又谓读书不多，不能多有教训，但孟子所谓"天将降大任于斯人也，必先苦其心志，劳其筋骨，饿其体肤，空乏其身，行拂乱其所为，所以动心忍性，增益其所不能"是记得的、懂得的，而且常讲过。 特念给我听，作为临别赠言，并嘱我以后遇着困难，便想到他所讲的这几句话，当可鼓起勇气，努力前进。 那时他将近五十岁，须发都已斑白。 他说完，泪已盈睫，我也不期然而落泪。 他那慈祥的热情深深印入我的心坎。 我以后无论处何种逆境，从不悲观，而且奋斗愈力，大半都是由他这次临别赠言所赐。

岳父的船由溆水出沅江，十日即达常德。

常德系商埠之一，为沅水贸易荟萃的地方，一切情形与内地的都市无异，无详加说明之必要。 学校在城内的大高山巷，虽然规模较县立小学为大，但设置的情形相同，不过师范本校之外，另有附属小学，为我初次看见而已。

单级教员养成所毕业期六个月，因其目的在养成乡村小学教员，所以关于教育的科目特多。 除教育史外，其余如教育学、论理学、心理学、管理法等均有，而尤注重单级教学法及音乐、图书、手工、体操各科。 本所虽为第二师范之附属机关，但当局很重视，所有教师均由江浙专聘而去。 那时正是日本留学最发达的期间，国内教育界人物大概都是留学过日本的，其一切讲义，亦完全从日文翻译而来。 我们修业的期限虽短，但因清末兴学的动机在救国，而日本战胜俄国的功劳又由军人们归之教师，所以"教育救国""教育万能"以及其他关于心理教育上的种种名词到听得不少。 但都市的生活既非我所喜，而讲堂上咬文嚼字的讲演，白费我的时间过多，更使我不高兴。 在此六个月之中，除音乐、图画为我所素好略感兴趣而外，其他各种教育科目我均漠然置之——不过"教育万能"与"教育救国"两观念却无形装入脑中。 课余则常常去图书馆自由阅览。 虽因馆址离宿舍很远，时间有限，不能为系统的研究。 但馆内所收典籍较县立小学阅报室的不知多若干倍，无形中增进识见不少。 将毕业时，费一日之力，编成一张急就章的单级小学课程表(四个年级的单级课程表很不易编)，竟得主任的特别赞赏，而介绍我去沣县作师范讲习所的教员。

我的经济除了将父亲所给的鸦片烟变卖得几十余千足敷几个月的零用而外（学校不收一切费用，且发用品），无其他任何收入；而妻子既不能住我家，亦不便常住岳家，在理我应当自谋生活。沣县的机会，我不应当错过。然而我的知识欲特强：因从图书馆中知道经史之外有诸子，普通科之外有专门科学，且以为要研究专门科学应该留学，要留学非精通外国文不可，而无时不想作进一步的研究。中途弃学就职，实非所愿。同时又因我是农家子，过惯了乡村的素朴生活，对于经济问题不很看得重要；且于幼时受了江湖均产思想的影响（前两年在宁乡卖字并曾实验过），并深记着父亲的临别赠言，很相信"天无绝人之理"的成语，更以为只要自己努力，经济上总不至于走入绝路。所以毅然不应沣县师范讲习所的聘而于斯年冬天去长沙。毕业之后未去长沙之前的两星期间，正值国会议员复选，我因友人之招，曾在选举事务所中帮忙。那时我对于政治本无何种趣味，可是眼见那些选举者之贿赂公开和只讲成败不问是非的行为，激动了我厌恶之感。这短时间的生活，竟在我脑中印上一个很深的痕迹。十余年来，有机会可以踏入政治界而终于不曾踏进去，这种不良的印象很有一些关系。

二、长沙游学预备科

长沙虽是旧游之地，然而并不熟悉，到后即和彭松年住在一寺院。该院不收房金，每月只需伙食五千文。但我家的经济权，操于母亲之手，我去常德、去长沙均未得其许可，除了临行时父亲暗中的资助仅足敷在常德的零用而外，以后即无接济，那时生活用费，完全靠彭君借贷。1913年春天，同乡舒文先生和醴陵刘某在长沙租赁民房创办游学预备科，更与我所梦想的游学企图相合，乃设法以免费生入学。起初仅免学费，膳宿费由彭君担保，未一月，我竟为其国文教师代改同学之国文而完全免费。 我虽在小学学过英文，但连字母都认不清楚，而校中最低的英文班次亦教莎氏乐府本事和纳氏文法第一集，所以一面要赶功课，一面又要改文章，工作过忙，身体很有不济之势。 所幸开学不及半年，便因创办人发生意见而解散。 我乃于 6 月只身去武昌。

三、武昌文华中学

我去武昌的目的在习英文，但经济上全无计划，只由彭君替我筹措路费数元，到武昌后便无余资。 寓居黄鹤楼之某客栈，日在黄鹤楼中卖字。 所得的结果仅足敷伙食之用，绝无余力供学费。 适教会设立之文华大学中学部暑假英文补习科招生，乃将冬被及衣服当去，凑足学费，按日上课，寓所亦迁至粮道街某客栈。 该栈为公寓性质，中华大学学生寓居其中者甚多。 相处稍久，与河南王奉三君过往很多，很为相得。 适因宋案问题发生二次革命，7 月 15 日黄兴入南京使都督程德全宣布独立，组织革命军。 武汉风声鹤唳，检查甚严，湘人尤被注意。 某日的早餐后，全栈忽然被查，并捕去久寓该栈之退职军官湘人某君，凡属湘人，均在嫌疑之列。 某君捕去后一日之间，陆续从该栈捕去的湘人近十人。 我因去黄鹤楼未被株连。 王君知其事，立即驰至黄鹤楼报告一切，嘱我不必回寓。 他并知我囊空如洗，而自己又无余赀，乃将其友人寄存之被褥等当得大洋四元，交我购船票。 我乃绕道雇划子潜渡长江，于第二日赤手返长沙。 事后从报上知道那次同时捕去的人都由军法处科以重罪，我无王君，即不被捕，亦将流落在武昌。 可是 1914 年春，他毕业回乡，我们音问断绝，以后永不知其下落，只剩得他那瘦弱的体魄、侠义的风姿，作我想象的资料而已。

第六章　岳麓高等师范

一、借文凭

回到长沙之后，更是贫苦不堪。彭君虽曾毕业，但仍在省闲居，他既不能多累，而我又无其他生财之道。屡次计议，本打算暂谋职业以过目前。适8月某报载湖南高等师范招生广告，彭君见之，要我投考。我无中学文凭，报名且不可得，如何去考。彭君以为文凭可以假造或转借。适同族舒建勋正毕业法政学校，预备去做官，知道这情形，愿把他的辰州中学堂的毕业文凭借我。但他是光绪三十三年毕业的，文凭上写定三十一岁，到1913年，推算起来，应有三十七岁，而我实在只有二十岁。报名的时候，很怕露马脚，特别从彭君处借一件老布长衫穿上，并把头发弄乱，以遮掩报考处职员的耳目。所幸报名处不在岳麓山的本校而在长沙贡院坪的收发处，主其事者只是一个书记，我把照片和文凭交他，他也并未详看，只略一翻阅，给一张收据与我，我总算把忐忑不安的心放下了。

当时的学额预定一百二十名，报考者六百余人，但名额是以地方分配的：全省七十二县，每县至少一名，多则三名。我县报考者三人，除我外还有两人，他俩都是第二师范本科毕业的，所受的基本教育当然比我好，不过英文比我差。计考三场，第一场国文、数学、理化、英文四门，第四日放榜一共取二百十九人，我列第十四。第二场复试国文、数学，国文系默前场自己的文章之一段，数学则为五则算术题。 算术五题均完全做出，国文反而发生困难：因我做文章从不起稿，纲目想定后，便一直写下去，这次要重默旧文绝不能一字不差。写完规定的字数以后，忽然想到全篇的结构和意思是完全记得的，特于正文后致阅卷者一封信，告以全篇之段落与我历来作文的习惯，而请其不必专重旧文字句的记忆。 第三场口试并检验体格。 两次考试完毕之第三日发榜，则唯我一人被取。 可是我入校之第二日即被人告发，说我的文凭是假的，以年龄为最有力的证据。 当时学监处召我去谈话，告我以被控情形，我坦然自陈谓文凭确是假的，但应试则完全是我自己，不曾假手任何人，有相片及监考者可凭。 如学校以成绩为重对我而有疑问，可从新考过；若以文凭为重，则我唯有退学之一途。 当时的校长系凤高翥先生，毕业于东京高师，对我侃侃而谈的态度特别注意。 经他们详商之后，仍许我暂时就学，谓将行文到我县劝学所去请其来函证明，以减轻学校的责任而清手续。 可是后来究竟怎样办，我也无从知道，不过从此而后再无人向我问及此事。

二、经济状况

我当时的经济状况很窘，栈房的伙食是彭君替我代付，学校虽然不收一切费用且发给书籍、用品、制服，虽然剃头、洗衣都不要钱，渡河(校址在长沙之对面岳麓山下，去长沙须渡两道河)有学校雇定的划船，蚊帐也有现成的，但入学时的证金十元不能不付，平时总不能不备一点零用，冬天不能不备棉衣厚被。 这些，在我都是绝大的问题。 后来十元证金，蒙同乡武淡溪先生(他毕业于北京高师，初任高师斋务长，我入校时，改任第一师范校长)代为担保，零用则由各友人处零碎借挪，好在岳麓山是与城市隔离，不进城是无法用钱的，一学期有三五元便很够用，不成什么大问题；冬衣和冬被则由小学旧同学向事成那里借来。 第一个学期总算勉强过去了。

母亲因我考入不要钱的学校，知道不能再以经济的力量限制我，对我也渐平和。 到了冬初，由父亲转达母亲之意，只要我答应再娶，可以回家，且可供给用费。 我因本年 2 月，妻曾生一个小孩，而且知道她在母家无法安身，对于家中情形很想看看，所以也复信答应，但自己绝不自动，听凭母亲办理。 母亲也知道这不会成为事实，姑借此宣传使岳家及妻发急，一面可以出气，一面又可以转圈（她想念我到极点，但以性情执拗从不肯将其本心显露于人），所以也就含糊答应。 我于这年年假回家时，母亲并接受族人的调停，允岳家将妻及子送回度岁。 第二年起行的时候，还让父亲给我制钱二十千文，以便我去长沙还清最紧急的债务。

1914 年的暑假，因为家庭问题不能解决，又回去一次。 此次我冒大不韪将妻及子送往岳家，我家庭的经济来源完全断绝。 初意本打算到沅州中学去教书，后因旧同学黄复强、胡惠人及县教育会会长舒鉴渊诸君各允年借钱十千文，又得继续就学。 后来黄、胡两君继续相助两年，舒君一年。 1916 年暑假起，我一面在长沙与同学周调阳、刘范猷等及陶菊隐（名孝宗，当时任上海各报通讯记者）等办湖南民报及在报纸杂志投稿以文章换零用，偶然缺少一点，则由现在已故之同乡谌鸿范君借贷。 斯年秋并由父亲送钱二十千至长沙，年假归家的旅费也不成问题了。 1917 年春即任兑泽中学音乐教员，且有文章的收入，经济上已足自立。 斯年父亲为我预备的毕业费，我完全不用，而请其移作偿还黄、胡两君的旧债。

1915 年、1916 年两年的年假，我都曾归家，但因为每次都得暗中去妻家，所以于母亲方面都没有好的结果。 这一些家庭的故事，从表面看来，似乎与我所受的教育没有什么关系，可是我无家庭的压迫，绝不能使我对于学业有那样的努力。 这经过的种种，在我的生活史上实极重要，这里以篇幅关系，只能略述大概。

三、岳麓书院

　　那时的湖南高等师范的校址是在长沙对面岳麓山脚下的岳麓书院。 这里是完全与城市隔绝的乡村，而且是朱、张讲学的故址，它的自然环境与历史伟绩对于我都有很大的影响。 当时的生活情形，至今犹历历在目，依恋不舍。 兹略述之。

　　岳麓书院是以岳麓山得名，岳者南岳衡山，麓者山足，岳麓者义为衡山的脚，岳麓志载其形胜说："高明广大，具岳之体。 自平地以趋山巅，又七八里。 峰顶，东西广约五丈，南北倍之。 怪石悬绝，禹碑刻其上。 自碑处折而南，两峰环抱，中含灵泉；又折而南，倏起倏伏，土不胜石，随拔一峰，如伏釜覆钟。 碧树千章，曰云麓宫峰。峰降若干级，江流环带，中拓一屏如掌。 再折而东，盘旋逶迤，特据江边，则大天马山也。 自碑处折而北，为抱黄洞、崇祯观诸山。 又折而北以趋于东，为道林、桃园、小天马山，再折而北，为官星山、人字山、玉屏山。"此为山之轮廓。 山之高度，据当时之学校测量，以校址为基点，到山顶为二百四十一公尺，至云麓宫为一百八十余公尺。

　　岳麓山面对着湘水而与长沙隔江相望。 因为湘江到长沙城外，在江中淤着一个大沙洲，长达数里与长沙城平行。 其北面的一部分叫水陆洲，南面者曰牛头洲。 岳麓书院在牛头洲的江岸立有石坊，洲上有小市集，叫朱张渡，盖宋时朱熹、张栻在岳麓讲学所设之渡口。 所以学校仍自行雇划在那里专渡教职员学生。 除去春夏之交，山洪大发，长沙城内进水，沙洲全部湮没而外，自岳麓至长沙总得渡两次河。 这是岳麓与长沙的交通情形。

　　从河滨的石坊(俗称牌楼口)沿着田陇中石路走上半里，在路中有一座四方凉亭，题名曰"自卑亭"。 从这亭起，地势渐高，在地势上固然是含着"登高自卑"。 在学问上也含着同样的意思， 因为它是踏进岳麓书院的第一座亭。 经过自卑亭走不上半里，便有一道校门，右旁有纵横三十八丈的大坪，是当时的操场和书院时供生徒游憩之地，所以称为桃李坪。 这坪上首之正中有一台，高约一丈，称赫曦台，其后面便正对着校门。 校门之高与台等，所以从自卑亭之通路而来，须拾级而上。 进校门，两旁有厢房各数间，再进为二门，三进为讲堂，四进为文昌阁，五进为御书楼(当时之图书馆在此，静僻异常)。 讲堂之左右前后是教室、学生自修室、寝室、教员宿舍、膳厅等等。

因为岳麓书院是历史上有名的书院，所以有关史迹的建筑物也特别多。 在御书楼左面的有四箴亭，石刻程子视、听、言、动四箴，祀二程子；有宋周濂溪祠，晋陶桓公祠，文昌阁之左有六君子堂，祀朱洞、周式、李允则、刘琪、陈钢、杨茂元；有崇道祠，祀朱晦庵、张南轩；有王船山祠，刘中丞(琨)祠。 校后有校园，校园之中，有唐李邕所书之麓山寺碑，高二丈余。 出校入山有爱晚亭(刻有程南轩青峡诗)，学校的左隔壁有文庙，庙后有崇圣祠；离校左之二三百步有屈子祠(当时之附属小学)。 这种种祠和堂，都是文化遗产。 每一个建筑物和每一个建筑中所祀的神主、所置的物品，都足以资人观摩，发人深省。 这是岳麓的精神环境，是岳麓的特产。

岳麓书院自宋开宝中潭州太守朱洞创建以来，中经九百余年，虽曾几经毁于兵火，但代有增建，故规模宏大，清光绪二十九年巡抚赵尔巽奏废书院为高等学堂，东西斋舍，又完全改建。 而以地面辽阔，均为平屋。 1912年废高等学堂，高师迁入，又于校左建附属中学。故全校所占地面达百余亩。 实际上，则除学校而外，只有乡间最少数之农家，与山上的万寿寺与云麓宫。 而山间与田野，尽是学生游憩之地，即谓周达十里的整个岳麓山都属学校之地亦无不可。

四、高等师范

岳麓山与城市既相去那么远，学校又属官费，学生的膳、宿、衣服、书籍、文具、剃头、洗衣、渡河以及蚊帐——为求一律计，故由校供夏布蚊帐，终年不卸，被褥则自备——故管理颇严，学生为着经济的关系，亦服从有加。　而当时的一切都采部别编制制，即各部的学生，自教室、自修室、寝室、膳厅，以至旅行参观，都按部集合在一起，由学监预为编定座次，学生不得自由移动。　即教师亦因所教科目的性质相去甚远，除去最少数的教育公共科目，由一教师兼任数部的功课而外，亦均各部分立。　所以各部之间很少交通（有同学四年，而在各部之间不能互举姓名者），于本部同学及教师则亲切异常，有如家庭。　故每逢假日，如无特别事故，学生与教师（教师大都住校，有家者住校外附近，但因要负课外指导责任，每宿校中）不大进城，而在岳麓之山野间共寻消遣。

岳麓山的自然环境既然那样的好，而我自己又是最欢喜乡村生活的，所以在那里四年，心情大概都很平静，对于学业也能按部就班地研习。　只因为初从农村出来，又在乡下私塾和书院中读了十几年书，充满了一脑子的治国平天下的大道理。　所以对于学校的正功课，只当作例行公事般地对付，而将所有剩余的时间都用在游山玩水和进图书馆及玩音乐上。

当时的高等师范是仿日本制，预科一年，本科三年。　预科的科目与中学相似，只不过将时间缩短于一年之内将中学四年的主要科目如数学、博物、理化、国文、英文之类复习一遍，本科则分数理、博物、英语等部。　新生经过入学试验之后，进校的第一件事就是填分部的志愿书。　我本是不曾进过中学的少年，除去国文精通而外，对于什么科学都可以说是全无根据，就是英文也不及现在上海的小学生。　但填志愿书的时候，则在第一、第二、第三志愿的项目下(志愿书中平列三项志愿，是恐某部第一志愿的人太多，便择其第二、第三志愿编入别部，非如现在大学生之可以自由选择系列)，均填英语两字，意思是表示除英语部外不进他部。 我当时一定要进英语部，固然是由于没有其他的科学根底，但还有一个很大的社会意识在背后支配着，那便是留学。

五、留学热

当时留学生之被人重视，就是在我那最狭隘的社会生活中也可以得着证明。 就我所知，在小学时的许多教员，都是从日本留学回来的，而常德第二师范的主要教员几完全是留日学生。 同时 1912 年、1913 年之间，各省都在派遣革命有功人员及烈士后裔留学，长沙更曾于元年、二年各举行留学考试一次。 在那时，所谓"西洋一品、东洋二品、中国三品"(此语在清末教育界中最流行，即西洋留学回来，无论任事、做官，其资格与俸给都在日本留学生之上，而日本留学生又在本国毕业生之上)的成语，还是盛行于社会之上，遂无形中构成了我的留学热。 所以在常德毕业之后，不愿去做教员，而到长沙进游学预备科，其目的是在学习一种外国语，以为他日应留学考试之准备。 现在高师既有正式的英语部，且其主任教师为外国人，则这种欲念当然是无法抑制的。 ——至于学了英文，是否可以留学，到哪里去留学，学什么，"学成归国"可以替国家做些什么，那时完全不曾想及。

编级的结果，我虽然入了英语部，对于英语虽然在起初的两年也曾用过一些苦功——那时我的英语程度实是差到不成话，最普通的单句尚不晓得作，就要直接听讲，用苦功实是"实偪处此"。 但从第三年起，便是随班上课而已。 下课以后，不是流连山水、奔走球场、玩弄音乐，便是去图书馆读古书。

六、游山玩水

当时我的下意识中，有两种极相反的欲念在那里互为雄长，即是趋新与复古。因为我幼年时代，曾受私塾及书院的训练，平常所读的又多是些中国的古籍，对于私塾及书院中的独立自修的习惯，固然已经有了定型，而师生间的亲切关系犹能深切了解。由书院改入小学即感到师生之漠不相关，第一次到长沙而后，更感到师生之商业行为——即学生交费于教师，教师出售知识——的无聊。到岳麓而后，因为学校是朱、张讲学的旧址，更时时引起我怀古的遐思。而图书馆因为历史上的关系，所藏的旧籍又特别多，所以我每到图书馆，必择诸子与各种学案阅读，以冀将来成为一个理学大师，重步朱、张的后尘。在另一方面，又希冀在新时代中作一个出色人物，所以又时时想尝尝都市生活的种种滋味。幸得经济上的限制与学校与城市的隔离，使我不曾走人堕落之途，但理学家也终于不曾作成。只把剩余的时间移作名士的风流（游山玩水）与游艺的活动而已。

在高师以前，我不曾进过完备的学校，对于体育上之各种游戏，当然没有造就，但因幼年曾略习武艺，于各种运动都很感兴趣。加之有一时期的校长极力提倡体育，每月在校内开运动会一次，所以我也为其所鼓舞而常在操场上练习各种球类及田径赛。至于音乐，自幼即成酷好，流行的乐器很能玩弄几种，到高师而后，于西乐外且习古乐，课余的时间消磨于此者很多。虽对古乐只识琴、瑟、笙、篪等乐器，对西乐只知普通乐理与五线谱，但将毕业时，能在中等学校教授音乐以资生，却是这些玩意之功。

七、华尔伟先生

我们在预科时，虽然英语部的英文钟点比别部为多，但每周只有十二小时，分为文法、读本、会话诸门，由几位江浙教员分别担任(湖南那时还无高等英文教员)。 到本科后则完全由一美国人华尔伟(S. B. Harvey)先生教授。 他是米西根人，在当地一个文科大学毕业，虽然不曾以文学著名，但在本国教学很久，复在北洋大学教过几年书，年龄亦在五十以外，所以教学法很好，性情也很温和。 当时的高等师范，实等于现在的学院，要作一个真正的教授，非有充分的研究时间不可，而学校为着经济上的原因，竟要他每周担任二十小时的功课，还要改全班三十人的文章。 在现在想来，好像是不可能，可是他竟办到了。 他对于我们的功课，固然不曾敷衍，而且选了许多好的教本(如赖德的美学史、杜威的思维术之类)，就是对于我们的文章，也是每周每人一篇，第一次改过之后，还要我们重抄再改，有时还要个别的叫去指导。 他所以能如此，固然是由于他做事负责，而他的孤独与我们的程度过于幼稚也是极大的原因。

他虽有家室儿女，但都远在美国。 他来华数年，但说不上十句华语，除了和我们会谈以外，几乎是无从开口的；岳麓山又是那样与城市隔绝的地方，他既不能每日渡河与其本国人晤谈，则下课之后，除去饮食、睡眠、散步(他每日下午五时必去山上走一趟)以外，便只有独居室中预备功课，改削课卷以消磨时间。 我们在那时，虽然是高等学校的学生，但英文程度或者还远不如现在都市中的高中学生。 我记得他第一学期教我们作英文时，出题之后先在黑板上写许多纲目，只要我们加若干动词联结上去，便算完事(实在只算造句)，第二学期始教我们自作纲目，第二年才要我们正式作文。 但到毕业时还少有人能作数千字的文章。 至于各种教科书虽然选了许多名著，但我们除了逐句照讲，逐字照译而外，实在说不上什么心得。　而正音工夫几占去读本课全时间的二分之一。　这样的程度，在他看来，比他本国的小学生还不如。　有此二因，所以每周教课二十小时，还能丝毫不苟地处置裕如。

他对人很和蔼，无论我们在什么地方遇着他，总是笑容满面：　每逢开学及散学时，必得开一次茶会请全班加入，讲许多笑话，有时并要分送我们一点东西。　所以我们对于他的感情很好，常愿与他往来。而他那公私分明(他替学校写一封信去上海定书，必得向学校算回邮费，而约同我们去长沙游览，学校给我们的点心钱，必得要我们退回，由他代付)与做事负责的精神，影响于我的生活很大，至今犹使我念念不忘。

因为他对我们的亲切，我对于教育上的复古与厌新的两观念，很得许多调和。　当时我以为新式的学校，虽然有讲堂上的浪费时间，不能如私塾和书院之可以听学生自由进修，但师生之间也可以有家人一般的感情，同时还可有许多剩余的时间作自己要做的事，无形中减去了我对于学校的憎恨。　可是我在中国人中，不曾遇着他那样的一位先生，并且经过了几次事变，我对于学校的不满之感，又逐渐增加，而复古之念，也在潜意识慢慢地滋长。

在我当时的简单脑筋，以为教育是立国之本，一切从事教育的人，都是很纯洁，很高尚的，而高师是造就教员的地方，主持人更当是纯洁而高尚的。　可是我跑进高师便遇着驱逐校长的问题，接着就是三十几位预科同学被开除，第三年又有我平时所敬爱的前校长作筹安会会员而赴京请愿，要袁世凯做皇帝。　种种现成的事实，把我的理想完全打破。

这些事实，虽似教育界的局部问题，然而都是中国新教育史中的重要史实，对于我个人的教育观，尤有重大的影响，所以还得略为分别叙述一番。

八、退学风潮

我进高师是民国二年的秋季，那时的校长是湘西的凤高蘔先生。在湖南，因为地势的关系，向分中、西、南三路。大概说来，中路是平原之地，滨湘水下游，为旧时长、宝、岳诸府属，西路地居沅、沣两水之滨，大半属山地，为旧辰、沅、永、靖、常、沣诸府属。南路亦为山岭区，居湘江及资江之上游，为旧衡、永、郴、桂诸府属。这三路各有其同乡会的组织，在政治上、经济上、文化上都立于互相斗争的地位；但因为交通的关系，中路的文化比较前进，一切也都占先着。以南路与西路相较，南路又占先峰。西路的凤先生之所以能作全省最高学府的校长，据说是由于宋教仁先生的关系，1913年宋先生已死，斯年10月督军谭延闿去职，由汤芗铭继任，二次革命且失败，政治上的势力自然有所变更，凤先生之不能继续，自是题中应有之义。继其任者为南路的符宇澄（定一）先生。他本是全省中学（即省立中学，只此一校，故称全省中学）的校长，其所以改长高师自然也有政治的原因，不过当时我并不曾理解及此。他是长于言词而有心计的人，进校的第一天，发表一篇大政方针，历举其治事治校作人的大计，很使我发生崇敬的感情（他办事确很热心，对我个人也有好感，我改回原名"新城"两字，是他于1915年1月临去时特为倒填年月备案的）。而当时的学生学籍，是按照县份分配的，西路的文化虽较后于中路，但各县都有学生，西路的人数并不少于中、南两路。西路的绅士以为本路的最高学府的校长被南路的人排挤以去，是一种利权的重大损失，于是鼓动本路的学生反抗。本科的学生为着不久就要毕业，各为自己的前程打算，不肯冒昧加入。而新考入的预科学生三十余人，入学的时间不过一月，前途如何，尚难预断，且少年血气方刚，平素受着封建思想的熏陶，更以为向南路争利权是好汉所应当干的。加以新校长宣言治校以严，冀为国家教育可作育之人才，而有西路某县同学绰号王胖子者，本以政治为生，此次之进校，本在发挥其政治势力，如学校严格管理，严格考试，均于彼不利，于是内外相成，而彼成为"举义"的领袖了。

"革命"两字，在 1912 年的长沙是最时髦的名词，自学校以至娱乐场所，都无不以革命为标志。自从二次革命失败以后，反动来了，一切不准革命，"学校与军队无革命"的饬令下了，更有谁敢在学校里讲革命！然而路界要争，本路的权利更要争，不准革命（因为讲革命要砍头），便只有采用消极的办法，即对外求舆论的制裁（发传单），对内为无抵抗的抵抗（退学）。学校以及行政的当局方面，初且派员劝导，继则申言开除学籍，追究保人，结果是于刚柔的中间，辟一条中庸之道，听自愿退学者退学。而西路三十余同学便在自以为"光荣"与学校自以为"省事"的情形下，无声无息的肩着行李，离开岳麓山。

我是西路的溆浦人，西路的同学既经离岳麓山，我为什么独留？这其中有两种重大的原因。第一，溆浦在当时是属辰州府，辰州府辖沅陵、泸溪、辰溪、溆浦四县，除辰溪没有人应考外，沅、溆、泸都各取一名。而当时的某职员是辰州府人，虽是经凤先生的聘请而来的，但并不随凤先生同去。在事发之前，彼以乡谊的关系，召我们至私室剀切晓谕不许参加。我们也以乡谊的关系而听其劝导，不曾加入王某所领导的团体行动。王等以我们不加入（另有沅州、芷江之两人亦未加入），乃以恐吓辱骂手段相逼，结果是引起我们的反抗，而坚决置之不理。可是我那少年的心情，宁愿加入彼等之所谓"光荣"行动，但因事先不曾加入，事后想加入而又惧不得王等之信任与辰属同乡之制裁，只有置之不问而已。第二是我个人的处境已临绝地。我的经济情形，上面曾经说及，家庭的供给既经断绝，职业的图谋又非易事，当时之能入高师，不独解决了求学问题，还解决了生活问题。而况我憧憬着留学生活已不知多少年，满望着希望之花，不久就要结果，如何能为着假设的光荣，而牺牲着许多年来企求不到的现实呢。所以结果只有眼睛看着三十余位同学负笈离校，而心酸汗颜而已。（到1915年1月符校长也辞职去了，而改由吴嘉瑞先生接任，1916年吴又由刘宗向先生继任。）可是另一方面对于教育之神圣与纯洁的观念已减淡许多，但最使我生反感者还是筹安会之事。

九、筹安会

在岳麓山下静静地读了两年书，除去家庭问题外，生活得很平静。 1914年的6月，欧战爆发，平静的生活起了波浪，但是这波浪远在大西洋的彼岸，推到东海之滨，其力量已很微弱。 而我在那时，虽因自幼养成看报的习惯而留心时事，但究非国际问题的研究者，对于联盟国与协约国的得失，不过抱着隔岸观火的态度，并无多大容心于其间。 1915年5月9日，袁世凯承认日本的二十一条，虽然激动我对于政府的仇恨，启发我对于国际势力的认识，醒觉我民族独立的意识，但湖南在汤芗铭统治之下，学生不敢活动，高师远居岳麓，即使城内学生有活动亦很难加入。 所以除了在课余与同学谈话中发舒一些忧愤的语言而外，也无其他动作，在心情上仍是相当的平静。 及8月14日，忽然有所谓筹安会者议倡君主立宪，对于我那时的少年纯洁心理，给予甚大的激动。 我自幼不曾加入政党，对于政党本无好恶。而少年时曾读《中国魂》《黄帝魂》种种宣传品，在少年思想的抉择上，自然趋向于民主。 但因《新民丛报》主撰者梁任公（启超）先生文章的引人入胜，对于君主立宪亦无恶感。 可是自民1912年改建共和政制而后，一般青年既在事实上过着民主政治的生活，一旦令其弃去，自为其习惯及思路所不容。 所以在报章上看到君主立宪的言沦，即不假思索而斥为荒谬。 及梁任公先生《异哉所谓国体问题》发表，不独他的论据正是一般青年所欲说而不能说的，且能引经据典地说出，无异替青年们伸一口气。 最可贵者，是他本是倡言君主立宪的，今亦深切反对改变国体。 是共和之成为天经地义，更得一层保证。 所以他这文章传播到湖南的报纸上，我们阅报室内的阅报者陡增数倍，且有情愿不吃晚餐(因岳麓山交通不便，长沙城当日的报纸，要等上午派遣出去的信差于下午五、六时带回)而专读该文的，我于读后并为抄存，那时一般青年对于所谓帝制的心理是可以概见的。

不料在这种青年愤激的情绪下，长沙有了筹安分会，而分会的主要分子，竟有我从前所敬爱的校长在内。 这在我当时情感上的刺激，无异触电。 平日对于他的种种信念都一扫而空。 初期尚以为报纸之记载有误，到冬间，他竟真的北上了。 即欲自为幻设种种解脱之道亦不可得。 于是对彼固由绝望而深恶痛绝，以至彼平日对于个人的私惠如代为改名等，亦视为险诈的手段而怀疑其真诚(这所谓爱之切而恶之深)。 同时怀疑到人生的虚伪与教育者的卑污。 而在精神上起了重大的反响即缅怀岳麓往迹以自慰，而趋于复古。

自我所敬爱的前校长北上参加政治活动证实而后，精神的委顿与苦痛较前年之不追随湘西同学为"光荣"之退学而尤甚。 于学校则视为解决生活的地方，对于功课，只求敷衍了事。 所有剩余时间都费在游山玩水与进图书馆搬古董、弄音乐上面。 而当时的校长吴嘉瑞先生，为长沙有名之耆宿，于新知虽所知不多，于旧学颇有根底。 教务主任为刘宗向先生，虽毕业北京优级师范，但亦以旧学著称，两人合作，颇有以恢复朱、张遗教自任之概。 对于各处公共经过之处，录悬朱、张等之语录以为砥砺之资，每月 1 日并举行祀孔礼，由彼等讲述孔孟之学。 并请人教授古乐，尤合我的嗜好。 我之复古思想，乃因有人引导而益坚。 虽然在旧学上并无何种成绩，但精神却因而安定，行为之砥砺亦得力不少。 此后数十年在社会上尚能自立，此时之熏陶颇有关系。 不过这种之所谓复古亦不过是一种模糊的概念，"古"之内容如何，亦不曾有所研究，只知道怀念往古学者如孔、孟以至朱、张等之独立不倚之伟大人格而已。 在此后教育生活上所表现之影响，只有否定学校制度耳，在积极方面并无何种重要的建设。

十、杨怀中先生

我住岳麓四年，在学业上固获益甚多，而思想与行为两方之获益尤多。 在此两方面给予我以重大影响者，物的方面有朱、张的遗迹，人的方面有上面述及的吴、刘两先生，及美国华尔伟先生。 吴、刘两先生的尊古，引导我讲究性理之学，华尔伟先生之治事不苟、态度诚挚，养成我负责任、有条理、富同情的习惯。 而在人格上最使我受感动者为杨怀中（昌济）先生。 他本是长沙世家，于旧学极有根底，而有赴英入爱丁堡大学习文学，当时他教我们的是伦理学。 他的道德观是融合中国的性理学与英国的功利学派的伦理观而贯通之，故极重实践。 其处世接物一本至诚，而一切都以人情物理为归。 他律己极严，不吸烟，不饮酒，读书作文均正襟危坐，处以虔敬，但对他人则并不强加干涉，常谓美之所以为美，须有多态统一，于人亦然——只要其行为不害及群众，应听其自由。 在经济上尤为耿介，除以劳力所得，绝不妄取一文（彼返国时，某政府机关欲聘其为外交顾问，俸甚厚，彼坚拒不受，而愿在第一师范作教师。在高师教课亦系兼任，每月薪修不过数十元）而于物尽其用，则特别注重。 记得某次发讲义，某同学多取一份。 彼于课后特召之去，告以一人多取若干页，于己为无用，但他人少此一部分则无从补起，势必至于缺页或补抄，所损甚大，物之价值在能尽其最大之效用，今使之无用，则非物之本愿。 卒令其退还。 某君于此感动殊深，事后公开承认错误，坦白告人。 其循循善诱之处有如此者。 他教我们的伦理学及伦理学史为时不过一年，但他所给予我的影响很大。 在行为上他那虔敬的态度，常常使我自愧疏暴，使我反省到养成"事无大小，全力以赴"的习惯。 数十年来，凡责任上应当亲做的事，绝不假手于人；允许他人一事，必得履行，不能即时履行者，必得记之于册，必俟履行以后，然后勾销；而卖文二十余年，从不请人代笔，服务社会二十余年，从不取不当利得。 在思想方面，他从人生哲学上，引导我知道中国性理学以外之西洋哲学学说，扩大了我的人生观，而使我知道个人与社会的关系，体验着人类有无限的自觉的创造性等等。 几十年来，我于学虽无成就，但对于学之范围则从书本扩大到直接经验与系统研究，常识因之日富；更以其所得，向实践生活中求证验，致见解日趋恒定，而心境得着安舒。 此均他当时所不曾想及的潜移默化之功。

十一、几本书

在文字方面给我以重大影响的，第一是校内的各种揭示，第二是《曾文正公全集》，第三是一般人所不注意的两部书： 一是谢庐隐的《致今世少年书》(青年协会出版)，一是李廷翰的《贫民教育谈》(商务印书馆出版)。 曾氏日记，我在十六岁以前即曾读其石印本而模仿着写日记(以后的日记,虽有间断及遗失,但至今仍能保持着记日记的习惯,其植基当在那时)，不过对于内容的了解是很有限的。 到高师而后，理解力加强，且自吴校长提倡性理之学而后，于曾氏的修养功夫，尤为注重，我对于曾氏全集浏览不止一次，在恒、静与省、克方面颇受其益。 庄子则读过不知多少次，但只欣赏其文之雄伟与辩才之无碍，于当时的文章上或有影响，行为上未受其益。 后两书，谢著为一甚薄之小册，系集其在《青年月刊》上的几篇通讯而成的。 其中论及的大概为求学、处己、待人的诸方面，均系针对青年而发。 其中有一篇专论用钱方法的： 他鉴于青年之无必要而将父兄血汗得来的金钱胡乱用去，特教大家造预算。 先把总收入算算，再把应当用钱的项目分为必需、安适、奢侈三种。 首先将必需的除去，如有剩余，再购买一些安适的东西，如自来水笔、椅垫之类，但纵有钱，亦不可费在奢多品上面，而应把它用到应当用的如救济方面去。 我的收入本有限，而得来又不容易，但经他这一指点，同时我在幼年时母亲对我常讲的"吃不穷，用不穷，不会打算一世穷"的几句话，也常常浮在我的脑中，所以无论什么时候用钱，都得问问是否必要。 居然使我把最少的钱，分配在适当的用途而不感拮据。 他的文章本流利可读，而他又为教会中人，因而对于他更加崇拜，对于《青年月刊》看得特别仔细，对于基督教也发生好感。 后来我一度与基督教发生关系，也是因他而来。 而几十年来我在个人经济方面常有预算，虽不宽裕，但从未竭蹶，却完全得力于母亲的几句话和他的那篇文章。 李著也是一本小册子，他于办理贫民教育方法讲得特详。 我在单级师范时，本读过一些日本十几年前教育学课本中所谓教授论、训育论、养护论的教育理论，在高师重读教育学，仍是那些理论，而当时中文出版的教育书，大概都是这一套，西文的则不知应读什么书，且亦未见得买得起，所以对于教育理论很感饥荒。 李著虽也平常，但他对于贫民教育的原理是超出"什么论"的范围，而提出了国家教育的问题，在方法上尤为切实，均属亲切易行的经验谈，好似一盏从事实际教育的明灯。 我对著者颇表敬意，对于这本书读过很多次，而且逢人必讲。 1916 年的暑假，我参加庐山的夏令会，且在小组里提出讲演过，并参以该会社会服务的手册，而编成一本小册。 我以后专治教育，这本小册却无形中给我以一些鼓励。 （1920 年入中华书局，不料我当时所崇拜的著作者，竟成同事，而年龄仅止长我七岁。）

十二、朱子教条

岳麓书院本是朱子讲学之地，所以正对大门之大讲堂仍为旧时遗物，而有朱子亲笔书高达丈余"整齐严肃、忠孝廉节"的石刻，分嵌堂内外左右壁。 堂之西壁高悬校训"公诚勤俭"大匾额。 因为吴校长是前清的翰林院编修，刘教务长也是专治旧学的，所以对于性理之学极为重视，除每月朔由校长率导祀孔讲学而外，对于任何场所凡为学生起居所到之地，均择录先贤语录或事迹悬之壁间以资儆惕，并于讲堂壁西悬"最近国耻史纲"，以与校训并立，而于东壁悬湖南"理学渊源录"与湖南"先正小录"。 在讲堂正中悬朱子白鹿洞书院教条（这揭示均为1915年9月至10月所置，为暗中反筹安会之举）。 这种种，在一般人看来，亦甚平常，但我因幼时经过私塾与书院的生活，对于所谓性理之学，虽无门径，但很愿接受。 又值筹安会发生，思想苦闷无出路，骤睹此种性理之学的教条，内心若似有了安排。 因而在行为上也力加洗练，以期希圣跻贤。 这些揭示之最使我念兹在兹者，除去校训的"公诚勤俭"四字而外，要算朱子白鹿洞书院教条。 这教条分五项。 一为五教之目，其条目曰："父子有亲，君臣有义，夫妇有别，长幼有序，朋友有信。"二为修学之序，其条目曰："博学之，审问之，慎思之，明辨之，笃行之。"三为修身之要，其条目曰："言忠信，行笃敬，惩忿窒欲，迁善改过。"四为处事之要，其条目曰："正其义不谋其利，明其道不计其功。"五为接物之要，其条目曰："己所不欲，勿施于人，行有不得，反求诸己。"第二项为学习五教的次序，后三项则为第二项笃行之事之内容。 此教条均从《四书》中摘录而来，我在五六岁时即经读过，十岁以前即由教师讲解过，故在我不算生疏。 再加以吴校长每于祀孔时提及，于是印象更深。 当时在精神上固有所寄托，此后的生活，也无形有形受其影响不少。

十三、依　恋

我自未满五岁入私塾就学，至1917年夏毕业高师为止，共度二十年之学生生活。 虽然因为父母与师友的种种教导、熏陶，养成了自学的习惯，数十年来，不曾有一日离开书报与纸笔，在学业的进修方面，其生活与当学生时并无多大差异，但正式的学生生活，要算至那时为止。 我于1917年暑假离开岳麓山，当时依恋之情，较之离开家庭犹有过之。 1924年我在成都高师送毕业同学之文中曾经说及，兹摘录如下，以结束我的学生生活：

> 1917年的春天，草色、柳色、桃花、李花，还是一如往年的青着、绿着、乱着、香着，我也照常把我余眼的时间消磨于田陇园林之中。但无论如何，乘兴而出，尽兴而返，心里总不安舒，总似失去一件什么东西一样：鲜红的桃花，雪白的李花，青绿的秧田，垂腰的柳条，当时看来，好像都变其昔日妍柔妩媚的态度，而在旁边窃笑我无所依归的孤独。是的！我真感着孤独，真感着无所依归的孤独！我想到四年来同学间的切磋，想到教师的指导，想到工人的劳苦，想到家庭的供给，想到只管求学不问其他的生活，想到图书馆的书籍，想到朱、张的遗迹，想到乡民的和善，想到山林的鸟音，想到田间的蛙鸣，更想到冬日的红叶，秋日的清泉（山腰有白鹤泉，秋最清冽），夏日的古寺（山腰有寺名万寿宫，古木苍荫，盛夏如初秋，为我们常游之地），春日的百花……无一不足以使我系恋，无一不足以使我想望终身生活于其间。然而无情的时间，偏如流水一般地过去，一转瞬四年期满，我终不得不离开我敬爱的师友与可依恋的景物。

> 只离开不愿离开的人与物也罢，偏偏离开后又要走入举目无亲的社会中；只走入举目无亲的社会中也罢，偏又要在茫茫人海之中自谋生存。我本愿终身作学生，故未离校前，也曾书过许多饼！然而画的饼终于不能充饥，只有将再在校求学的希望完全打消。做事吗？当时既在教书，自然不患无事可做。可是什么事是我当作的？我最宜作什么事？只教书吗？还作其他？为"五斗米折腰"吗？还是"效陶渊明躬耕"？专心做事吗？还是一面求学？求学怎样求

法？因职务的妨阻，不能求学又怎样？凡此种种，均使我寝食不安，梦魂颠倒。于是听得东风，愁肠百转；看得春日，离恨千结；"东风不为吹愁去，春日偏能惹恨长"的真意义，始真领悟。——不但领悟而已，当我们行完毕业礼，不得不携行李出校时，竟因愁恨交加而哭了。人生快事的"大登科"，只是如是如是而已。

第二篇

教师生活

第一章 初期的尝试

一、试作教师

前章曾说过，清宣统三年的端午我因闹革命而被县立高等小学开除学籍。 畏着家庭的追问，不敢归家，得着总角之交的黄复强的介绍，在他朋友黄中杰的学馆里教体操和算学，暂时谋食住问题的解决。 这时我正十八足岁，过教师生活要算自此为始。

我所受教师的教导，有私塾的章句、书院的讲学和学堂的讲堂功课，其方法是由个别而小组，由小组而班级。 我当时不曾学过教育学、教学法，也不知班级制度之被采用是有何种社会背景。 只以为最新的便是最好的，而最新所习得的是班级教学，于是依样画葫芦地把在高小教师教我们的方法移着去教十一二岁以下的小孩子。

那时期种族革命之说甚昌，我国积弱的原因虽论者不一其说，但东亚病夫之耻，则一般青年所同欲申雪的。 所以体操是一般学生所注重，而军操尤被重视。 我在学校本是随班上课，对于体操并无专长，但黄君不曾学过体操，也许连"立正""稍息"都不清楚，十一二岁的小孩子是更不必说的了。 记得那里的学生不过十余人，最小的不过八岁上下，我因自以为富有革命精神，而把他们用所谓"军事部勒"教导之。 经过短时的训练，孩子们步伐居然能够随着一、二、三的口令而举动齐一。 这不独孩子们很高兴，以为将来可以加入革命军，就是黄君也表喜悦，因为他的学馆最缺乏此种功课，因而自觉得缺乏尚武精神。今有我为之补充，他的学馆也将因而生色了。

我在小学三年所习的算学，虽然不过到四则杂题也和体操一样是随班上课，并无可以教人之处，但黄君的学馆，平时无此科目——不独说不上四则杂题，孩子们连阿拉伯数目字都不认得。我如尽出所学以教之，彼等将视为数学大家了。所以黄君和孩子们也很欢迎。那时的学校除了用教科书而外，学生都是按着教师在黑板上所写的讲义抄录的。这原因，一面是由于教科书的不普及，一面恐怕是教师不能整本地按照教科书教(教师之最大部分都是不曾受过学校教育的，对于教科系统，尤其数理科不能完全理解，应属常情)，可借讲义以掩其短。黄君学馆的学生，既然不曾学过算学，则我这学到四则杂题的教师，自可以从已抄的讲义中间加醋加酱而成为"新味"了。

我的体操、算学知识虽有限，但做事负责则自幼便养成了习惯。那时我既为生活问题而宿于校、食于校，除了阅读自己所要阅读的书籍(实际上，自己能备以及能借得到的书亦至有限)。总是与学生在一起，为他们讲解功课，改正错误。黄君因事外出，亦每为代理一切。所以相处数月，大家都很相安，且很相得。

二、职业之始

那年秋，我既考入地方自治研究所，准备学作绅士，黄君的学馆也因某种原因而不继续，我的教师生活也因而中断。第二年即民国元年的春天，黄复强君受着二区区立小学的聘，担任体操、算学教师。开学未久，他的父母要他回到县立高小再读半年，取得一种功名(那时科名奖励虽废，但乡间仍以为高小毕业是廪生，毕业时，照例要送报条，开宴会)。而我虽曾得着自治研究所毕业文凭，实际上则无地方可治，而在家中赋闲。黄君为两便计，请我去代课。 因为我曾在郿梁书院住过院，又曾检定及格，并在县城里有几个月教学经验，所以学校也就许可了。

四年前我从郿梁书院走到县立高小，现在书院虽改为小学，科目也依章改订，但是茂林清泓的环境、肯构肯堂的建筑，仍和从前一样。 旧地重游，精神上的愉快自不待言。 那时学生百余人，共分四班，教师七八人。 虽称国民小学，但学生年龄有大于我的，不过身体却无高于我者。 我代黄君任全校的体操和算学，每星期要上课二十四小时，同时还要编辑所谓算学讲义。 但以"年富力强"，对于工作并不觉得繁重。 在算学方面，因为学生的程度较高，不敢如去年在黄君学馆那样草率，自己颇为努力。 记得黄君备有陈文、陈槐的算术教本多种，我曾通统为之演算一过，在算术程度上颇有余裕。 对于学生的课卷，也如在黄君学馆时一样地负责改削。 所以代他三个多月，大家都很相安。

因为学校是就书院改设的，而书院又在深山之中，所以所有的教师、学生都寄居校中。 教师的膳宿，均由学校供给，学生则自备伙食，不缴学费。 所有教师薪修及学校开支，除以学田的所入抵消外，不足者由县库补助。 不过那时的薪修甚小，校长每月制钱十六千文，教员自八千至十二千文不等，书记则每月四千文。 当时学校的经济情形，我不详细，不过至今尚能记忆的，是学校不独可以完全自给，且有余款解还县库。

我在书院作学生时，是每月回家一次，现在作教师仍是每月回去一次。 从前每次回去，纵不向母亲索取钱文，但除了某年积得四千文带交母亲外，平常是没有钱带回去的，现在则每月有八千文的薪修。 为要遵守"父母在，子女无私蓄"的古训，每次发薪，总是带回家中，全数交给母亲（我家经济权全操在母亲手），如有需用如购书或捐款之类，则向母亲索回。 父亲以为我是在外面做事的人，手中应留若干，以备缓急。 母亲则不独不予谅解，反谓我之薪水不只此数，必有一部分以至大部分流入妻之私囊。 虽请黄君证明亦不相信。 于是精神上之苦痛，较之在家中坐食尤甚。 不独对家庭不感生趣，对职业也不感兴趣。 虽曾勉强将那一学期的功课了结，但离家自立之念时在燃烧。 暑间因着我晋二十岁生日，母亲与岳家决裂，致我不能安居，竟至偷自出走。 于是初期的教师生活也即至此而中止了。

第二章　生存竞争之始

一、高师毕业

我之得入高等师范已是意外的意外。 我曾说过： 在岳麓山上的四年，不独解决我的求学问题，同时也解决我的生活问题。 且可进一步说： 我一生的前程都是植根于那时。 倘若那时的高师，不是全部官费，我应考纵能取录，亦绝无法终业。 因为最初的两年，能力与机会均不如最后的两年，绝不能恃卖文供零用，更不能以兼课供生活。 自当时以至现在，每讲到以至想到我的生活史，我无不赞美而感激当时的官费制度。 我无高师，纵能努力，但为生计所逼，必及早就业，而学识的基础太薄，纵有成就，其结果必不能与现在相等。 我受此制度之惠甚多，我感激它，我曾倡教育免费之议（见《中国教育建设方针》），希望执政者注意及此，使限于资力的青年得以上进。

我在高师四年，在经济上除去父亲及友人稍有供给外，第三年起之零用即靠卖文的收入。 第四年毕业将近，在个人固然要自谋生活，而妻与子寄居岳家，原属万不得已，毕业而后无论从哪方面讲，都得自行抚养。 所以毕业在他人是一件愉快的事，在我则是一件顶苦恼的事情。 因为必须踏进教育界的生存竞争之场，而不能如前此之以教学为客串了。

那时的高等师范，照章均设有附属中学和小学，就一般情形讲，凡本科毕业生之优秀者，大概可以留在中小学服务。 不过所谓优秀，是以学校的学科成绩为标准而不是全部能力的总和。 我在学校的时间，费去于图书馆的较之用之于学科者多，在全部本科毕业生百二十余人中虽也不出前二十名，但依习惯，附属学校之留用毕业生，是以前数名或每部、每科(那时高师之本科称"部"，专修科如文史、音乐等称"科")之前一二名为限，当然轮不到我。 而况教育部于前一年决定划全国高等师范学区为北京、南京、武昌、广州、沈阳、成都六区，每区设国立高师一所。 湖南的高师，应归并于国立武昌高等师范。我们的学校，只办至我毕业为止。 校址亦须移交省立工专，谈不到附属学校，更谈不到毕业生之服务于附属学校了。

高等师范本是以造就中学或师范学校教职员为目的，教育部且有服务年限的规定。 依法令讲，高师毕业生，应由教育行政机关分派至各校服务。 可是我国的教育行政机关，素缺通盘的计划，更少统制的力量。 湖南的全省，在当时不过十余所中学及师范，如何能骤容此百二十余之数理化、英语、博物本科生，更如何能容同数之文史专科生(两年毕业，专修国文、历史)。 而况当时政局扰攘，我等毕业之日，正是张勋在北京拥清帝复辟之日(7月1日)，教育部自然管不到我们这些小喽啰。 而湖南又以护法战争，干戈扰攘，政府忙于军事，也无暇顾及我们。 教育司虽然也照例发给各校一封一榜及第的介绍信，但实际上则公立学校的校长为着经费无着，地位动摇，自顾且不暇，更何能问及我们。 于是我们只有"各自奔前程"了。

二、各奔前程

各奔前程的方法很多。 第一是席父兄之余荫：此辈如私立学校高级职员，或有特殊事业或职位的人员的子弟，他们的入学，本是有预定计划的，毕业而任事，只是其预定计划的实现，当然无问题。 第二是恃亲故之引援：此辈之入学虽无预定计划，虽无空的位置等着他们，但因为亲戚故旧在教育界有相当力量或渊源，为之向当局者引荐，成功的希望比较大。第三是赖母校之发展或收容：当时的学额，是以县为单位，而每数县有联合中学；如现在之毕业生是由某中学而来的，倘某中学班次加多，需要教师，自然愿聘本校的旧毕业生；又如班次不加，而该生与母校平日之感情尚好，亦可由旧有的教师分配一部分职务于彼，不过在事实上并非必要，故称之曰收容。第四是家境富裕再谋深造的：此辈在生活上本无问题，但既毕业，亦须谋一归宿，于是有再进一步求学者，不过为数最少。我现在所能记忆者，只有已逝之杨亦曾君一人入北大耳。第五是凭着偶然之特殊技能，以补他人之缺者。如某校偶缺某科教师，既不能延一专任，校中诸人又力不能兼任，于是乘其临时之需要而加入。第六也可说是最末一着的，就是捧着教育司和学校的介绍书，向各处沿门托钵，但其结果往往是最坏的。

当时我的情形，除了第六项是我分所当为而不愿为者外，第一至第四是根本谈不到。因为我为农家子，"人"与"财"均不能助我的出路，虽也有母校，但以家庭关系，回故乡既不可得，而在常德第二师范进了六个月单级班，连本校校长及教务主任都不曾晤谈过，如何可以望其收容。（我因为好发表，且曾一度作过新闻记者，最希望能入新闻界，但是"此路不通"。）而卒能于毕业前一学期即能兼职者，一方面是由于我个人有着第五项所说的小技能，又一方面则得着两位同乡前辈之吸引。此故事当于下章详言之。

第三章　音乐教师

一、兑泽中学

我曾说过，湖南以地势的关系，向分三路，各路有公所，在清末均改为学堂。西路之西路公学，照民元（1912）之教育部令，改为私立学校，更名为兑泽中学（南路者为岳云中学，中路者为妙高峰中学）——学校的校址在长沙城内的荷花池。因为湖南的教育发轫于私立学校（胡子靖先生的明德学校，陈凤荒先生的楚怡学校，朱剑凡先生的周南女学均创于清末，在中国新教育史上均有地位），故政府对于私立学校，不敢轻视，省议会并通过议案，在相当的条件之下对于私校有补助费。而公立学校则因政治关系，校长以执政人员之进退为进退，教职员又以校长之进退为进退，故风潮迭起，学者教者，难得安宁。私立学校则主权属之创办人，不受一般政潮之影响，而办学者又皆热心教育之士，均能刻苦耐劳，视学校为其事业，以故长沙私校之校风与成绩往往超过公立学校，而学生亦以私校者为多，名教师亦多集在私校之中。

西路公学最初的创办人为熊希龄、廖笏堂等乡绅，后来熊等出任政事，乃由湘西之在北京及长沙的优级师范毕业生等负其责。1913年，我县毕业北京高等师范本科的武绍程先生返省，初任职于高等师范，不久改任省立第一师范校长，为着政治的关系，不过半年便卸任，于是因乡人之推举，而任兑泽中学的校长。 同乡谌伯畴（鸿范）先生毕业北京大学的预科，本在京与武相友善，乃为之分理庶务兼教员。 那时我们县里留省的人甚少，在教育界服务的，只有他两人；而我是学师范的，且入校由武任保人，他并曾教过我们的论理学，自然为着师生与同乡以及同乡会的关系而与他们有往来，年暑假不归家时，并曾移住他们的兑泽中学。

谌君是我县一区龙潭的人。 这区姓谌的最多，而且多属富厚之家。 他之任兑泽中学的庶务，不仅负事务责任，有时还要负垫款之责。 因为在民初改办伊始，补助费未定，学生不多，学校经济不时发生困难，武先生在经济上无活动力量，全赖他为之支撑。 他虽出身富庶之家，但为人极忠厚，待人极恳挚，对于朋友之急难，尤能挺身相助。 他知道我的经济情形，平时相助之处不少。 他虽长我十余岁，但我俩在私交上可称莫逆。 当我二十三岁的时候，他赴宝庆任财政上之职务，而将全家及其家人的事务，委我代为处理，可见他对我信任之深。 我于治事，因自幼即有负责任的习惯，对于他所委托的也都能切实办理，不负所托。

谌君和我的私交既有这样深厚，我的生活他自然时时留意。 我自1916 年一度作新闻记者而后，卖文虽也可略有收入，但长沙除报纸而外很少其他出版物。 而且湖南省银行以政潮关系，民国初年的银两纸币到民国四、五年之间已降至对折，而文稿酬报的单位仍旧是银两，所谓收入，也只好勉强供我那乡居穷学生的零用而已。 在事实上，1917 年的暑假我必得独立门户，养活妻子。 谌君固知我是学英文的，最适当的职业是在中学作英文教师。 可是兑泽的英文教师过剩，其他各校则以无渊源而插足不进，而况与我同时毕业者有三十人，谁都愿留在长沙，即使他校有缺额也轮不到我。 所以我当时的唯一出路，只有兑泽中学。

二、客　串

　　1917年的春天，兑泽中学的音乐教员忽然出缺（他是浙江人，年底返乡就职）。谌君知我平日好弄中西新旧音乐，而他自己对于音乐又为门外汉，以为弄音乐者必可以教音乐。实际上我的音乐嗜好是有的，研究则根本谈不上，不过平日因嗜好之所在，在单级师范和高师预科时，对于教师所教的普通乐理，用心听过两次，同时看过一二册最浅的英文和声学（其目的在翻译出来换钱，但结果没有人要），抄录着若干流行的歌曲和进行曲耳。在技术上虽曾跟着高师的一位体操教师学风琴和声奏法，而能认识乐谱，奏简单的复音曲调，但属"玩耍"的玩意，对于声乐更无素养，如何可以正式"下海"。谌君和我谈及兑泽音乐教员的事情，我切实把上面的情形告之。他以为当时的中学生，对于音乐历来视为无足轻重的随意科，教师的能力素不注意，旧任教师也不见得有何种深湛的研究。他并以为我对于音乐的程度或不如前任，但我的中文至少比他好，如果在歌词的选择与讲解上用点功夫，学生是不会有问题的。至于学校，谁都知道我毕业后是会插入的，不分现在任职诸人的钟点，而仅仅填补他人的空缺，在同事方面也是无问题。经过几度考虑并与武先生商量之后，终于在1917的春季离高师毕业期尚有半年的时候，接受兑泽中学代理音乐教员之聘。所以称代理，一以示我之专科非音乐，为应学校之请而勉为其难；二则如学生有问题，又以代理两字为伸缩而不至于减学校的威信，扫个人的面子。这种种，我初出茅庐，当然不能理解，一切都是由谌君和武先生预为布置的。

　　那时兑泽中学的学生共有六班，每班只有音乐一小时，故全校的功课都由我担任。我在四年前曾两度做过教师，虽然说不上什么经验，但初上讲台的羞怯情态，是可以减少一些。在高师数年，对于各种课外活动都肯参加，中间且有两年的暑假加入长沙青年会赴庐山参加华中基督教主办的夏令会，故于公开讲演有训练。 而当时的教学法教员是徐特立先生，徐先生是长沙唯一的教学法专家，他的教学经验丰富，且肯用功，他虽不识西文(他习法文是始于 1920 年去法国勤工俭学之时)，但对于日文的新书看得甚多；他的讲义固然年年修改，他的方法也时时进步。 高师的目的虽然是在养成中学教员，但他所讲授的为各科教学法，各科教学方法都讲到，且以各科教材实地施教。 他的理由是： 高师毕业的学生，不一定任专科教员，应有一部分以至大部分负教育或学校行政的责任。 倘若对于各种教师的教学法不能判断其优劣，殊不能认为称职。 他善言词，诙谐而喜悦之情，时时摆在面上。 所以就是自命各科专家的我们，也很欢喜而注意他的讲授。

我在高师习英文，但我的趣味，自幼便是多方面的，所以对于徐先生所讲的各科教学法，都津津有味，笔记记得特详，且常常加以揣摩，表以动作，以模拟各种教师。 音乐是我所素嗜，教音乐自然也是模拟过的。 我在兑泽教我本行以外的功课而未立即失败者，徐先生的教学法是很有帮助的。

代理聘书接到之日，离开学尚有一星期，就歌曲与乐理言，自信可以应付得过去，但在态度方面，如何方能引起学生的推诚相与，在语言方面，如何方能表示我的有条理、有学问，在技术方面，如何方能表示我之熟练与优越，使学生由种种方面发生崇敬之念，是我当时日夕所考虑的事情。 唯恐万一失败而为人所讪笑，故对这种种问题也从不敢和朋友商量，或向教师请求指导，只是私自努力自求解决。 因而在演奏方面，每日总费半天以上的时间，在音乐室练习各种歌曲，多重奏的进行曲更多加练习，其目的是要在每班初上课时奏着不同的复音曲，以显渊博。 在声乐方面，每日清晨及薄暮时从学校后门跑到爱晚亭旁的山谷中向着树林歌唱。 同时按照徐先生教学法上所说的准备一些"台词"，于唱歌之后向山林演出。 这一切虽为个人的活动，但演奏、歌唱以及讲演时，都假设着有许多听众在座听。 时间更扣得很紧，不使其过长过短，以免有讲不完或剩得太多之弊。 在另一方面，则编辑许多讲义，讲音乐之特质及效用等，以备印发学生而示我这音乐教员是有异于一般音乐教员的。

记得兑泽最初上我的音乐课的是本学期就要毕业的一班。 引导我上讲堂兼为我致介绍词是谌君。 因为年暑假我曾寄居该校，面貌本多相识，而因为在报上写文章，姓名也多相识的。 再由谌君加以渲染，我于是成为什么什么的大家了。 他介绍毕，我自然要说些谦而不卑的话，随即改正讲义和乐谱上错误，再讲讲音乐学习的方法，已经去了一时之半了，坐下按着几曲复音，当着催眠剂，大家都洗耳静听。 我知我的种种准备不是白费，精神更安定。 乃将最后的一刻钟自己示范唱歌，唱毕一遍，再令全班跟着一句一句的唱，唱完之后，下课的铃声已响。 一课的时间，虽只有五十分钟，但乐理、器乐、声乐面面俱到，总算是教学法不曾白学。 接着上第二课的是一年级新生，对付他们更为容易，只要把上前一课所讲的改浅改短，当他们作小兄弟看待就行了。

一周过去了，各班都曾教到，谌君于最末一课下课后约我至其室中座谈，谓学生对我的教学方法及技术、学问均甚满意，恭喜我从此每月有二十五元的收入。 这数目自然是很小，但想到半年之内有一百二十五元的收入（那时私校教员薪修每年作十个月算），似乎有点喜悦到不相信了。

这学期我一面作学生，一面教书。 但从岳麓山到荷花池的路程在二十里以上，中间还要过两道河。 所以来去一次，在路上就要半天。 而高师的功课，可不能全天请假，只有拣着功课较少的日子教书。 故每周六点钟的功课，要费三个下半天。 为着节省经济计，来去都是步行。 虽然花费时间很多，但身体上反而得着许多益处。

以上是我正式以教学为职业的最初记录。

第四章 本 行

一、同行竞争

1917 年的暑假，正式离开岳麓而迁居兑泽。 8 月中秋，岳父因装货赴常德，顺道把他的女儿和外孙女带着，写信给我，要我亲去迎接。 于是从那时起，我在长沙算有家，而这家就寄居在谌君的寓所，一切得着他夫妇的帮助，即伙食亦附寄他家，所以虽有家室之累，但这累还不算甚重。

我未毕业前，在兑泽教音乐，可算是"客串"，毕业后再单教音乐，则未免于"本行"（英语）有亏。 在体面上固须教英文，为收入计也得加些钟点。 可是兑泽在那时受着种种的限制，并无发展之余地。暑假虽曾毕业一班旧生，招收一班新生，但教员则并不曾毕业出去，无须添招。 所以我的英文课便大成问题。 不料二年下期的学生，以为其英文教师的程度或教法不合于他们的胃口，而知道我是在高师专习英文的，同时又因半年的音乐教授，彼此相处，尚称相安，故向学校请求要我兼教他们的英文。 这于我自然是很相宜，但在方式上则未免不妥。 因为湖南自 1913 年二次革命失败，汤芗铭督湘后，对于民党压抑甚力，军费支出庞大，省库亏欠无法弥补，则滥发省银行之纸币，以致通货膨胀，物价高涨。 1915 年 12 月 25 日蔡锷在云南起义，反对帝制，1916 年 3 月桂督陆荣廷攻入永州，北京政府令倪嗣冲带兵入长沙，助汤反攻，虽经熊希龄等之反对而倪驻岳州，但汤以进退为难，于7月去职，由湘人公推刘人熙继任，8月，谭延闿继刘而湖南的财政以迭经变乱，已陷绝境。 省银行的纸币价值，一天一天地往下降，1916年冬，尚有对折。 1917年8月护法之战兴，湖南重为战场，8月6日，北廷任傅良佐督湘，月杪谭去职时，省钞已跌至三折左右，因而物价陡高，教师们按着原有的收入十足领到，尚难维持，而况那时的省教育经费，短绌异常，省立学校尚常欠一年以上，私校补助费更说不上。 在这种情形之下，减少某人的教课钟点，就是减少他的必需生活费，不问有何种理由，在生存竞争上终非出以争斗的形态是不可的。

平时年暑假我偶然寄居兑泽，和当时的一般教师似乎都发生一些友谊。 有若干人，因为我在外面比较活动，很有愿我毕业后为该校服务的表示。 而英文专任教员某君对我尤为客气，时常在众人面前恭维我的干才，而每谓兑泽的池子太小，不足以容我这蛟龙。 他是沅陵人，清末在北京大学预科读过两年书，他的英文是从那里学来的，虽然是该校的专任英文教员，但从不担任二年级以上功课。 他当时之对我客气，恭维我的干才，是明知道我毕业后必入兑泽，而所习的科目又与他的行业有冲突，下意识在拒绝我入该校，但表面则以池小不能容蛟龙的话讽喻之。 其他诸人之表示愿我入该校服务者，自然是交际辞令，但也许含有几分诚意， 因为我的本行，与他们所任的科目是不相犯而无利害冲突的。

当时的校长武先生是北京高师英语本科毕业的，也曾兼教一班三年级的英文。 上年学期将终时，他知道我的经济与体面问题，同时更理解生存竞争问题，曾和我商量，欲将他所教的一班英文让我教。 而当时的修身课是某老先生兼任的，他要回家，故他自己拟兼修身，以补英文课的收入。 在我则并无所谓，不料聘书尚未发出之时，二年下期的学生发生了要求我教英文的问题。 武先生的社会经验与人事经验俱甚丰富，他能预料到种种可能的纠纷，结果是他自己教了那班的英文，且兼修身，而我接教他所遗下来三年上期的英文。

二、求全之毁

这种处置，在武先生可称煞费苦心，但事实上却发生两个问题：一是某君功课确实减少一班，收入自得照减，不满意是人情，此不满意不能向武先生发舒，也不能向我发舒，而唯有向学生发牢骚；其二是二下的学生因为所求不遂，而又要听某先生的牢骚，也怀着不满之感。经过近年的酝酿，终于展开了另一个局面。

我的英文程度自然不甚高明，但究属经过四年的专门训练，阅读写作以及语言的能力，对于当时的中学生是可以应付得下来的。而因为在岳麓时有几位青年会外国干事曾兼任过我们的功课，为着练习语言，不时与之往来，有时并约之来校向学生讲演而自任翻译。于是学生中不免有所激动，而对我的倾向更佳。1918 年的上期，我除原教全校音乐及三年下期一班英文而外，更多教一班二年下期的英文。这一班本当由某君教授，武先生以前学期接手他所教过的一班，程度太劣，恐毕业发生困难(那时中学毕业，由教育司派员出题监考)，有损校誉，因决定只让他教一年级。于是某君原教四班英文，至此已减去一半，其经济上之影响自不待言的。

当时中学的音乐本属随意科，且最初有很多的准备，而又继续教过一年，自可不多费时间去准备它，不过于空闲偶为弹唱当做消遣而已。对于英文，则不独学校与学生看得重要，就是自己为着自己的前途计(我那时冀求考取官费留学之梦正酣)也决不肯轻易放弃。除了功课的准备外，且订阅路透社英文电报及几种英、美杂志。在语言练习上也不时与旧日之青年会教师往还，以求不至生疏。所以就责任与能力言，我对于英文均远过于音乐，不料 1918 年暑假将近时，学生对我竟发生罢课的风潮，而使我的本行职业至此而斩，而且永远不再干此行，是真意想不到之事。

1918 年的春天，为着教学的便利，迁家于学校的附近。 那年 4 月，谭氏去湘，张敬尧继任湘督，湖南省银行的钞票又在下跌，而达到两折以下，但物价的高涨，还跟不上币值的下跌，所以我当时每月七折八扣地拿到五六十元的纸币的薪金，于维持家庭之外①，还可时常请客。 而那时常常过往的，都是兑泽教职中孤魂野鬼（无家属者之称），故在生活上颇为舒适而愉快。 不过我好买书，当时的书，上海定价一元的，长沙要卖四五元，而外国书尤贵，所以在经济上虽无亏缺，但储蓄是有限的。 到了 5 月初，因着一时的高兴，约同"孤魂野鬼"们在家大吃一顿，肠胃发生毛病，跟着受凉而成为副伤寒病。 这病我知道以住医院为妥，但是住院费要光洋②。 虽然价格不贵，每天只要几角钱，但是以纸币计算便要上十数元，当然超过我的经济能力，所以只有实行曾涤生"不药是中医"的教条，而静居家中。 这静居近一个月之中，曾蒙许多朋友慰问。 而长沙青年会总干事美人饶伯师先生（曾在高师教过我们的西洋史）不时携药相赐，使我病得早愈，尤为感激。

我病的时候，音乐算是非主要科可以缺席。 英文则不便缺。 而一时又不能在校外请人替代，于是我所教的三年下期学生，仍由武先

---

① 由故乡带来之一女，于 1917 年冬病故，1913 年所生之长子，已于 1916 年春天逝，故只夫妻两人，所费甚少。

② 湖南那时的币制有六种： 一为光洋，即银币之未经本地钱庄以铁器作记号而两面光亮者；二为杂洋，即银币之经钱庄以铁器作记号者，有时竟至两面是洞，看不出文字和花纹，又称烂板，通常每元较光洋低数分至一角余不等；三为中交钞票，其价格通常与光洋同值，有时且高百分之五至百分之十以上，盖旅行者或卷逃者谋携带之便，宁愿以高价收购也；第四种是不兑现的省银行的钞票，有银两、银元、制钱的三种，后两种又有新票（当地称洋货纸票子，谓其纸张漂亮也）旧票之分，此项钞票之最低值只有面值百分之一，新票较高一二成；第五种是纹银，与光洋为七钱二分之比，但市上不甚通行；第六种为当二十文铜元，为唯一之辅币，但自省银行钞票降至百分之一时，铜元亦绝迹于市。

生代理，二年下期则由原来之某君代理。 于是乎二年生经过比较，说某君教学方法好，他们容易懂，我教得太快而太深，不是他们所能理解，所以仍要求由某君教下去。 武先生自知走错了一步，初虽坚决不答应，卒因学生以罢课相要挟，而想出一个调和的办法，即我仍因病请假，一直要病到暑假方许痊愈。 于是学生的要求达到目的，学校的威信不至堕丧，而我的面子也无问题。 我的薪水仍然照送，下年如何，且俟下年再说。

这方法在表面上自然很平妥，不过我那时年少气盛，最不服输，我虽然不是什么英语专家，但至少不弱于某君，今有人说我不及某君，自然要忿火中烧。 最初的计划，是约集全省的英语教师及英、美人之在长沙教英语者聚在一处，由我两人就英语本身及教学之各方面当众表演，请求大家评判优劣。武先生说："这不行。"其次请武先生及另一英国人或美国人给我们评判优劣。 武先生又说："这不行。"第三是各教同年级之学生一班，于学期终了请他人出题考试，比较学生成绩之优劣，武先生再说："这不行。"他说："这问题不关能力而是人事，你现在不知道，等你到我这么大的年龄时（他比我大十五岁），你便会知道。"他要我忍耐，且等下年再说。 我当向他起誓道："从今以后，我绝不再进兑泽中学之门。"这是 1918 年 6 月初的事情。 总计我这高等师范英语本科的毕业生，在名义上作过中学英文教师一年，实际上则教书不到八个月，教过的学生不到一百人。 这与国家设科之旨相去不知几千万里了。

这一次我所得的教训，是神圣、清高的教育界，也和其他的各界一样，有人事问题，而人事问题且可以压倒能力问题。 而我的生活以及学业，均因此而大转变、大受益。

第五章 教育学讲师

一、研究教育之始

我虽起誓不再进兑泽中学，但绝不能起誓不生活，不独个人要生活，血与肉做成的妻要生活，即将来临的小生命(斯年秋举一子，但第三年又殇)也要生活。从个人主观看来，生活的方法，似以著述为最便利而较可靠(因为"人事"问题较少，投稿到上海可以换光洋，所以看作最便利，事实上未免看得太简单)，所以除继续在当地报纸投点零碎稿子而外，因为对于教育发生许多问题，乃立志要研究教育学，且要从事教育著述。自6月起，把家中所有的钱，拿去购备所有的中文教育书籍。可是除了教科书，只有张子和的《大教育学》(商务出版)算是唯一的专著，但把所有教育书籍读完了，仍旧是训育论、养护论的那一套，失望之余，求知欲更加发展。因为自己无钱购西文书，乃向饶伯师先生借书，他虽不治教育，但其本国朋友中有学教育的。他为我借得出版不久的一本桑戴克的《教育学》(Thomdike: Education)及教育心理学(Educational Psychology)节本，我读之如获至宝，始知教育要社会化、生活化等论据，及刺激与反应之原则，及其在教育上之应用等等。再由他代借来杜威的《民治与教育》(Dewey: Democracy and Education)，更知教育学之外尚有教育哲学，于是从事教育著述之志愿益坚，而夜以继日地读书。此时高师同学刘范猷君知我失业，其兄棠猷君任桂东县知事，屡次来函约我任科长，均以要读书、著书的理由辞谢之。　但是灶头的锅、灶肚的煤，绝不能等着我慢慢地把书读好，写成文章或书册，寄出去换得了钱再去放米生火。　所以还得暂时谋有以解决之道。

那时的朋友，除了谌君对我最关心且不时予以接济外，其次自然是武先生。　但他们的势力范围差不多以兑泽中学为限，我既起誓不再入兑泽中学，他们在职业上很难有为我出力的地方。　再其次往来较多的，要算是饶伯师先生。　他那种治事锲而不舍的精神，与待人的诚恳态度，尤其当我病时的殷勤，我对他有种不可言喻的崇敬。　某次他向我谈及基督教问题，我以中英书各有底而（即中英文写法不同，中文书的封面，在英文书应为底面）为喻，发生很激烈的辩论。　但过不了几天，他仍如从前一般的热烈，与我谈论人生各方面的问题。　我对于基督教素无研究，当时所谓激烈的辩论，不过是些常识的疑问，自然经不起对于宗教有素养的人的解释，而我在学校曾习过心理学与哲学，知道人类的生活中有宗教情操，同时又因民国四、五两年，我都曾参加华中基督教联合会在庐山所办的夏令会，对于他们办事的毅力与热忱颇为赞佩。　所以与他谈论几次之后，无意中对于基督教徒及基督教发生一种微妙的好感。　第二年夏，因他的多方劝导，卒加入其所属之长老会。　我之一度服务教会学校，其渊源在此。

自 1912 年以来，因南北与党派之争，湖南首当其冲，几无宁日，督军省长之更调至 1918 年 3 月止有谭延闿、汤芗铭、刘心源、陶思澄、韩国钧、沈金鉴、刘人熙、陈宧、陆荣廷、傅良佐、周肇祥、张敬尧等十二人。　除陈未到任外，谭任三次，刘任二次。　政局变动之速，为全国冠。　而首脑每变动一次，部下也跟着变动。　于是公立学校校长教职员之更换也每年或数月一次。　教育经费之拖欠则成为全国一致之风气，湖南自不待言。　而那时的督军兼省长为张敬尧，系一纯粹军人，于教育尤不重视。　加以省银行纸币低至两折以下，教育经费纵能如数发给,教员亦不易生活。 饶伯师先生旅湘十年,知道当地教育界的情形,而劝我改入基督教教育界。 他并谓教会学校,是不受政治影响的,用人以人才为主,且不限定基督教徒,而经费比较充裕而安定,行政比较统一,只要有能力是可以安心治事,切实发展的。 我当时感觉教会学校确是不受政治影响,比较安定,同时又要解决目前的生活问题,而允许他如有相当机会,当可为教会学校服务;但唯一的条件,是不能妨碍我的著述工作。

二、代理教育学讲师

那年的暑假,湖南基督教教育联合会在长沙雅礼大学召集全省教会中小学教师开办暑期讲习班,时间为一个月。 教育学兼心理学讲师,本约定商业专门学校校长汤中担任。 临时汤因事离省,饶伯师先生荐我为代。 我那时正读桑戴克及杜威的著作,把他们的意见摘录若干,再加以本地风光的实际问题,讲演了十余次,听众好似闻所未闻,大为满意。 我自己对于功课讲授的满意而外,且有一种至可笑的幼稚心理: 是因为雅礼大学,在北门城外,离我寓所甚远,每次均由该校备轿接送。 当在轿上摆来摆去的时候,每以为从此以后,大可以侪入大教员之列(当时有名而兼课多的教员均坐轿),只可惜这种威风是我最初也是最末的一次。 因为这劳民伤财的轿子,以后因着人力车的兴起而被淘汰了。

三、一身兼三职

暑假讲授教育科目,既然得着听众的好评,饶伯师先生乃因势利导,荐我到北门外长老会所办的福湘女学任教育学科教师,同时聘我在其所主持之青年会任社会服务部干事。 而省立第一中学的校长某君，是高师的旧同学，以在张敬尧治下任校长，似乎有点于心不安，必欲拉许多同学做伴，而派我教三小时的音乐。我因要看看省立学校的内容也勉为接受，于是以一身兼三职了。那时除一中的薪修用纸币，且不能按期领支外，青年会及福湘均以光洋计，此二处合起来虽然不过四十元，但按纸币计已二百元以上。而当时欧战甫停，美元差不多与华币等值，我的收入除去供给家用外，还可余下三分之一以至半数作购书费，我的学业也无形中增进不少。兑泽中学的风波可说在我的生活与学业上开一个新纪元。

那时既以一身兼三职，活动的范围与社会的经验，也因而扩大。而此三处的风习，都有其特异之点。如省立一中为公立学校，虽然很穷，但一切都带点官气，学生有十余班，教职员有百余人①，校舍大、排场大，不过教员下课便走，与学生除在讲堂上见面外，不发生其他关系。福湘女学保有教会的传统习惯，一切均以传教为目的，但其校舍之精致，办事之有规律，教职员之负责任（该校当时除我外无兼任教师），学生之勤奋，为当时公私立学校所不及。青年会虽亦为传教机关，但用社会教育的方法为传教之工具，故与各方面之联络较多，而社会活动的范围亦较大。我在一中所任的功课甚少，每周只要去一次，福湘亦只去四次，每日的下午都在青年会。所谓社会服务部者是专为我而设，其目的在推广社会教育。我虽然对于李默非的《贫民教育谭》读得很熟，而且读过社会服务的专著，于社会教育的方法稍有所知，且亦愿努力于社会教育，但因为从未受过宗教训练，且非教徒，对于会中的种种

---

① 那时长沙兼课之风最盛，有些学校几于每班有一位国文或英文或数学教员，其起因由于校长在"人事"之不得已，而以派功课为敷衍各方面推荐人员之工具；后来则所谓名教员者，成为学校的台柱，各校争聘，其本人无办法，乃到处兼课，使各校教师名册上都有其姓名；有因为敷衍各校计而每周兼课至四十余小时者，来不及，则各校排定时间轮流请假：此风当时在北京亦盛行。

设施及同事之种种习惯都觉格格不入，且病其太宗教化，而不能心安理得。 同时对于教育著述大发迷梦，只求有充分的读书时间，不愿多兼职务。 故自 1919 年起，将一中与青年会的职务辞去，而专任福湘女学的教务主任兼教育科教师。

第六章　教务主任

一、奠定教育著述的基础

我任福湘女学的教务主任，虽然不到十一个月，但这不到十一个月的短短时间中，却使我的生活（物质与精神的）发生重大的变更，使我走上学术研究的康庄，同时也奠定我著述职业的基础。 其原因半由该校，半由当时社会思想的变动。

1917 年 7 月，张勋复辟失败而后，冯国璋代理大总统，段祺瑞复任国务总理，所谓北洋派的势力逐渐扩展而有"席卷天下"之势，但国会议员吴景濂等则不以 6 月政府解散国会之命令为有效，于 9 月 1 日在粤自行集会，并选举孙中山先生为大元帅，而两广督军陈炳焜、谭浩明且早于 6 月 20 日宣告自主。 9 月 18 日，湖南零陵镇守使刘建藩对北京政府宣告独立，向长沙进兵。 到 11 月 14 日，北廷任命的督军傅良佐、省长周肇祥竟退出长沙，当时北洋派为直、皖二派，不能统一意志进攻湖南，于是于 12 月任谭延闿为省长兼督军，以期收拾残局。 但谭为湘人，且属党（国民党）人，当然不是北廷所能利用，所以军事仍不停止，湘军且于 1918 年的 1 月 27 日攻占岳州。 在北廷方面，则令曹锟、张敬尧等攻岳州。 4 月 1 日长沙弃守，于是张敬尧以前敌司令而任湖南督军了。 一直到 1920 年 6 月 11 日，始被湘军逐走。

1917 年至 1918 年之间，湖南政治的变动，既那样急剧，教育自然受其影响。 因军费无着，湖南省银行受政府之命，采用通货膨胀政策，纸币价格日趋下跌。 至 1918 年底，旧币价格降至百分之一，公立学校不独经费为难，人事亦因政治的变动而时常变动。 私立学校因有学校可收，以及主持者之勇于负责①，较公校稍好，但生活的紧缩，终于赶不上纸币的贬值。 而张敬尧是一位纯粹的武人，根本不懂教育，更以为许多乱子都是学校造成的，而痛恶学校，痛恶教职员。 所以他到长沙的第一着，就是逮捕教育界所谓滋事分子。 而当时教育界前辈如胡子靖、陈凤荒以及平时稍形活动的教员多人，都成为政治难民，逃往省外。 后来，他虽然也用了湘人作教育科长，但一切"以顺为正"，对于省校校长一概更换，教育经费则不发给(结果该科长为其旧学生刺死)。 所以当时长沙的教育界在物质和精神上都是很苦的。我自 1918 年秋在青年会及福湘女学任职以后，经济上固较安舒，自 1919 年改任福湘教务主任而后，精神亦较安定，因为只要对于自己的职务能尽责，政治上的变动可以不过问，"人事"的防御工作可以不必作，活动的范围可以不牵到当时的政局，不必准备逃难，而可专心从事于职责之履行与学术之研究。 这是就福湘对于我生活上之一般影响而言，影响之最大者为教育经验之扩大与学术研究之加深。

二、教育经验

先说教育经验。

我对于私塾书院及新式学校均曾经验过，其内容、特点，我能举得出。 虽然也知道有所谓校风，但各校之情形，总是大体相似的。

---

① 湖南私校主持者对校事负责成为风气，以武淡溪先生之素无经济能力，且于 1917 年底辗转请人介绍向陈宜诚先生借三千元维持学校。

未进福湘以前，以为中国的新式学校是仿自西洋，该校由西洋人办理，一切当更合乎理想，内容当更完善。 1918 年下期，初入该校任课，看得校舍堂皇、清洁、整齐，学生服从、勤勉，校长办事认真等，而深加赞美。 1919 年春改负行政责任，便发现许多不合理想之处而感不满。 当时很想抓住学生的信仰，努力为之改革，但结果终于失败，至 11 月竟因一篇文章之故而离开该校。

这学校是美国长老会所办的，一切建筑费及基金都募自美国，且由该会供给美籍教师三人，中国教师的薪修则由学费支付。 该校有中学及师范，当时学制在形式上是遵中国教育部的规定，中学师范均为四年毕业，师范有预科(此为当时部定章程所规定)，中学亦有预科，而所用教本除中国史及中国文外均用美国中学之课本。 而全校学生不过六十余人，故师范、中学两部学生每每合班上课。 但这些都不能加以非议。 我所感到不满者：第一是该校之一切设施与中国国情相去太远；第二学校主持人不明教育原理；第三是对于学生思想之窒锢太深(其实则均可称为我不明其设校之旨而然)。

该校设立的目的，据说是要培植小学教师(师范生)及女界领袖人才(中学生，毕业后大概都能升学)，但课程则既不依照美国的，也不依照中国的规定。 譬如师范科是应当学习教育学、儿童心理学及教学法，但该校并不注意于此，不过有教育学之总名称，随意指定一教师任之。 于国文则不独时间少，其所延之教师，常为清末之秀才等，不独缺常识，且文章亦多不通(但我入校之前一年，聘李肖聃先生专任国文，因李之学有根底，且善教学，学生得益不少)，以至一部分高年级学生，对于本国文字，每每不能应用。 于中国史地更是随便讲授，所用课本，每有失效多年，只因教师不能改教新教本而沿用之；且讲授亦只是照书直念，令学生默诵而已，根本失去史地之效用。 在常识方面，更为缺乏，不独无时事研究，且无人指导阅报，将毕业之师范生，对于中国教育制度、教育界情形，每每茫无所知，至有询以国民学校为何物而瞠目不知所对者。 在英文方面，其程度自较一般学校者为高，但外国教师把她们当作本国孩子看待，对于应用英语虽可学得，但阅读与研究能力并不能与语言能力成正比例，翻译能力几于根本无有。 她们曾经用英文学过之理科、数学等，不能用中文解释（因为名词不懂，现在大学及专科用原文教本者也有此弊），换以中文教本反而不能读下去。 所以她们除了旅居英、美或在中国与英、美人相处而外，在中国实少用处，严格说来，实不能算作中国国民；至于宗教仪式的重视，那是不必说的了。 这都是我认为该校教育不合国情之处。 内地一般教会学校的校长，每由牧师兼任，该校校长则由美国的某女士专任，但对于教育则似无专门研究，不独对于中国情形不了解，对于美国的教育情形也似漠然。 图书室虽然也购备一些美国新出版的教育书籍，但也不甚阅读。 故对于教师所用之教学方法是否合宜，此项方法对于学生之学习是否有利，各种教材是否过旧，能否为学生所负担，均不过问。 在训育方面，除去宗教仪式之绝对重视而外，对于学生的活动也少过问。 我们有时也谈及"此时此地"的教育，我对于她有时也有相当的建议，她都似不甚关心。 这是我对该校感觉不满意的第二点。 美国是民治先进国，最重男女平等平权。 中国旧习惯虽以"男子治外女子治内"以及"男女授受不亲"为信条，但自新女学设立而后，此项信条已逐渐打破，清末初设女校时，虽有检查书信与监视会客的规章，但到民国已渐少采用。 教会学校之目的在传教，传教要迎合一般人的习惯，因社会上旧习惯的力量大，主持者要跟着习惯走，自然不能加以责备。 但从学校的本身讲，至少不应变本加厉。 该校对于学生禁阅某种书报（当时的《新青年》是被禁的）以及检查书信、监视会客，已经尽其迎合旧习惯之能事了。 某次某女生在学校接得其表兄的一封信，学校以来信为男子而又非父兄，于是闹得满城风雨，校长于夜间令人把我从家里请去，以信示我。 我看了，觉得平常，并不能视为情书，她谓总是犯规，且学生啧有烦言。

我谓上帝造人既分男女，则男女之结合当亦不违反上帝的意旨。 该生为三年级，年将二十，即使真与男子通信以至结婚，似亦非不正当之事。 而况美国是重视男女平等与恋爱的，中国许多事如办学校设教堂等等都是在学美国，则该生与某男子纵属恋爱，似亦不足言有罪。 她在理论上无可反驳，但她以"犯校规"三字而令其退学。 该生临去，涕泣不止，我则为之不快者屡日。 我于这种不近人情的处置固感不快，而于美国人干这种事尤为不快。 这是我对于该校感到不满的第三点。 此项都是旧经验中所无的，所以对于我是一些新的收获。

三、学术研究

次说学术研究。

我对于该校，固然有上述的三种不满，但是那经费固定、校风淳厚以及当局办事认真与不受政治影响的种种优点，是当时他校所不及，也是我认为可以大大有为之处。 所以自 1918 年秋任课以来，便有尽我所能为之切实改革的意愿。 1919 年改负一部分行政责任，此意愿更加强烈。 而当时的学生最大多数是从教会学校而来，对于社会上以及一般学校之种种情形所知甚少。 我以较新的教学方法，灌输较新的国家知识，而时在欧洲大战方正结束，我国民治主义方正发展之时，一般青年都有民主思想的倾向。 我的教导自然为学生所欢迎，我的改革行动也自然更具体了。

我对于该校之改革意愿，完全是改良主义，即就我的力之所及，在功课及课外活动上指导学生，使之较为中国化，于学校主权则绝对不加干预。 最初校长及校董颇想把该校办成与周南女学对立的一个学校，对于我的改革活动也很同情，并且时常怂恿我向当地以文字宣传。 所以在 1919 年下半年，福湘在长沙教育界中渐被人重视，而学生亦稍增。 我则以所志既遂，心安理得，而服务更为努力。 为着要实现我的改进的更大意愿，自觉有更大的学术修养之必要，于是我的整个的身心都放在校务与自学的两事上。 就是暑假，也不断地努力研究，从事译述。 自"五四"运动以后，求知欲更为发展，各种刊物风起云涌，我应接不暇，竟因读书过度而生胃病。 我的教育学术研究及著作生活，也在此时植立较深的基础。

我最初感到学生的国家常识之不如人，第一，是由于文史教员不努力灌输本国知识；第二，她们无阅报的习惯：第三，她们不与一般教育界接触。 当时的国文教员李肖聃先生，是湖南教育界有素养的教师，对于国文的教学方法及选择教材都不错，我们谈论尤为相得。 所以国文改进的责任，由他担负去了。 历史初为某教员兼任，后因他去职，改由我担任，同时又兼任教育科目之教育、心理及教授法等科目，各班学生每日都得上我的课，对于本国史实与当时时事，都有机会受我的指导。 我欲养成她们的阅报习惯，每日都为之圈定若干段国内外的重大新闻，强其阅览，且于每次上课之最初、最后数分钟或讲到课程与时势有关系时而询问之。 对于当时的《教育杂志》《中华教育界》《新青年》《新潮》《星期评论》《解放与改造》《青年进步》《妇女杂志》等等亦复如是。 所以学生的常识很有进步。 为欲使她们与一般教育界接触计，对于师范生则引导其参观当地之教会及非教会小学之教学；于参观归来，仿一般师范学校之办法，开批评会，为之讲评优劣。 同时并利用长老会所办之平民学校为实习机关，而带领学生实习教学，并为之示教。 1919 年下年，长沙有全省学生联合会之组织亦令其加入，且每于其出发前予以指导，参加后听其报告，予以批评。 当时我的职务最多，工作最忙。 而学生对我，也非常亲切，诸事依赖我。 稍重要之事我如不在校，彼等常来家请教（我家离校甚近）。 学生与教师家庭相往来本是教会学校之通例，不过对一般教师之往还不多耳（所以我的精神上很愉快，而治事与治学更努力）。

在治事方面，平时总是按时办公，有事则绝不限时间以办完为止。 有时因要指导学生，吃饭不依时，或特别早到迟去都是常事。在学问方面，则一方感着各种知识需要之加多，一方又感到原来的知识之太少。 我过学生生活二十年，虽于读书有兴趣，于中国旧学稍有基础，但对于新知，尤其是教育学科则修养很浅；而于一般社会科学可称全无门径。 我当时兼教历史，于西洋史虽在高师读过迈尔通史，但所得有限，故须从头学起，于中国史只读过《了凡纲鉴》及《资治通鉴》之一部分，对于新的史学茫无所知，故亦须从新研究。 因要研究历史，遂不得不兼习地理(我因未入正式中学,故史地修养甚浅)，更不得不旁及社会、政治、经济诸科。 为兼教历史之故，我的治学范围扩大了多少倍，而时间与精力也就费得特别多。 同时在教育科目方面，虽曾读过当时所有国内出版的教育书籍及一部桑戴克的《教育学》与杜威的《民治与教育》，但心理学则只读过桑戴克的《教育心理学简本》而不甚了解。 虽然用当时商务出版的心理学教科书可以敷衍教课，但心里则至感不安，适逢该校图书室有杜威、桑戴克、詹姆斯、孟禄、贺尔(Stanley Hall)等的各种教育及心理学的著作，以及其他英美文学、社会科学的书籍，于是我有如哥伦布之发现新大陆，当时精神上愉快自不可言，而求知的欲望则发展至于极点，只恨我不能将整个的时间，都放在图书室里。 那时对于以上诸人的学说，都饥不择食地只想囫囵吞枣地吞下去。 而詹姆斯的《小心理学》、桑戴克的《教育学》《教育心理学简本》、贺尔的《青年心理》、孟禄的《中等教育》读之尤多；就是詹氏的《大心理学》、桑氏《大教育心理学》、孟氏的《教育辞典》也常为翻阅，且发过多少次雄心，想把它们一一翻译出来。 此外对于其他社会科学的书籍及文学等也不时涉猎。 年余以来，不独英文的阅读能力增加，而学术研究的范围也大为扩大。1919年的暑假，竟以贺恩的一本书为根据而编成一部《心理原理实用教育学》(下章详述)，以为教育著述的尝试。 这尝试得着杨怀中先生之助而出版，我以后的教育著述生活的基础，也以此而奠定。

以上是福湘女学直接对于我学术研究上所生的影响。此影响虽也不小，但与社会环境所予我的影响比较，则后者更大。再略述之。

四、"五四"运动

当时社会环境所给予我以重大的影响者有二：一为湖南政局之混乱状态；一为"五四"运动。

当时湖南政局之变动情形，前面曾经说过。张敬尧治湘时之摧残教育、迫害教育者之种种行为，使我一面愤恨政治之不良，同时教育救国之信念又抬头。对于福湘之改革，自视为教育救国的信念的实现，而改革稍有成绩，则更自信教育一定可以救国。在另一方面，则以为教育学术之提倡与新教育学说之介绍，更是教育救国的主要法门。所以除研究应付职务上之知识而外，更努力于一般教育学术的介绍。这动机促成了我从事教育著作之追求，其影响不止及于当时，且及于此后之数年。

"五四"运动发生于 1919 年 5 月 4 日，直接的原因是欧战告终，我国代表在巴黎和会中抗争山东问题的无结果。间接原因，则因为自民国来，政治混乱不堪，虽然改元数年，但人民所应享的民主国家的幸福并不能如所预期，而外患压迫也并未比从前减少。同时俄国革命成功，欧战后世界和平的声浪甚嚣尘上，又给予国人以重大的刺激。当时的一般人民，尤其知识分子，心里都怀着一种疑问："中围革命成功了这许多年，何以政治混乱如故？外患压迫如故？其间必定有一种原因。"追求原因，差不多是知识分子的共同心理，而早一些时有陈独秀提出一个答案：谓这些问题，都是旧伦理思想与旧文学思想在作怪，在《新青年》杂志上为文肆力攻击(附和之者有钱玄同、胡适诸人)。这种思想本来是封建社会的产物，不合半殖民地资本主义青年的胃口(男女问题即其大端)，平时隐忍不发，已是委曲万分。今有人倡导之，一般青年自然是"心所向往"。而巴黎和会之结果，更把中国数十年来政治上民族独立的愿望摧毁，于是对于种种曲折，蕲求用行动来伸张之。结果在外交上虽未成功，但思想的解放运动，则由此而爆发。一般青年惊醒之后，对于以往的种种，都要重新估价，而知识的钻研更成为一般的要求了。于是由政治运动发端，而逐渐蔚为"新文化运动"。

"新文化运动"是当时社会上最流行的名词，含义颇为广泛，解释亦不一致。陈独秀在他的《新文化运动是什么？》一文中所下的定义比较概括。他说："文化是对军事政治（是指实际政治而言，至于政治哲学仍应该归到文化）产业而言，新文化是对旧文化而言。文化的内容是包含着科学、宗教、道德、美术、文学、音乐这几样，新文化运动是觉得旧的文化还有不足的地方，更加新的科学、宗教、道德、文学、美术、音乐等运动。"他对"新"字并没有下定义，只说了一般人对于科学宗教等之误解而主张提倡自然科学、严守科学方法以研究说明一切学问；主张除去旧宗教的传说的、附会的、非科学的迷信，而抽绎其能利导感情冲动的要素以为新的宗教；于道德主张把家庭的孝悌扩充到社会的友爱；于文学主张用通俗易解的白话文，为表现有文学价值的工具，而其作品之优劣，于通俗易解而外并应注意文学价值之高下；于美术音乐，则主张就现社会流行之戏剧、绘画、歌曲加以改良以培养创造中国的新美术与音乐。最末并提出新文化运动应注意三件事：即(1)团体活动；(2)创造精神；(3)要影响到军事、政治、产业上去。

他这篇文章的题目好像很严正，但内容亦甚模糊（我上面为之归纳已很费力，但"新"宗教、"新"美术、"新"音乐究竟是什么，仍无确定的界说），一般青年对于新文化之意识，自然更难清晰。其最普通的概念，所谓新文化者，在消极方面，是反抗一切旧制度、旧礼教、旧文学，在积极方面则提倡白话文、注音符号，实行男女平等、恋爱自由等等。 其口号为拥护德、赛两先生①。

我对于当时社会之种种，自然和一般青年一样，而惊醒则比较的快，是因为自 1916 年起我便继续不断地阅读《新青年》(最初并不是知道这刊物的价值而订阅，是因为它是由湖南陈家在上海所开的群益书局所发行而订阅)，对于陈氏的议论，当然是表同情的，不过因为知识的限制，不能有深切的表示。 及"五四"运动以后，"重新估价"的口号打入了青年的心坎，于是各种刊物如雨后春笋接踵而起，各省学生联合会成立而后，学生界的刊物尤多。 省有刊物，校亦有刊物，个人集合的出版物亦不少(湖南即有毛泽东主持之《湘江潮》)。 那时的我，正当已醒未清之时，对于旧者几乎样样怀疑，对于新者几乎件件都好，所以不论什么东西，只要是白纸印黑字，只要可以买得到，无不详加阅读，竟至吃饭、如厕都在看书阅报，以至成了胃病。 而上海《时事新报》的副刊《学灯》，《民国日报》的副刊《觉悟》，北京《晨报》的副刊《晨报副刊》以及《每周评论》《星期评论》《新青年》《新潮》《解放与改造》《少年中国》《少年世界》等却成为我研习社会科学及文学艺术哲学等等的主要教本(杜威的讲演尤看得仔细)。 同时写文章也由文言而改为语体。

当时长沙无代售各种刊物兼报纸的书店。 楚怡学校的体育教员黄醒，个人创办一种《体育周报》，以之与各种刊物交换，且代售各种刊物，并由自己送达。 我与他本相熟，托他把能办的刊物都送我一份，同时于本省的报纸而外，并由他代订《时事新报》《民国日报》及北京《晨报》一份。 中秋节他送来一张账单，三种报纸连同五六十种定期刊物，共为九十余元。 这数目是一年的费用，当然不算大，可是我那时只有四十五元一月的薪修，要养活小家庭，且得供养母亲及妹与妹

---

① "德"即"德谟克拉西"(Democracy)，义为民治；"赛"即"赛因斯"(Science)，义为科学之简称。

夫的用费(1919 年夏,他们三人曾来长沙住两月),如何能付得出。 可是退定吗? 又舍不得那许多精神食粮。 结果是给他写文章。 但是《体育周报》的篇幅甚小,酬报甚薄,不能抵账,乃向上海、北京各处投稿。 结果黄君的账,虽曾靠笔耕所入付清了,而福湘女学的职务,却因 10 月 13 日至 15 日在《学灯》上发表一篇《我对于教会学校的意见与希望》一文而丢掉了。

五、泣　别

那篇文章本甚平常,不过将我上面所说该校的优点与缺点详加说明,而希望大家照我的办法改革而已。 不料这文寄到长沙,激动了长沙的教会教育界。 有人以为这是向他们投了一颗炸弹,把多少年教会学校的内幕散播到全国。 而有人向福湘的当局说话: 以为我的思想有危险,长久下去,学校或将不保。 同时学生对于我的信仰心日增,我的话逐渐有替代学校律令的趋势,而学生出版刊物既为我所主持,学生参加校外活动又由我在领导。 我虽赤胆忠心地为着学校努力,但旁观者看来,很有取而代之的危险。 在这种"功高震主"的情形下,主持者的潜意识中已多少有些不安。 再加以外来的闲话,我自然不能再干了。

记得学校当局托饶伯师先生和我说及种种困难情形时,我立即告以不必担心,我当即时去职,且立即移交。 他怕学生有问题,我谓我当负责说明缘由,而且担保其绝无问题。 我们的谈话为下午,我当时即将一切职务理清,当晚即将所借书籍交还。 学生有知道我要去职的消息的,于夜间暗中发起慰留。 我于翌日到校照常治事,并无任何表示,第三日始不去校,学生派代表来家相邀,当告以必去之理由与决心,令其转达同学安心求学,并切嘱其不可有任何举动以损我之声誉。 她们知我不能强留,乃请准学校,于当日下午课毕开欢送会。

我出席时，见全体学生制服在座，所有教职员亦都请到(学生之首脑为宝庆之蒋英)，我精神振奋异常，与他们谈话时余，告以求学作人的种种道理，并允在文字上指导她们。 临别之际，她们排队送至大门，有哭不成声的，我虽极力抑制，但出门而后亦不禁泣下了。 此种由师生的诚挚感情而演成的悲壮别离，我有生只有此一次。 这一次给我的印象太深，我当时本不必再作教师而仍教书数年者，实她们无形的鼓励有以致之。

第七章　师范教员

一、"五四"后的中国教育界

1919 年 11 月辞去福湘的职务而后，直至 1920 年 6 月住在长沙过著述生活，且与岳麓旧同学方扩军、宋焕达、杨国础等办《湖南教育月刊》(后详)。 为着《教育月刊》讨论着湖南教育的实际问题，引起了张敬尧属下的注意，出到第五期便被迫停刊。 当时北洋军阀的直皖两系逐渐对立，吴佩孚驻湘的直系军队，于 1920 年 5 月为着准备对付皖系撤防北归。 湘军乘机北进，6 月占衡、潭、宝各地。 长沙教育界有起而响应的，而张敬尧的压力则愈大，就是我这无名小卒，也不得不离开长沙。 因为一年来在上海投稿较多，且与《时事新报》的主笔张东荪先生常有通讯，在举目无亲的世界中只有打算投奔到他那里去。 而其时梁任公先生除去主持尚志学会努力文化事业外(我的第一部教育书稿即由尚志学会收购的)，兼创共学社与商务订约延译书。《时事新报》与梁先生的关系是大家所知道的，尚志学会与共学社的事业，可说是《时事新报》与《晨报》的延扩，所以他们很想从所谓新进作家中延揽一批人，以为文化努力。 张君得着我要东下的信，复信表示欢迎。 6 月初我正收拾行李，准备去沪，但因妻正待产，故未即行。 11 日的深夜，我所住的小吴门街道，陡闻行军之声，以为北军又要举行深夜抄查了，唯有穿衣起坐，静待光降。 可是只闻跑步声，不见人进来。 等到天明声静，开门一看，湘军谭总司令（延闿）的布告已遍贴街衢，所谓张督军者已于昨夜行军声中逃往岳州去了。 第二日晨9时，大概他还在逃命，我现在唯一在湘所生的女孩子泽湘已产生了。我们当时很高兴，以为是她将张督军赶走的。 这时的长沙虽然"改朝换帝"，我不一定再要出走，但以有约在前，仍于6月下旬去沪。

张敬尧去后，北政府虽然为着体面计而特任吴光新督湘，但是事实上，他打不到长沙，自然无法到任，所有湖南的政权，自然仍为谭延闿所掌握。 不过此时因为南北纷争，湘当其冲，颇有左右为难之势。 湘人为自全计而以"自治"为缓冲（湖南自治正式宣布于11月2日）。 既要自治，则湖南人应当贡献其所有于湖南。 且谭总司令虽是军职，但究属文人出身，掌管省政又是第四次，对于湘人尤其湘教育界，自要招集流亡以谋恢复。 于是湘教育界因被张压迫而出亡以及原在外而欲为桑梓服务者均相率来归。 我到沪未两月，因易寅村（培基）先生任湖南省立第一师范校长，而派遣其教务主任熊仁安君赴沪聘请教员，我也以长沙教育家之头衔而被聘为第一师范的教育科专任教员了。

"五四"运动以后，旧社会上的一切被否定，对于什么都要重新估价。 青年们多少年来被社会风俗习惯的种种压抑，当时都可以无顾忌地推翻。 在行动上，学生运动竟战胜了政治，政府的官吏且有应学生之请而革职者。 言论的自由更不必说了，于是世界上的各种学说、主义，都各随所好而尽量介绍，尽量研究。 在教育方面，当时的学校制度以及教育制度，本不能满足青年以及社会的需要，加以1919年5月，美国的民治主义教育大家杜威博士应北京大学与江苏教育会等之请而来中国讲学，其亲炙弟子胡适又是当时文学革命的先驱。 一年之间，师生讲演的足迹几遍中国。 杜威的民治主义的教育哲学尤其"教育即生活""学校即社会"两句话，差不多是教育界（包括学生、教师）的口头禅。 其理论见之于教育界之行动者，第一是学生自治会之组织。 一部分所谓前进的教育家或舆论家，更推演"学校即社会"之义而倡"学校犹政府，学生犹人民"之说(觉悟上此种议论不少)，学生不独要自治，且要治校，校长、教职员之进退亦当由学生投票决定，而有所谓"校长民选"的名词。 第二是极端尊重学生个性，学校功课应听学生自由选择、自由进修，于是有选科制及能力分组制之提倡。 第三是教材要以改造思想为主体，不独形式上一律要用语体文，内容上除去国文科要绝对负指导思想的责任而外(1922 年孙俍工与沈仲九在民智书局所出版的《中学国语文选》可作代表)，甚至于理科、数学也要如此。 实行这种"新"教育学说的先锋，要推浙江省立第一师范①，其次恐怕要算湖南省立第一师范罢!

二、湖南第一师范

易寅村是当时湖南的名宿，而又以"新"人物著称。 他和谭延闿有相当的私交。 那时湖南既在酝酿自治，教育自当革新，所以张敬尧属下的校长自当更换(实际上彼等亦站不住，有些早已他去)，于是易以名宿兼"新"人物的关系而被聘为省立第一师范学校校长。 但易原非教育界中的人，自己并无班底，乃请北京高师毕业之熊仁安君任教务主任，匡互生君任训育主任。 他俩是"五四"运动中有力分子，很相信工读主义。 既入一师，对于素日所信之主义有了发展之地，自然要力图发展。 而且少年心情总是以事业为前提，不重视所谓党派。 所以当时聘请教员完全采取人才主义。 他们以为湖南的人才太少，且有些人因为曾在张敬尧治下服务，品格上发生疑问，即算是才，亦不便用。 而况负思想改造之责的人，要以国文教师为主体，此辈人才长沙似亦无多。 所以 8 月间熊仁安君亲去上海聘请教员。 当时被聘者有

---

① 1919—1920 年之间经子渊(亨颐)先生任该校校长，其教员之重要者有沈仲九、夏丏尊诸人。 1920 年夏，因学生施存统的一篇《非孝论》而经及沈、夏等因之去职。1920 年秋由姜琦接任校长，曾一度聘我任国文教师，我以非所长未就。

曾在浙江一师教书有成绩之夏丏尊、沈仲九(沈系后去)及武昌三杰之余家菊、陈启天诸君①。 我呢? 大概是因为一年来写过一些文章,那年5月,又在商务印书馆出版一部《实用教育学》,承蒙他采及葑菲,亲至松社②,勉以敬恭桑梓之义。 我于是于9月初与熊君同行返湘(湘人之同返者尚有孙俍工)。

那时湖南一师的事权,大半为熊、匡两人主持,易则对内不过照例画诺,其主要责任在应付政府、筹措经费(其时教育经费仍有拖欠,常由易借款发薪)。 他们抱着很大的希望与决心,要把学校办好,且要把学校办到成为湖南文化的中心。 其第一步政策是:教师除万不得已,如课程钟点太少或请不着专人之类而酌聘兼任外,均一律改为专任;且将授课钟点减少,使学生有时间为课外研究,俾教师有时间为课外指导。 第二是竭力提倡学生自治: 不独学生自己的事要自治,且要治校,故校务会议中有学生代表。 第三是各种社会活动之提倡: 校内提倡学生组织各种活动团体而外,且令学生参加政治社团,而为之领导,当时的师范学生虽然都是二十岁以下的青年,但其所负的责任则比成人所负者尤多。

长沙教育界正从张敬尧的高压之下解放出来,教职员为着要迎合外界的潮流(以民治教育为主潮),固然个个抖擞精神在干,而学生之求知欲,则真如久经饥渴之人,只要是可食可饮的东西,都急不暇择地囫囵吞下去。 一师既从省外聘得如许"文化先驱"者任教员,学生之来归自然是有如潮涌一般。 学校为了寝室无床位、教室无座位与无钱备伙食(那时师范免学费、供膳宿及书籍),不能多取学生,但为应中学毕业生之请求又添办两班二部,同时因"额满见遗"的仍不在少数。 而有少数青年,竟愿自备一切请求旁听。 当时的一师,真可谓盛极一时了。

---

① 又一杰为已逝之恽代英,均毕业于武昌中华大学。 我在沪曾识恽,至湘始识余、陈。
② 任公先生为纪念蔡松坡先生之社,在上海姚主教路。 为一花园,占地数亩,后出售。

我教教育学及教育心理学，余家菊也教教育科目，陈启天教社会学（他学政治，余习教育），每周都只教课十二小时，月薪均为光洋八十元。　夏与沈（沈至校未久，因思想苦闷曾自杀一次未遂，教学之时间较少）及孙则每人教国文两班。　在教学时间讲，我们都不算多，但要自己编辑讲义，而指导学生课外活动的事则特别多。　即以校内而言，各班各级均有各科研究会，全校又有种种不同之会，而我们以有"名"或"远道而来"之故（我虽湘人，但此次则从上海来），什么会都得参加。　加上校务上之种种会议，更不能不出席；又加以在训育上采用导师制，由学生自由选择导师，学生选我们作导师的达百余人。　他们的生活我们也得负一部分责任。　于是我们每周所费的时间平均算来每日八小时都不够，此外还有两件事使我们感到无办法的：　一是学生的个别请教，二是他校之敦请讲演。

就一般情形而言，青年在学问上因为识力不足，最易采纳虚声；在情感上，只要接触时相见以诚，也容易发生信念。　那时我们都是年轻的人（夏丏尊最长，也不过三十一二岁），而且是书生，对于社会的奸诈未经习练，且在教育思想上受着个性发展的影响（以我所受之影响为最大，因正在研究桑戴克之教育学及教育心理学），故对于学生之来问者不问其为学校功课，或社会问题以至个人私事无不竭诚指导。　学生以其可亲，于是来者络绎不绝，我们为表示诚挚起见，每每废寝忘食地尽情讨论。　因为学生对我们比较信仰之故，学校行政上的问题有为学校当局所不便或不能解决的，也每每由我们代为解决。　于是我们的时间便每每感到不够。　而其他学校为慕虚声之故，每欲请我们兼课以应其学生之要求，我们以契约为言，联盟拒绝，但偶请讲演则不能不应。　我以湘人，在长沙多年，师友的关系比较得多，为着某前辈要我在其所办之学校兼课两小时，亲自登门数次而未允，几至闹成公愤。　至讲演方面，在城内、校内我既不能不多方应付，有时且得去外县讲演。　但无论教课、讲演以至指导学生，都得自己努力学问；且当时对于各种思潮，各种学问，都怀着若饥若渴之感，非努力亦不能满足自己的欲望。 结果是因积劳过度而于 1921 年春赴湘潭讲演归来即卧病月余——当时青年求知欲之切与各校竞争之烈可称无以复加。 1920 年秋由省教育会延请杜威、罗素、蔡元培、吴稚晖、张继、张东荪、李石岑诸先生赴长沙讲演，对于蔡等以下诸人除去公共讲演而外，各校均请莅校讲演，蔡、吴竟至声哑足软。

三、罢 教

1920 年 11 月 2 日，谭延闿等正式宣言湖南自治。 23 日谭延闿宣布军民分治，废除督军、民选省长，且声明即日解除军民两职；总司令一职，交赵恒惕接任，省长一职，向省议会辞卸，咨请另选临时省长。 26 日，赵恒惕就总司令任，省议会并选林支宇为临时省长，亦于同日就任。 这种变动在当时的政治上的目的，是要避开南北两政府的问题而制成省宪，彻底自治。 在教育界，则一般人对于赵、林的信任未免较谭为轻，而赵、林接任后对于教育经费仍不能照发。 于是 12 月之某日，第一师范以罢教向他们示威了。

"五四"以后，学生罢课是常事，教师罢教则不大听得。 第一师范既由"名宿"任校长，又是当时当地文化运动的领导（其时毛泽东任附小主任，颇为活动），而况有省内外的名教员；同时湖南之自治，又要在政治上树立模范为各省倡。 这种事体之发生，在"省"的面子上固然不好看，而在"校"则可推到"客卿"（省外教员）身上而更好说话。 所以独由一师发难，所以经"合作"而由夏等迁居我家，不数日即解决了。

罢教的步骤是早经预定的： 大概由校长先向政府请发经费，不得，即由教员相率罢教；"客卿"迁出，发表宣言，学生请求返教不遂，乃向政府请愿等。 当时的赵、林两人，虽也不愿与教育界过不去，更不愿有玷"模范自治省"。 但教育经费在谭时即已积欠不少，一时得不着许多钱（要发便须遍发），而且就是有钱，也不能发得太快，致成恶例。 所以结果大概是牺牲学生十日上下的课业，而一次领得一笔欠费，与以后按时照发的担保而功德缘满。 其他各校既然平等待遇，也就不必重演旧剧了。

四、能力分组制及选科制

教育经费有着，教师生活可以安定了，湖南省又要切实自治而制定省宪法了。 一师在 1921 年的上半年又努力做了两件事：一是改年级制为能力分组制及选科制，一是校长民选。

选科制是允许学生于必修科目之外，可以就其性之所近选修若干种科目，能力分组制又称学科制，则将年级制度打破，而将各年级同一科目排在同一时间上课，听学生依其程度随班上课，依其能力随时升级。 如二年级上学期的某生，其国文程度只能及二年上学期，而算学则可达三年上期，则国文在二下，算学在三上受课。 倘其算学能力特优，或于假期自行补习而能跳级，则下一学期可听其升至四上受课。 此方法行之于美国大的中学，其教育原理之根据为发展个性。中国的学校自"五四"而后，如浙江一师、东大南高附中已在采行这种办法，这办法是自由主义的教育者所赞成而我尤为赞成（理由详下章），所以一师要迎头赶上去，而改用这种办法，我们自然高兴。 就是我的讲义，也重为配置，重新写过。 因为学生可以按其各科之能力选班上课，更可于无必然程序之科目（如教育学在三年级或四年级学习，并无严格的程序）中自由选习，于是学生自由了，自由到完全自主，而以主观的好恶及虚声的崇拜为选择班级与学科的标准。 结果，在学生方面，许多是蹿等躁进，食而不化，白费光阴；在教师方面，则有若干教师的教室拥挤不堪，课外改卷及指导来不及，而有若干教室的学生寥寥可数，甚至寂无一人。　这一来，学生的成绩成问题，教务行政成问题，而人事上（学校对无人或少数人听讲之教师无办法，即教师亦不自安）亦成问题。　不得已而回转头来在各班人数及学科程度规定种种限制，虽然不免有若干问题，使当局者忙于应付以至穷于应付，但在师生谅解的情形下终于相安无事，这不能不归功于平日师生之推诚相与。

五、校长民选

学生自治，在当时已成为风气，当时苏、浙各校多在提倡学生自治，组织学生自治会，并有由学生在校组织似市政府之机关——但为"拟型"的，其职权只在处理学生自身的事务，且由教师为之指导。在一师，则因湖南为自治模范省，就政治立场言，学生是人民的精华，自然要有更大的自治权。　而当时的《民国日报》为着国民党的政治策略问题，常常鼓吹"学校犹政府，学生犹国民"之说，鼓励学生统治学校干预国政①，此说在浙一师曾经实行过，在长沙更当实行。于是 1921 年春学校竟创行民选校长制，由学生投票选举易氏为校长。这理论我并不赞成，其理由至简单：　就是学生们是知识未充、诸事待教的青年，对于自身事务的判断尚不可靠（所以在训育上主采导师制），如何能判断教导他们的师长。　如果认为他们判断可靠，则根本不当来做学生。　至于发展个性，训练自治，那是教育者的责任，不是学生的事。　我曾提出这种至简单的理由与当局者谈过，但他们为着"应时势之需要"②不得不行，我也不更反对。　不过当时的社会经验甚浅，以为教育应该离政治独立的，今与政治关系如此之深，终不能

① 此说在某时期的政治上虽亦收效，但青年之牺牲实太惨，1928 年 2 月中国国民党四全大会之宣言曾慨乎言之，力予纠正。

② 实以政治问题为背景，盖"罢教"以后，政府对一师甚为注目，特以此示学生之信仰，及"易长"之不易耳。

视为心安理得，而不愿久干下去。 同时并感到中国新教育制度之不合社会需要，而思从历史上寻出一个结论，所以下年仍赴上海，冀图实现我的教育理想。

六、课余生活

我在长沙第一师范虽只教书一年，但此一年在个人方面，未曾为风潮的对象，与学生、同事相处都相得，算是我教师生活中最完满的一段①，当时个人生活方面常为我所回忆而当记述者有下列数事。

那时我与夏丏尊、沈仲九、孙俍工、余家菊、陈启天诸君虽然都是初次相识，但因为大家都是"新文化"（新文化最简单的标志，是弃文言而写语体文）中人，思想相通，而大家又都肯努力学问，没有染着一般教员放下课本即行聚赌的习气，所以感情上都很好，平常无事，很容易集在一起清谈。 而夏、沈因为我在上海住过，略习下江生活，过从尤密。 记得当时我家居南门外之社坛街，离学校不远，知道他们不惯湖南的辣味，有时备几样不辣的菜，请他们到家便饭。 而他们也不客气，觉得在学校的饭菜吃厌了，要想变换口味，便自己在街上买了他们所欢喜或他们认为我家所欢喜的菜来。 而我住楼上，厨房在楼下进门的厢房，他们带了菜来，总是先交烧饭的男工戴师甫（长沙饭司的通称），他们有时因为有事将买来的菜交给男工即行他去，等到将要吃饭时再来。 家人看见他们来了，正以无菜发愁，不料他们竟先去厨房，端着熟菜上来。 丏尊的黄酒瓶也随着打开（我不饮酒，对于酒完全外行，而丏尊好黄酒，故每次的酒都是他自带），等着戴师甫随着送上杯筷，便很自然的吃起来。 慢慢地成了习惯，戴师甫看见他们来一定要

---

① 自 1917 年毕业高师以来，教过的学校有长沙兑泽中学、长沙第一中学、福湘女学、湖南一师、吴淞中国公学中学、南京东大附中、南京第一中学、成都高师。 除长沙一中、东大附中、南京一中为兼任，与学校不发生重大关系，其余五校均专任，而有四校均为风潮的对象而去。

吃饭的，就是他们不带菜来，也不必谆嘱，自会备菜。 而我们之间，也觉得这种无拘无束有如家人的生活很为有趣，每次见面总是无挂无碍地畅谈。 如吃晚饭，则非到学校要关门的时候不散。 在罢教的时候，夏、沈寄居我家，我们三人促局斗室之中，话匣子总是不关，有时夜以继日地睡在床上通夜谈话。 那种诚恳坦白的同事生活，也是我教师生活中所绝无仅有的。

因为常与夏、沈、余、陈诸君过从，而他们所习的又各不同，余与我虽同教教育科目，但平日的学历也不一样，于是他们各方面的知识也都与我的知识交织，而将我的学问范围扩大，将我的学术眼界提高。 在那时我的薪金虽然只有八十元，但学校把我当作"客卿"而以"光洋"计算，而长沙当时的生活程度又甚低。 我租居一层全楼面，大小房间四间，外加楼下的厨房及工人房，每月只要租金五元，所以全家的生活费，用不到收入之一半，而有一半以上，可以供我购备书籍。 当时流行的杂志、报纸固仍照常购阅，因外汇便宜(美金不过一元稍多)，又得丐尊介绍一种由日邮(那时客邮未废)代收货价向日本丸善书局购书的方法。 于是购备的书籍甚多： 不独购齐了我在福湘所看过的及新的教育书籍，且兼及哲学、伦理学、社会学、经济学各方面。 最使我当时高兴而永久不忘的，是美国孟禄主编之《教育辞典》五大册，我在福湘看过之后无时不想念着，但长沙的本国学校则绝无第二部，就是一师也无此预算，而我于 1921 年春积储了两个月的购书费，竟以六十元从丸善购得。 我从长沙小西门的日本邮政局取来时，坐在人力车上，便将包裹打开每本加以翻阅。 到家里放在书橱上，站在旁边看了又看，且在继续不断地多少日中，有暇便翻阅。 我那时的喜悦之情与骄傲之感，应是我有生以来所未经历的。 自此而后，我在教育常识上固然得其助力不少。 而以后丸善成为我的书籍供给者，我的衣食节余之资诚然大部分流到他们的银钱库里去了，而我的新知识却日新月异地换来不少。 这一点是应当归功于夏、沈两人的。

第八章　中学主任

一、学制系统改革先声

"五四"运动而后之两年间，国内的政治虽然仍是混乱，不独南北对峙，在南且有粤桂之战，在北有直皖之战。但全国教育界则逐渐团结，全国教育会议的议席能集合全国各省的教育界人士于一堂，讨论全国有关的教育问题，其最重要者是学制系统。

中国的学制最初采自日本，1912 年虽经改订，但内容与前清者并无多大变更，学校训育之采管理制，教学之采注入式，也和从前无大出入。自"五四"运动以来，各种旧思想发生动摇，学制及教学与训育之方法也因着不合"潮流"而被怀疑。1919 年以后之全国教育联合会会议，每次均有学制改革之议案（1921 年教育会议之提议学制改革案者计达十省），虽然采用美国学制系统的倾向，因杜威之来中国，与民治教育思潮之激荡而加强，但在 1921 年 10 月以前（新学制草案通过于 1921 年双十节）各处主张不同，教育刊物发表之个人意见者尤多，而当时之教育部，其政令亦如北京政府，不能出北京城门，各省教育界就其所信而在其所主持的学校改订学年期间，试验新训育及教学方法——学生自治及设计教学盛行于 1919—1920 年之间——者更不在少数。在这种自由的空气之中，所谓教育者，如果他也是不满意于现实的一分子，谁都会感着当前的教育有问题；为着要解决问题，谁也会本其自己的理想假设一些解决的方法。至于这方法是否真正适合当时社会的需要以至是否能解决其所感觉的问题，那又是另一问题了。

那时学制是：国民小学四年、高小三年、中学四年；师范学校预科一年、本科四年；甲种实业学校预科一年、本科三年；专门学校预科一年、本科三年或四年；大学预科三年、本科三年或四年。中学的一段是大家视为不满意而以为必须改革的，我当然也是其中的一分子。不过我对于专门学校及大学预科尤不满意，以为它的时间大部分用在复习中学的功课及语言上，实属浪费，而主张取消。于中学则以为应打破"完足普通教育"的空话，而当负"升学预备"与"职业准备"的两种机能。所以主张改为五年：前三年普通科，后两年分科，且于前三年之第三年起设选科；在训育方面既不赞成旧时的管理制，也不赞成当时的学生自治制，而主张采英国大学所通行的导师制；在教学方面则反对注入式而主张采用自学辅导制。这一种主张之来源，一半是从阅读若干英美教育书籍而来，一半是个人的私塾与书院生活所遗留下来的影响。同时受了男女平权思潮及男女同学事实——1919年北京大学开女禁，1920年广东的所有大学均开女禁——的影响，主张男女同学；受了文学革命的影响，国文科主张用语体，并以为语体文之学习要先从讲话入手。而眼看到教育时时受政治的支配，教育者的进退常以政治为转移，不问教育者有什么主张，离开政治的支持力便无法实行，因而主张教育独立。我当时在教育学术之研究上甚有兴趣，在一师与同事、学生相处也甚相得，自然不想有别的活动。但因为怀了许多教育上的主张，下意识中也未尝不有择机实行主张的倾向。这机会果然于1921年春来临了！——这以下就要讲到中国公学了。

二、中国公学

　　中国公学在中国新教育史上有其特殊地位，因为它是由于留日学生反抗日本取缔规则而成立的。清末变法之初，政府为求速效，派遣大批学生赴日本留学，至光绪三十一年（1904）达万余人，其间分子自有良莠不齐，日本文部省于斯年多发布取缔清国学生规则，严定学生入学资格。当时留日学生，以前一年曾公布取缔韩国学生规则，今对清国继之，是不啻将清国视为日本之保护国，群情大愤，一时退学归国者达千余人。到沪得郑孝胥资助银千两于 1906 年春赁屋设校，名中国公学，校务由王搏沙（敬芳）先生等主之。但来学者寥寥，经济又复窘迫，干事姚宏业（湘人）先生于 10 月 13 日愤而投江自杀，以期唤起国人之注意。卒由政府及各省拨给津贴，以底于成。1907 年复由两江总督端方奏请拨给吴淞炮台湾公地百余亩为校址，并由大清银行助借十万两建校舍。民国成立，经费无着，由孙中山、黄兴诸先生维持之。1915 年经王请英人在河南所办之福中公司年拨二万元为经费，并推梁任公先生为董事长，熊希龄、王家襄先生等为董事，但于 1917 年因故停办。1919 年梁等致力于文化运动，很想吸收一批人才，造成一种新势力，除领导北京《晨报》、上海《时事新报》并创办《解放与改造》（后改名《改造》，由中华书局出版，1923 年停刊），主持尚志学会、讲学社、共学社等团体，约集一般人译书撰稿外，并拟在事业上有所表现。所以于 1919 年秋将中国公学重行恢复，设商科及中学，由王任校长。1921 年春，梁王请张东荪先生北上，商量改革办法，因教务长刘秉麟君须去英，聘张继任，并决定请我任中学主任。张返沪即快函我于春假去沪商量校务，我以教课未完，且欲专事学术之研究，又不悉该校历史，不允即去。4 月间长沙聘请名流起草宪法，蒋百里先生为被聘专家之一，曾过舍相访，说明公学之种种情形，我之教育主张亦概被接收。而长沙当时之政治情形又复紊乱(谭、赵两系争斗颇烈,赵且向议会辞职一次),师前途未见光明。遂于结束功课之后,又于7月重行只身赴沪了。

中国公学的历史很特别,当时的行政组织也很特别。校长之下设事务会,由事务长主持之;其下分设图书、仪器、监学、会计、庶务、文牍、斋务、校医诸课;设商科教授会,中学主任教员会,其下各设教务长及教授教员。校长直辖的只有校长办公处中之书记。而课程也很特别:商科为专门性质,科目以教授之有无而定;中学则英文每周达十小时,三、四年级均用英文教本,且有论理学、心理学等科;其组织系统及课程标准既不遵部章,亦非有何种学理上之根据,只是主持者自由意志之表现耳。就组织系统言,学校经济权、学生管理权,均操之于事务长之手。教务部分,只是"上课"而已。当时商、中两部的教务长为刘秉麟,于春间赴英留学,事务长为四川之李君,而校长远在北京,李君实属实际的校长,而在刘去之后,由东荪任教务长,要与分庭抗礼,依理是难免有问题的。而东荪为政论家,于学问尤其是哲学有其独到之处,作评论很能动人,但事务经验则比较的少。其为人,则完全书生本色,对于社会的情伪不大理解,对于办事的手腕尤不讲究,再加以我这更书生、更激进的湖南人与之合作,其有问题,便由或然而成为必然。

三、初次风潮

我于7月5日到上海,询东荪以学校情形,他谓不甚了了,一切都待我来办,不过教员的聘书曾与李君商定,已经发出,不过为期半年,钟点则待开学时再定。我虽然也是书生,但有点学校行政经验,对于这办法总觉得不妥,当时曾露不干之意。第二日我们同去吴淞访事务长李君,在火车将达炮台湾车站时,庄严伟大的红色建筑物即映人眼帘，令人起崇敬之感。 及下车向对面田野间之麻石路行半里入校，便见广大的操场，苍郁的树木，在那里静静地护卫着校舍。 校舍之正面为一字式大楼，楼下为办事室、会客室及教室之一部分，楼上全为教室。 进一层与正校舍成丁字形者有平屋三排，两边为理化室、图书馆、膳堂、教员宿舍等，正中隔天井为大礼堂，可容千数人。 礼堂及厢房后为与正屋宽度相等的学生寄宿舍两排。 再后为厨房、水塔及发电室(自来水及电灯均由校自行设置)，再右面数十亩之大坪之边缘，有教员住宅两座，分为四宅。 这种雄伟的建筑、宽敞的校基，幽静而便利——每小时有淞沪小火车开行——的环境，除去岳麓书院的高师而外，我曾服务过的学校都不能及， 足见创校者之抱负远大、计划周密("一·二八"后，全部被毁)。 返沪时再经某君引导至海滨眺望，那海天一色伟大的自然环境，更令人依恋。 我的心境陡变，决心要把这庄严的殿堂，变为理想的学府，而准备接受中学主任的聘约，努力于实现我的教育主张。

当时曾见着留校的几位教职员，唯李事务长去京向王校长述职未返，未获见面，因而对于学校的情形，仍不能了了。 但是返沪而后，即照着我们预定的步骤进行。 一面约请教员①，一面拟定改革计划，准备登报招生。 7月13，李事务长自京归来，与我见面于东荪家中，我将我的主张及我们所拟的办法洋细告之，彼亦甚为赞同，当于翌日接我往吴淞住居，筹备一切。 20日，当时的董事熊希龄、王家襄两先生过沪，东荪引导到校参观，不料与李于言语之间，大生冲突，不欢而散。 不数日我因病疟移居沪上(仍居松社，时郑振铎编《学灯》，亦居该处)，由东荪将已决定之计划登报招生。 不料广告发表之翌日，即有否认之启事见于报端，于是中国公学成了双包案，而笔枪墨戟地争

---

① 教员之以"声应气求"而来者，有叶圣陶、朱自清、陈兼善、常乃德、刘延陵、刘建阳、吴有训、许敦谷诸人。 我们决定共同负学校的责任，一律称专任教员，月薪一律百元

论不休，为报馆添广告生意不少。 我睹此情形，深感学校前途暗淡，自身力量薄弱，力求引退。 而东荪则以为学校改革彼应有权处理，李之行动应属无效。 于是一面派人去京，一面函电告梁促王南下解决，不许我退。 而学生因我们改革计划之广告及新闻而来投考者为数不少，教员且有已到沪者，以此种种连带关系，即退亦无法退起。 直至8月20而后，王校长亲到上海决定赠李以出洋考察之名义及经费，请其离校，并任张为代理校长，再在各报以校长名义发表启事，声明误会解决，照常进行。 我于8月25日再行入校，筹备于9月12开学，而纠纷也就如脓包一般，既经破皮，非把脓流尽是不能收功。 开学刚一月第二次风潮又起了。

四、二次风潮

因为姚宏业烈士是湖南人，所以当时中国公学的湖南校友比较多，以后几度复校也都有湖南人在内，而"不服人"与"好动"又差不多是多数湖南人的天性。 那时的该校教务长(已去英，与当时之事无关)和斋务主任都是该校的湖南校友，教员中有两位教国文的老先生是湖南人，闹起事来，学生的领袖通例是湖南人(京沪各校以至工厂的一般情形确属如此)，所以这次的事，虽然由李、张开其端，然而如果没有"湘军"，是不会爆发得那么快而演得那么有声有色！

旧国文教员中有位石老先生，年龄已及花甲，而酒兴又甚豪，差不多是每餐必饮，每饮必醉，既醉之后则井田与共产，老子与杜威均可并为一谈，于当时之所谓新文化反对甚力，对胡(适)陈(独秀)诸人时加痛骂，但学生中颇有信其渊博而好与之游者。 东荪上年之发聘书，原系应李之请，对于学校情形，不甚了了。 后来知道这种情形，以为我们以新文化为号召，此公如何可留。 而我从友人中知其暑假在湘活动，曾函湘中友人为之另谋轻松职务，不成；彼欲返沪而我友阻之，且告以故。 于是怒不可遏，以为尔小子敢败我事，是"岂有此理"，立即束装至沪向我及东荪算账。 在原则上我们既决定不能容他，在事实上又经聘定叶圣陶、朱自清，亦无法容他。 但他既来了，为着聘约关系，便又无法去他，只有请他教将毕业之一班。 他谓来沪之目的在"卫道"，所以各班学生都得教，否则送其应得之薪修，结果是依约送其半年之薪而去。 此其一。 石老先生去后，其"高足"尤其是同乡在情感上之不满自是常情，于某生于圣陶教国语文时大生问题。 当时我们以教育者之立场，惜其思想中毒，由我召至私室，开诚教导，并予以朱文叔编之《国语文类选》令其阅读，而不予裁制。 彼等误以为教师怕他们，而更谋兴风作浪。 此其二。 斋务主任吴某，虽为中公校友，但是不能教任何科目，文字之运用，亦不甚自如，故其薪修较低，不能与新生之专任教员者相等，就"主任"之地位言，未免有失体面；且石去而后，亦自觉不能久于其位，故利用校友头衔鼓动学生，以求固位。 此其三。 还有一位由东荪新聘的商科英文教员某君是湖南人而新从美国留学回国的，抱着风头主义，想得更高的地位以自高身价，也从旁烧一把火。 此其四。 这四者是"湘军"的原因。

其次，李君虽决定出洋考察，但直到 10 月 9 日方始离校。 两年以来，他本属事实上的校长，东荪任教务长欲与分庭抗礼，已觉与习惯不合，经一度纠纷之后，彼则离校出洋，东荪反升一级而任代理校长，不论出洋在名义上说得如何好听，事实上有何种利益，但感情上总难得平静。 随便发发牢骚，是亦人情之常。 而旧教员之钟点及所教科目有更动，办法也有更动，在习惯上已使他们不快，而新办法，尤其是教员要负训导责任与学生共起居的办法，更有点为他们吃不消；且半年之后是否能继续，亦成疑问；有人"举义"，则为孤注一掷，以冀反抗成功而能保持着旧业，甚至扩展一些职务多得一些收入，亦属人情。 此为又一部分之原因。

第三我们自愿负学校全责的所谓专任教员九人，都是些阅历太浅、理想太高的少年，以为"世上无难事，只要肯努力"。 对于自身的力量估计得固然失之过高，对于他人的心理以及各种心理关系与利害关系所汇集之种种趋向，又未免估得太低，以至于完全忽视。 等到各种支流汇为大河而发现其势力时，则筑堤已来不及了。 我们当时对于学生抱定诚恳态度，事事予以切实之指导，以期其成为有用之才，但不知在"诚信未孚"以前，指导未必被接收，诚恳反视为故意。 例如我们为增进学生健康计，规定早操，且大家共同于每早6时50分上操场，但对于一部分贪睡的少爷们却使其不便。 我们为充实学生生活计，提倡课外活动，而尤注重于师生共同生活，则浪漫学生感到拘束。 我们为谋学生毕业后能在升学与职业两方面均获便利，而将毕业期间由四年改为五年，且于三年作一段落注重基本学科，并于第三年起设相当范围的选科以适应个性，后两年分为文、理、商、师四系，于必修科外兼设选科，使学生就其性能与经济能力分别选系。 但在"混资格"的学生看来则未免多余，一般家长亦将以为延长一年负担太重。 我们为整齐学生的学业计，打破年级制而用能力分组制，使学生依其各科之学习能力，按科进修； 更采学分制，使学生可按其能力努力进修，在规定年限以内提早毕业(五年课程，如学生能力优，平时努力而又在年暑假补习者可于四年或四年半毕业)，能力不及者可延长毕业期限，这办法在优良而努力的学生固属满意，但以学校为传舍的学生，则未免失望。 而旧生因编级试验之由高级改入低级者则更不满。再如我们"声应气求"的专任教员，为着研究学校改进上各方面的问题常在一起，在私交上自然也日趋深厚，而过从甚密，但在他人看来则未免显分党派；而我以"主任"之地位而如此，尤见显分厚薄。 凡此种种，均办事上所极当注意，而我们尤其是我竟忽视之，如何能无纠纷。 此为我们自身的原因。

又其次，中国公学在历史上与政治有关系，并与政党有关系；而东荪是政论家，在政治立场上有其背景，而又主持"风靡一时"的《时事新报》，其论敌当然是不能免的。以政论家而办学校，若果平静无事，社会上不会注意，论敌虽注意也少可"论"的资料。但因为自己有报纸，绝不会不宣传的：因宣传而得着社会上许多人的注意与期望；可是有问题时，社会之注意尤大而责望更切。在论敌方面纵无恶意，亦将视为好的新闻资料而加以记载、渲染、评论，以耸社会观听，以结学生好感。自 8 月间之广告战起，《民国日报》即小有言论，10 月而罢课，该报之记载与言论自更多，社会的激动也就更大，而措置也比较的困难。此为社会的原因。

原因虽有上述的种种，但抽象讲来，可以"思想冲突，利害冲突"八个字概括之。具体讲来，是我们"阅历太浅，处事无方"。

五、风潮大概

以下说风潮的大概情形。

9 月 12 日开学以前，为着支配教员的功课，重编旧生的年级，费了许多气力勉强就绪，但是旧的——包括教员及学生——怨气之充塞当是不能免的。故开学未久，即由某某组织干部以谋出气。吴君则集合湘人，自称"湘军"，声称为石老先生谋报复而和之，不过新生人数较多，而我与新教员又均住校，与学生共同生活，要发"怨气"也少机会。适逢 10 月 10 日因国庆放假两日，新教员赴沪者不少，而我亦因病赴沪。这机会是反对者认为"千载一时"的至宝，于是由商科学生及斋务主任为首，分头召集会议，决定"举义"办法。他们的目的与计划，都在推翻东荪的代理校长而拥护新来的教员某君。某君虽曾于开学时用英文发表一篇《初小教本》式的演说，赢得一些掌声，但在学校的资望究属太浅，不便一跻而为代理校长。而商科学生年龄较大，知识较充，若起首便将真正目的标出，必不能得人同情，乃看定中学生易与，而以中学为入手的工具。

他们以中学生年事甚轻，可用谣言蛊惑、武力压迫使之成为工具，乃利用国庆放假机会以国庆名义召集开会，由某君于述国庆校史之余，慷慨激昂地说我们对旧学生如何排挤，如何暗中记过，如何准备扣发毕业文凭，再加以一些刺激话而提议罢课驱舒，并由预定之人举手赞成，于是议案通过。而 12 日上课时，中学部除四年级外，各班教室门均有纠察队把守，不许教员、学生入内而罢课了。

12 日的上午，我曾抱病勉强由沪赴校，车到吴淞镇，同事刘建阳、陈兼善等在车站专候，强我下车，而告以校中发生风潮，学生被人利用，有武力对付之说，劝我返沪。不得已而返沪访东荪。彼谓：适得所谓学生代表函称驱舒罢课，附有宣言一纸，一片胡说而外，并把你的履历改造，说你是什么高等讲习科毕业，在福湘及一师任教都是伪托，大概他们预定计划要罢课闹风潮便不得不发宣言，要发宣言便不得不造罪名，而对于你的历史又不熟悉，所以有此笑话云云。正谈话间，校中职员某派人持函请彼下午赴校解决。他下午到校，约代表个别谈话，对于彼等之要求，当然不能允许，只劝其安心上课，请由主校长处决。谈话毕欲返沪，而学生则召集大会，要他到大会去解决，他不允而出，学生追至车站。此时已由有计划之行为成为群众运动，已失理智的统驭力。在车站对张施以辱骂而外，返校即将中学办公室捣毁而将重要文件取去，于是已入第二阶段，而照预定计划张舒并驱了。

群众的武力是一哄而散，但学校的事，却不是一哄所能了结，要散也不能散离学校。而捣毁办公室之举，在计划者看来终觉有点不是。于是一面想法恢复秩序，而假学生推举之名，以"湘军"中之商科及中学学生两人为干事，代行中学主任职务，据办公室办公。一面发表新闻谓张如何压制学生致引起学生的不满，而不承认其为代理校长，由学生推举代表，自己自治。这在又一方面，当然是不能听其如此的，乃布告开除捣毁办公室及代表与代行中学主任职权之干事。而布告贴出之后，即被撕去。于是报纸上之宣传品更多，所谓"十大罪状"的宣言除在报纸宣布之外(这次之事,只有《民国日报》及时报登载学生所发新闻,其他各报均不登载),并在校散发，乃又引起另一部分学生之抗议而发反宣言。好在 13 日是姚烈士的忌辰放假，大家忙乱一天，也没有什么。14 日，干事们要表示其维持秩序的能力，主张恢复上课，而原来不罢课之学生则不上课，所有新教员亦均离校而罢教，要上课也上不成。胡乱过了两天，到 16 日是星期自然放假，无所谓上课与反对上课的问题。17 日东荪因得王校长复电严办，在沪决定率警察重带布告去校①勒令学生出校。结果由斋务主任吴君担保被开除之学生翌日离校。可是东荪离校而后，其"摧残教育""压迫学生"的罪状②原来同情学生的报纸，自然照例发表新闻，且有言论以示公道。在校内则商科学生至此已"忍无可忍"而全体加入，旧教职员亦"忍无可忍"而全体加入；而新来之商科某教员遂被教职员、学生推举为代理校长，通电校长备案，且由新代理校长召集善后会议，负责维持一切。于是直入本题而以驱张为主，驱舒为从。第二日据谓学校已入新时代而成为民选校长的共和政体。于是 18 日新代理校长向旧代理校长接洽印信，旧者以印信受之校长，当交校长，新者不得要领而去。教职员学生乃联名详函校长及校董会报告经过，并派旧校友斋务主任吴君赴京访校长、校董而外，兼访旧校友而当时在京之名流某某请求援助。这时则以拥护新代理校长为主题而入最后阶段了。其致校长、校董函中归纳我的罪状为"破坏学制，颠倒学科，托

---

① 布告措辞颇严，有"诸生须知本校系私立，与其他教育机关不同，诸生倘愿受本校教育，本校自当尽扶掖之责，如有故意破坏，以学校为儿戏，各该组学生一律解散亦无所顾惜"等语，而又未将校长之电说出，学生的反应也自不同。

② 那时学生与军警时常发生冲突，舆论每不直军警，"摧残教育压迫学生"差不多是教育界罪状之公名——遍布了学校。

名自治，放弃责任"十六字①，而不说资格问题。 在另一方面，除我于 18 日赴京报告校长请其南下处理外，并由"新教员"及"拥张学生"各发宣言一种。 学校则一直停课到 11 月 20 日。

这次风潮发动者的计划以及步骤都不算错，然而结果终于失败者是由主持者不明经济权能与时代思潮的力量。 所谓经济权能者，一种事业，必得有相当的经济去维持它，主持者必得有支配经济的权力，方能掌握管理权。 若果自身没有经济权，除以革命方式获得支配权而外，便只有取得有此经济权能者的信任，方能支配事业。 学校虽称文化事业，其需要经济权能是一样的。 这学校的校舍校基虽属公产，但每年二万元的经常费则来自校长任总经理的商业公司。 不以革命手段改组学校，如何能违反校长的意志而驱逐其所信之人，更如何能以素无渊源的少年为他的代表。 其次则一种事业，于经济权能之外，其措置至少要不背时代思潮方能发展，否则纵有权统制一时，不久亦得崩溃，绝不能维持久远。 这次主动风潮的人物，既如此顽旧而幼稚（如某新教授），就是取得主持者的信用而代为统治，其内部亦将发生问题，而况连信用都未取得， 所以结果是终归失败。

我于 19 日到津，得见多年景仰的梁任公先生，而王校长在津有事，亦在梁寓相遇。 他们都是年已五旬饱经世故的前辈，我将学校经过情形约略奉告，且请辞职，他们都说这是题中应有之义，不足为奇，而且以为最易解决，用不着我担心，更用不着言辞；下月初，王去沪一行，即可解决。 我北去的目的，本要去京、津、宁三处参观学校，他们谓校事可以暂搁，安心把几处的学校参观完了再回上海不迟。 我在三处参观十日，至 10 月 30 始返沪。 到沪以后，将各方情形

---

① 前四字指修学期限由四年改为五年，第二四字指行学科制及分科制选科制，后八字指设学生自治会。 实则均为当时所谓前进学校之普通办法，且教部曾有明令允各校试验，不能称罪，不过行得稍早耳。 若迟一年便不成罪名，再迟一年不照此办理，又要成为罪名了。

报告东荪及所谓"新教员"，对于学校事无任何建议，唯在寓写《北游杂记》，述参观各学校之情形，与对于当时教育上之意见；写中国公学风潮问题，述风潮又一面之情形及我的感想(均在 1921 年 11 月份《学灯》发表)。 11 月初，王校长到沪，经过他与各方面的几度接洽，明白各种症结之所在，先为个别的解决，然后于 11 月 10 日约同东荪及离校的教职员一同去校，召集全体教职员、学生在大礼堂开会。 他演说达三小时之久。 一场风波，就此解决。

六、风潮结局

王先生少年留学日本，因反抗日本取缔留学生规则而归国，与姚烈士等创办中国公学，且为最初的负责人；最近又筹款复兴，在学校的历史与功绩言他都是最有资格的。 而他教过书，做过国会议员甚久，擅长演说。 而常识丰、世故深，能揣摩听众心理，给以投机之话，使之感服，而演说之方式又很好。 他登台便领导全体向礼堂上悬挂着的姚烈士的遗像行礼，第一句话是向烈士告罪，而且咽不成声。台下的听众无不有同情之感而寂静无声。 他从创校艰难说到停办时的苦痛与恢复时的喜悦，再将种种过错都归咎于自己之不能常川驻校，再将我们的种种办法，如率警到校及严厉布告等都归到他的意志上，东荪不过代表其实行耳。 最后则从时代思潮上提出最坚决的主张，一定要实行新办法以为学校增光，而恢复到创校的光荣史上。 同时则声明有违反此项主张及彼所委之代理校长与所聘之职教员者即属违反他的意志，当切实予以制裁，不能宽容，即全体解散亦所不惜。 最末是宣布某某教职员辞职，某某学生自请退学。 这一席话，不独表现他的权与力，而态度的诚恳、言词的动听，谁也不能不被克服。 于是一场风波，即此了结——"湘军"也于此次消灭。 出礼堂而后，并召集所谓自请退学的学生三十四人话别，又谈一时余。 当晚再请辞职的教职员晚餐作为饯行。 我于佩服他的精力与辩才外，更佩服他的办事手腕，只感得自己太幼稚，太激爽。 而他这次演说却给我以永久不能忘的印象。

由 11 月 11 日至 25 之两星期间，他每天同东荪到校，处理各种事务，学校则于 20 日从新整理，正式上课，并于 25 日登报通告校友及学生家长。 罢课四十日，学生退学三十四人。 教员辞职数人之大风波，至此乃真结束。 我于事后曾作《中国公学风潮问题》一文，载 11 月《学灯》中，谓所得教训有二： 一为与思想相去太远之人共事，偶有利害冲突便会爆发，故处事须特别谨慎；二为当青年感情最易变动之时，欲有所改革，须依其旧习惯而逐渐进行。 又述应反省之事四：一曰诚信未孚，进行太骤；二曰观察未周，布置不善；三曰未能防患未然，致使安心求学之学生亦牺牲学业；四曰未能和平处理，致开除学生有背教育本旨。 最末则曰："决不因此负气，更不因此灰心，并当本此经验，从教育原理上研求有裨益于青年之适当教育方法……至对于此次反对我之同事或学生，我不仅无怨意，并抱无限歉忱——盖所以使彼等误会者，皆我之'德'与'能'未充有以致之。"

这次的风潮我虽疚心，但并不灰心，其他诸同事也抱同样的态度，以为荆棘斩去了，光明的大道便在目前，而于事后努力于如何为学生补课。 唯有文学家的叶圣陶君感情素厚，看到这种情形，精神苦痛异常，无论如何都不愿再干下去，所以国文一席改聘沈仲九。 而吴有训要去美国，乃改周为群任数学。 刘延陵亦他去，又改聘王希和任英文。 1922 年秋朱自清他去，由孙俍工继任国文。 11 月 20 日以后，大家都加多钟点，并将年假缩短以期补完本学期应教的课。 1922 年上年，我们仍是行五年的学科制，1922 年下年改行新学制，学校的名称也改为中国公学附设吴淞中学。

七、自由园地

从 1922 年起，旧教员已完全退出，剩下我们所谓志同道合的十余人。我们都很年轻，也都很"前进"，对于当时社会上的种种问题，都有一些意见，对于教育则因为我们多数是习教育的（常、陈、周、陶、孙、刘、吴都是北京高师毕业的），故意见特多，而主张也特多。因为吴淞与上海隔的相当远，而我们又都是外路人，且都有努力学业的习惯，所以每逢假日或上课之余非有要事不去上海，大家总是集在一起清谈。因为各人所习的科目不同，所谈的范围也漫无限制，真所谓"天下之大，苍蝇之微"，都是我们谈话的资料。我们除去好谈能谈而外，且好写能写。某种问题谈得有结果，或有很相反的意见，每每笔之于书向报纸杂志发表。所以那时的《学灯》与《教育杂志》①的重要论文，我们包办了不少。在教育上，各人对于学校的办法和前途，虽各有其不同之理想，但于旧制度及方法之怀疑，却是一致的。而怀疑之最甚者，当推常乃德与我，其次为沈仲九与孙俍工。常君根本怀疑当时之学校而主张全民教育，主张毁校造校（有《全民教育论发凡》一册，于 1926 年由商务印书馆出版），其思想之背景为大同主义。沈与孙则倾向于无政府主义，对教育全体虽未曾发表何种系统的主张，但对于办学校的方法与目的却常有精到的议论。我那时在思想方面颇受了民治主义与实用主义的影响，而又系从农村社会出身，所以倾向于改良主义与个性主义。不过我当时要以"教育家"自命，对于教育上各方面之理论和实际都很注意，每想于破坏旧教育之余，能提出一些新的建设方案。在事实上，我的学校教育经验也比他们的多，有些见解也比他们的合于实际些（我在当时的团体中有实际教育家之

---

① 编者李石岑、周予同。李为东京高师毕业生，周为北京高师毕业生。

称），加上地位的关系，所以我在那时隐然被他们视为首领。

当时我虽然也有五年的学校教育经验，但复杂的人事问题与复杂的社会关系，则完全不能理解。 每逢大家对于某事谈得有办法时，大家都是本着一股热忱，恨不得立即实行。 代理校长的张东荪先生，其书生气也和我们不相上下，且不常到校，对于学校的情形不大明白，只要我们说什么是好的，什么事应该办，他虽未见得都赞成，但经过几次辩论之后，他总不坚持己见而听我们自己试验，于是我们把当时的学校，当作实验理想的自由园地而自由试验。 至于因变动太骤，所应有的种种反应以及所应生的种种结果，不独我们不曾顾到，即他亦不曾想及。 因此，在1922年一年之间，我们因为受了"五四"运动的洗礼，既不顾旧的拘束，政府的政令又每每不出都门；而且该校为私立，经费出自私人，与政府之关系较少，同时学校当局的初意亦有使之"特殊化"以为号召社会之工具之意愿。 所以我们敢于不顾一切，只本着我们所见而努力地天天改进。 到了1923年1月，应有的反应及结果来了，我于是离开吴淞。

这一年，我们做了许多事，计算起来有： （1）行五年的能力分组制及选科制；（2）行六年的新学制；（3）训育采辅导制；（4）体育采工作制；（5）设分科教室；（6）教学采用道尔顿制；（7）实行男女同学。 这七件事实在是很平常的。 有许多事不到几年，许多学校都是这样办，或以为应该这样办。 但我们因为"先着一鞭"，致生许多问题和困难。 而当时的办法，却在"时代"上留下一些痕迹，事情虽然是过去了，但有些问题似乎还未解决。 所以还得简单地把我们当时的见解与办法重述一番。

八、主张五年制理由

首讲五年制： 兹先录中国公学中学部的课程表如下（略）。 办法说明摘要：

1. 每一学科，在一学期内每周授课一小时为一学分（即一单位）。实验、实习以每周二小时为一学分。　每一学期以十八周计算。

2. 各科定为若干学分。　又依教材之程度分为甲乙丙丁戊己庚辛壬癸十学程，一学程经过时期为一学期，一年分二学期。

3. 学级编制，即以学生各科程度高下为标准；以每一科同学程之学生编为一组。　学生学级升降以对于某一科其学程之学分能否合格为定，不牵涉其他各科。　例如某生国文程度合于第一学程，即编入国语甲组，英文合于第四学程，即编入英语丁组等。

4. 学生某科应在某组受课，经教员考查学业成绩后加以审定，考查及审定方法由教务会议定之；编组事宜由教员组织编组委员会办理。

5. 学生所修学科分为分科、必修科、选修科。

6. 课程表甲所列之学科为必修科，学生均须修习。　分科分文、理、商、师范四系。　学生可随其性之所近，择习一系。　选修科所规定之科目可任选二十七学分。

7. 修业期限定为五年。　但学生所学之学科已满规定学分并均及格，而且修业年限已满四年，许其毕业。　修业年限已满五年而学分不及格者，得延长修业年限一年。

这种办法，在当时是创举，既打破了部章，也不照抄某一国的办法。　然而不是无理由的标新立异，是有客观的背景的。　其理由我在11年1月的《教育杂志》上《中学学制问题》一文——此文因有时间性关系未录入《教育丛稿》——中讲得很详细，兹摘录如下：

> 首先所要说明的，我对于中学教育主张升学预备与职业教育双方兼顾。此事可从理论与事实两方面说明。人之个性至不齐一，心理学、遗传学均能予我人以明确的证明。儿童至青年期，个性之差别渐显，个人之需要渐异：有偏长于文艺者，有偏长于数理者，有偏

长于其他各科者;有宜深造者,有宜浅就者;学生因个人家境之关系,有毕业后须升学者,有毕业后即须谋生者。倘只有升学预备,将置要求职业之学生于何地。故欲中学教育能适合学生个性与社会需要,均不可不顾及职业教育。不过有三年为灌输基本科学知识起见,可以不必分科。再由事实讲,我国由科举改学校,虽说有二十余年的历史,但以人民富于保守性,与数千年社会上重"士"的缘故,一般作父兄者,大多数视学校为科举的变相,送子弟入学,亦希望其入学得一资格,在社会上可以充绅士;甚且有许多为父兄者,送子弟入学校,并无何种固定目的,对于子弟之个性平常更无考察,慕某之名而遣其子弟投考;子弟以须受竞争试验之故,每不能考取其父兄指定之学校而改入他校。至所考之学校与自己志愿或其父兄希望相合与否,都不过问。而事实上则除都市少数特殊学校外,内地中学生之有职业要求者占大多数。这种情形,只要把1919年湖南各中学校毕业生出路拿来详细比较一番,便可知道升学者不及百分之四十,而在社会上谋职业者占百分之六十。由此看来,中学校于升学预备之外应顾及职业教育。

第二要说明的:为什么不用学年制而采学科制?去年我们在长沙第一师范改行学科制的时候,曾发表过很长的言论,我现在摘录如下:

要知道学科制的优点,须明白学年制的缺点。学年制是什么?就是学生功课的程度,以时间的"年"为标准。凡是一学年的程度,必须具备两种条件:(一)经过一年的时期;(二)学完一学年内的应学的功课,已经学完功课而不满一年而不学完功课,都不能看作有一学年的程度而不能升级的。在为这个缘故,所以发生下列各种弊端。

1. 学生的智力有强弱的不同,同一程度功课之学习的时间,智力强的学生和智力弱的学生,在实际有迟速的不同。照学制制的办法,凡是同一程度的功课,必须经过同一的时间,对于学生智力的差别，完全不曾顾着。所以一方面阻抑优等生的进步，一方面使劣等生不能不躐等或用功过度。这样的办法，实在不能使学生的智力有适当的自然的发展。

2. 行学制制：凡是一年中有一、二科不及格就不能升级，要留级一年。留级以后，凡以前已经学习合格的各种科学，也不能不复习一番，不但使学生减少兴趣，而且于时间、脑力、经济三方面都很不经济。

3. 行学年制：在同一学年者，有劣等生有优等生，程度容易不齐，教授易感困难，教材上如果顾着优等生，在劣等生就觉得赶不上；如果顾着劣等生，优等生又觉得进步太缓，空耗时间。

4. 年级的界限也是现在学校的一种不好现象：往往高年级的学生，自以为居特殊地位，看轻低年级学生，有时且要命令他们。低年级的学生，一时迫于习惯上的势力不敢反抗，但是心中终觉不愿意。因为这个缘故，所以各级往往发生意见和冲突，全校学生不容易有共同的精神。

以上四种都是学年制的弊害。如果行学科制，那么，学生的程度以各科为标准，某一科合某程度，即在相当程度的一级听讲，不致因一二科不合格牵涉各科，也不致因多数人牵涉少数人，所以第一、第二、第三各种弊病，均可免除。而且一人可在各级听讲，譬如国文在甲级，英文在乙级等，那么，年级的界限也自然打破了。

第三所要说明的，是学生修业期限平均为五年：学科制本以各科程度为标准，只要学生把规定的科目习完，就可毕业，不像学年制不论学生的智力如何，一定要照部章规定经过四年。这里规定五年是以中材生的智力为标准的。我们所以不照部章四年而改为五年有两种原因：第一，我国现行学制中学以下之修业年限共十一年，比英、美、德、法诸先进国者为短，程度更不能与之并驾齐驱。加以年来国内专门学校及大学校的程度有逐渐提高之趋势（近来南高、东大、北高、北大之入学试验均经提高程度），中学毕业生入学常苦程度不及，致使专门及大学增设预科。我曾想与其在专门及大学校增设预科，费一大部分时间复习中学校的功课，不如将中学修业年限增长，俾学生入大学得径直前进，而有较高深的造诣为妥。此就升学讲，我主张延长修业年限一年。第二，在中学校毕业不能升学之学生，全国虽无详细的统计，但据我所知湖南各中校与江苏一中、南高附中诸校之实况，不能升学者最少占百分之五十以上。欲此百分之五十以上之毕业生谋职业，自必予以相当之生活技能。要学生的技能在现在的分工的社会中能占中等位置，决非数月或一年之职业教育所能收效，而不可不有稍长的训练。此就职业教育讲，我主张延长修业年限一年。

第四所要说明的，何以只分文、理、商、师范四科？讲到分科，我们原想于此四科之外，增设农科（因学校有百数亩空地）、应用化学科、新闻科等，只以经济关系，不能同时并举，故只暂设四科。文、理两科是为升学预备而设的，商、师两科是为职业教育而设的。升学预备未始不应多分科别，只以调查国内专门及大学校之设科，比较需要此两科之根基者为多，故只暂设此两科以应急需。至于职业教育只分商、师两科者，因校地不便及来学学生之需要而然。

第五所要说明者，分科何以从第四年起？江苏一中、南高附中、南开中学之分科均从第一年起，只北高附中从第四年起。我以为中学生无论其毕业后升学或就业，均不可不具稍高之基本科学知识。我国国民生长于充满迷信的老大国家中间，虽说由科举改学校，日日讲介绍科学、提倡科学，有了二三十年的时间，但社会上一般人士仍是充满迷信思想。我们所需要的学生，不只是要他们仅具有一种职业技能，如现在一般所谓劳工者之流，且要他们于生活技能之外，具有良好公民的资格，所以我们于他们的科学知识不得不希望稍高一点；况且这些普通基本科学，无论学生升学或就业都是不可缺的。

因此我主张中学前三年让学生习普通科学,后两年选习分科课程。

第六所要说明者,分科之外,何以有选修科? 选科制在美国本有三种办法:一种是自由选科,学校不加何种限制,任学生自由选择;一种是限制选科,由教员加以指导,在相当范围内,可任学生自由选择;一种是学校选科,即由学校规定学生必选何种科目。第一种办法,非很大的学校不能择用,我们只能采用第二、第三两种办法。所以分科之外又有选科。学生于第四年入某科之后,在选课表中应当选何科,由教员指导定之。到第四年应入何科,须参合三方意见:即学生家庭之希望、学生本身之志愿与教师对于该生考察其个性所得之结果。这样办法,虽不能说使学生人人各得其所,但对于学生个性与社会需要,比较总能顾到一点。

第七所要说明的,中学校如此办理,是否与现行制之各种实业学校及师范学校相冲突? 中学校这样办理,自然与实业学校、师范学校有冲突。不过我是主张单轨制的,主张将与中学同等之分歧学校,都在"中学校"三字之下办理,所以不顾及与现行制相冲突的地方。

第八所要说明的,此种中学学制,内地可否仿行? 我们此种计划是根据内地中学校的一般状况与中国公学之特殊情形而拟订的,除在本校逐渐实行,及与同人共同研究以期臻于完善而外,无何种希冀,亦无何种宣传,内地学校可仿行与否不敢妄断。

此文成于 1921 年 11 月 15 五全国教联会之新学制系统案即于此时议决,中等教育段除学制系统案中六年外,其他办法与此大体相同。

九、规定中学课程的原则

以上为我在新学制未公布以前对于中学学制的整个意见。① 至于课程中何以要更改部定章程而有那种编制，我也有很详的理由，且曾为新学制的中学校私拟一种课程标准，于《教育杂志》十四卷"中学制课程研究"专号中——此文未收入《教育丛稿》——发表过。 兹录其原则如下：

> 甲、规定课程的一般原则：
> 1. 课程是达教育目的之一种方法。
> 2. 课程是随着教育目的的变迁而变迁的。
> 3. 课程的内容于适合现代生活之中要具有打破现实生活创造新生活的质素。
> 4. 课程应有达到教育目的的简捷性。
> "乙、规定中学课程的特殊原则：
> 1. 中学教育的目的在兼顾普通文化与职业教育，课程的内容也应当两方兼顾。
> 2. 中学学生身心发育正盛，思想变迁甚速，课程科目应有选科以应其需要。
> 3. 中学生的活动力强，课程材料宜选择与日常生活切近者，使与环境多有接触。
> 4. 中学生的感情特盛，课程的内容宜广，活动宜多，以丰富其生活而使之社会化。

---

① 对于新学制的整个意见在《教育杂志》十四卷学制课程研究专号中有《对于新学制草案本身的讨论》一文详细说及。

5. 中学教育非以研究纯粹科学为目的,课程材料的排列,宜多心理的少论理的。

6. 中等教育应注重学生自动,故授课时间每周最多不得过三十小时。

1921 年 10 月 27 日至 11 月 7 日,全国教联会在广州开会议决新学制系统草案,各地争相试验,我们也于 1922 年秋起照新学制将五年改为六年,分为高、初两级各三年。 因为新学制于斯年 11 月始由教育部公布,课程标准至 1923 年方始公布,故我们试行新学制时初中课程即照甲表,不过将史地改为“社会常识”而加一部分政治、经济的材料,将理科改为“科学常识”注重生活教材,音乐、图画改称“艺术科”(受美国混合教学之影响),并于第三年起略有选科,以为学生入高中分科之标准。 高中部分则将原来之“系”改“科”,并将商科及师范科并为“职业科”而仍分商、师两系。 但因当时旧生仍照旧制办至毕业,新生无高中,故课程未详订。

以上是我们对于学制及课程的主张。

十、辅导制

在训育方面,我们也有一种理想: 在消极方面,既不赞成旧的管理制,也不赞成议会式的学生自治办法,而主张教师辅导学生自治。 所以不订管理规则,只根据实践伦理的德目如清洁、合群、互助、勤学、容物、省克(从朱子教条细绎而来)举若干事例编成条文极简单的训育大纲,交各学生令其随时省览,以期实行,教师则从旁辅导之。 故主任及专任教师均为辅导员,与学生共同生活。 并设学生自治会,训练团体生活。 不过初行时,学生因过惯了管理生活,骤然解放,反不能自主,于是我们在 1922 年上年,经过多次研究讨论,拟定一个改革学生自治的方案，于下年起逐渐实行。经过一学期颇有成效。此方案我曾于《新教育》第七卷五期中发表过，今摘录如下：

（一）诊断（现自治会之缺点）

（1）会务只有少数人负责，多数人视为无关紧要。

（2）每次集会，职员出席不踊跃，缺乏热心会务的自动精神。

（3）每次改选职员，总有若干人不愿就职。

（4）有时议决之规章办法，不能执行。

（二）原因

（1）平日少真实团体生活的练习。

（2）缺乏教师指导。

（三）改进要旨

由养成团体生活的习惯着手，至能完全采用地方自治为止。

（四）改进步骤

（1）教师与学生共同为团体活动之分子。

（2）团体组织以学生为本位，教师只利用机会引起其动机，自立于辅导地位。

（3）团体活动完全由学生自主，教师只在旁监察。

（五）改进方法

（甲）关于全体的

（A）强制的

组会（或班会）

（1）每组（或每班）规章均由学生公共议定，报告训育股备查。

（2）每组（或每班）举领袖一人或二人，负执行规章之责，指导股在旁监督。

（3）每组（或每班）设辅导员二人或四人，以专任教师充之。辅导员指导本组进行事项，开会时出席发言，但无表决权。

（4）各组互相关系之事项，由各组代表与顾问联席会议解决之。

（5）各辅导员每月集合一次或二次，互告各组问题，共筹进行办法，务使各组或班能向同一方向进行。

（6）各组进行事项宜择其轻而易举者切实施行，不必作大规模之组织。

（B）自由的

（1）师生共同组织各种学术研究会，教师、学生同为会员。

（2）学术研究会会员以研究之学术为本，会员不分组（或班）别。

（3）一切规章由各会自定，报告教务股备查。

（4）各学术有关事项，由各有关系之团体开联席会解决之，并得由各该团体举代表向校行政机关陈述意见。

（5）组织宜小，事项宜少而易行。

（乙）局部的

（A）顾问部

（旧生方面：注意指导学生行为，处理学生个人私事。）

（1）由学校组织顾问部，以主任（或校长）为部长，专任教员之一部或全部为部员。

（2）学期开始将部员姓名（新教员在外）布告学生，听其自由择一人为本期之顾问（新生在外），关于个人身心上不能解决之问题，都可随时询问。

（3）顾问部每月举行一次或两次会议，商决指导大纲，报告各人所遇之问题，共同研究。

（4）顾问员一人，指导学生二十人或三十人，学生过多，以先请者为限。

（5）顾问可随时召集被指导之学生个人或团体谈话。

（B）小团体(新生方面)

（1）学校先将训育大纲规程,布告学生。

（2）以寝室为单位,由指导股编号。

（3）先从简而易行之事如清洁整理之类做起。

（4）一切规章室徽,均由各室学生自定,指导股只监察其勿与训育大纲之规程相背。

（5）各室举领袖一人,负执行规章之责,指导股从旁监察,比较其优劣而执行赏罚。

（6）各室组织就绪再分为若干区,遇有各室共同事项,由各室代表出席,举行联席会议解决之。指导股在旁监察。

（7）各室可由指导股推请教员为顾问。

（丙)地方自治制

俟团体生活的习惯养成,再由小团体连成大团体,实采行地方自治制的精神。

学生范围以内的事情,完全由其独立处理,只受学校行政机关的监督。因为期尚远,故不具体列成方案。

以上的方案虽然很简单,但是实行起来,却非短时间所能办到。我之所以要提出这方案的原因,第一是根据观察中学训育方法与主义的变迁而来,第二是鉴于现在中学训育的普遍现象,第三是以吴淞中学的训育状况为背景。此案虽经通过实行,但其结果如何,此时尚难预断。唯其中有几项须特别说明者,兹述于后:

（一）我草此案有三个假定:（1）认定中学学生行为与知识一样,同是要教师指导的,不能独立进行;（2）人格感化要以信仰为基础;（3）规律生活之中要有自由的活动。第一项或以为不认中学生有独立的人格有背于现代的潮流,其实中学生正是青年期,心身发育正盛,自我性虽极向外扩张,但其经验智识殊不足以副之,于是言动常不健全。 凡学过儿童心理学或青年心理学的人都知道青年过失（Juvenile delinquency）是青年期的普通现象。 在此时期若不加以相当的指导，任其绝对自由活动，前途实极危险。 我这假定，虽说是青年心理学所诏示的，但大部分亦以个人历年服务于中等教育界的经验为根据。 无论他人怎样说我违背现代潮流，但是我总不愿做违心之论。 第二项也是心理学所诏示我的。 因为暗示的力量，在训育上的效用很大，而暗示之收效，必定先引起学生的信仰，这种感情交互影响的事实，是一般教育者所时常经验的，用不着再说。 第三项在表面看来似乎是矛盾的，但切实从青年心理上研究起来，却不如此。 因为青年期学生之经验识力不足以副其理想，故不能不随时予以指导监察，倘因为指导监察之故，而一切言动都予以严格的规定，则又过于机械，仍不足以发抒青年的个性而使其言行趋于正轨。 这事就从常识上观察青年也可以知道。

（二）因为我平日对于中学训育有这三种假定，故草此方案时，第一，主张师生共同生活为训练团体生活之基本办法，并且学生自治权的范围，是与年级成正比例的——即年级愈低者自由之范围愈狭，诸事都有教师在旁监察。 第二，主张于规定的团体——即组（或班）会——以外，有自由组合；大团体的组织以小团体为单位，而小团体之事项以简单易行为主；并特别注重养成适当的领袖人才。 第三，主张于团体生活之外，同时注重学生的个人问题——以其重要不下于学习功课： 现在中学生常感困难的婚姻问题、家庭问题、职业问题等，教师除个别接洽外，绝不能在课堂上或集会场公开为之解决——故设顾问部，由学生择其平日所信仰之教师请为顾问；为顾问者，对于学生日常生活上的事情都负指导之责。 第四，主张教师时常开会互相报告，互相讨论，使学校有一致之校风。

（三）新生无请教师为顾问的资格，新教师无作学生顾问的资格，是因为他们初到学校，彼此都是新人，学生对教师无从发生信仰，教师对学生也不知道谁好谁不好。

（四）顾问的精神有几分与英国大学的导师制（Tutorial system）相似，这办法是我四五年的理想，在湖南第一师范曾经施行一次。只因当时教师指导的人数没有规定，遂至多者指导百余人，少者无一人，教师之间很有问题。此次采限制的办法，事实上问题较少。至于谁宜为顾问，最好由校长自己决定。因为教师各人的能力不同，长于教书者，未必都能对于学生行为上负指导的责任。

（五）这方案只略提进行的大纲，详细的具体办法，自然可以随地而异。但如要依此大纲切实施行，在我看来，最少也要三年以上的时间方能见效，等到有了成效，再为大规模的学生自治会组织不迟，故中学校学生地方自治的方案未草出。这方案就谓之为中学学生自治的预备计划书也可。

十一、工作制

在体育方面，我们以为其目的不仅在增进健康，应于筋肉活动之中同时增加生产，所以主张以工作代替体操。这种思想的来源是当时的工学主义。欧战时，留法的勤工俭学会吸引着很多的青年去法国，而工学主义的思想也散播在许多青年人的脑中。此主义最简单的说法，为"人"是有肉体、有精神的动物：精神要食粮，所以要求学，肉体要食粮，所以要做工。仅仅只会做工的人是一个不完全的半边人，仅仅知道读书，也是一个不完全的半边人。要成完全的"人"必得要手脑并用，必得要工学并行。学生虽然以读书为主要任务，但为健康计，必不可不有筋肉活动。与其以体操来活动筋肉，不如从事于生产工作。这主义在"五四"前后之北京高师很盛行，匡互生、熊仁安、孙伖工均是其中的重要分子。在长沙一师时曾想提倡，但是结果只由师生共同移去一座小山作为操场，说不上生产。吴淞则有百余亩的空旷校地，眼看到荒废得可惜，而孙君又是工学主义的健将，我在教育上也曾主张以工作代体操，所以 1922 年下半年便实行着以工作代体操的试验。 曾将校外空地划分若干小块，由偎工、仲九领导着自愿的学生工作；不参加生产工作的仍上体操。 结果是因为大家的农业的知识太差，生产不着什么，而少爷(学生)、老爷(教员)们的气力未经训练，不能持久。 除了把若干地段挖松，留下商科的大少爷(学生)和大老爷(教授)作笑料而已，没有其他的成就。 可是这主张之信念，我至今还是未改。

十二、分科教室

在设备方面，行学科制，本要设备分科教室。 而我在 1915 年或 1916 年时，即因华尔伟之介绍而知道美国的葛蕾学校制度，以后研究教育方法，虽曾涉猎着蒙台梭利教学法，设计教学法，但在设备及学校场所的运用方面，仍是醉心于葛蕾制。 吴淞中国公学的地点，当然不能与葛蕾相比，在校舍运用上，是绝对不能像葛蕾那样终日不空的，但设备及校内运用亦未始不可仿行一二。 所以当时的中国公学中学部除了理化室、图书室而外，我们曾设备分科教室，如国文、史地、生物之类，而将各该科应用的书籍或标本仪器集在一起，以便教师学生分科研究参考之用。 所以教室不独与当时一般学校班级教室之"空无所有"的不同，就是没有课的时候，也是开放着，而听学生自由入内。 1922 年秋季，并特别筹了三千元，专为扩充各科教室设备之用。 这办法，不独是我们异于一般学校之处，也是我们 1922 年下期改行道尔顿制的基础。

在教学方面，我们反对注入式，采用自学辅导，特别注重学生的自动。 我们以为任何学问，非经过自己的努力与融化，徒由他人灌注是无用的。 这在作过私塾、书院、学校各种学生的我，感得尤为深切。 所以各组的功课，每周最多不过三十小时，使学生多有自习的时间，并规定教师在课外指导的责任。 但因注重发展学生个性而采用学科制，发生的困难特多，有若干竟至无法解决，常常使我回想到旧时私塾与书院个别修学的便利与愉快，但受环境与时代的限制，又绝不能恢复私塾或书院的教学方法。 适逢 1922 年 6 月，美国柏克赫司特女士的道尔顿制介绍到中国，我们以为这方法可以解决我们大部分的困难，经过多次研究之后，决定于 10 月起，先将国语及社会常识两科，试行道尔顿制了。

十三、道尔顿制

道尔顿制的试行，在中国以我们为最早，而介绍以我为最力。 我们曾于 11 月在《教育杂志》中出一道尔顿制专号，说明我们决定采用此方法的原因，也就是学科制的困难的告白。 这件事不独是当时教育界的一件大事，同时是薪求解决我们所感到学科制的困难，也是行学科制的人的永久问题①的尝试。 所以我仍在这里把我在《道尔顿制概观》绪论中的前两段录下：

> 我们现在所感的困难：……一年以来,办事上所感的困难很多：因为学生多、教员少,课表的排列很不容易。所幸全部百六十余人共分六班,而有三班三、四年生仍是年级制,所以虽有困难,但还容易解决。去年上半年我们觉得班级教室不好;各科在共同的教室教授,没有特别设备,环境的力量太小;于上学期终了,议决改为分科教室,特别筹三千元为设备费;并改五年为六年,行三三制。下学期居然实行了,这时候我们所感的困难更多：第一,上年六班学

---

① 1936 年,陶玄女士在沪创世界学校,采学科制,所有的困难均是我们当时所经过的。

生中只有三班行学科制,下年六班学生中有五班行学科制,而同程度之学生又都只有一班。第二,行学科制学生的班级加多,而学校更注重多聘专任教员,教员的人数反比上年少。第三,上年用班级教室,同样科目可同时教授(如甲乙组同时各在本级教数学、英文之类),下年因教室以学科为单位,除英文钟点较多,一教室不能容许多时数设有两教室而外,其余各科均只有一教室,同样的科目均不能同时教授。第四,学生经过一年以后,虽一年前各科均同在一个年级者,现在因为各个人对于各科的兴味与入校前的根基之同,各人各科的组次(以一学期为升降单位,定名为甲乙……组:甲组为一年一学期,乙为一年二学期)极不一致;有国文在甲组,英文在戊组,数学在丙组者。这样一来,上年我们只要避学生各科的冲突,下年更要加避教员与教室的冲突。又以学生各科升降完全以学业成绩为准,组次的复杂,竟不能列为公式:开讲前两星期,即与教务股主任常乃德先生编制课表,费了十余日的时间,结果仍有五分之一的学生的功课冲突,并有数人同时有三科冲突,上一科必缺二科。这种情形,不仅学生有许多要学的功课因为不能学而感痛苦;我们为职教员的也觉得牺牲一部分学生的学业,实在是极不对的事。后来想法将授课时间延长,夜间 7 时至 9 时仍然授课,结果还是有数人免不了冲突。至于功课的排列,完全以避免冲突为单位,什么推理学科应列于第一、二小时,技能学科应列于第三、四小时的教育理论却丝毫没有顾及。经过这种困难之后,我们有时反感到从前的年级制便利,而有回复旧制的动机。我们也知道这种困难,在同程度的学生有六班以上的大的学校,或兼任教员很多而不用学科教室的学校都可不成问题,但我们总不相信很有学理根据的学科制竟成了资本主义的装饰品,所以虽有困难,还是尽力想法解除。不过结果仍与我们的预期相差甚远。这是我们事实上的第一种困难。其次,就是学生毕业期限问题。我们学校中有许多学生因为未入校以前的教育不同,有英文在三年级一学期,数学或其他学科在一年级一学期;我们原想把年级打破,但因学生各科升级降级都以一学期为单位,所以遇着这种学生,便无办法。照他的英文程度,应当于明年上学期毕业初级中学,照他的数学程度,应当两年后才能毕业于初级中学。若因他的英文程度已达初中毕业的程度而令其停止修习,抽出其余的时间补习数学,则学校中只能一学程一学程的学习,不能同时并进。且该生未习完甲学程以前,学力上亦不能兼习乙学程。这样,抽出其已修完某科的时间补习他科,亦势所不能。所谓打破年限,各科单独进行的理论,仍是不能实现。这是我们在事实上所感的第二种困难。此外,我们在事实所感到的困难是各科最高级的学生不能超越升级(学生本学期某科成绩在甲等,于年暑假自己补习,至下一学期入校时可以请求教员按照某科递升级次的程度,试验其补习的学科,及格后,即准其不经过本学期应递升之级次而超升一级,如由甲组入丙组之类)。年暑假学生补习某科其程度不及一学程者之学分无效(例如某生在暑假补习英文可学一学期应修学分之半数,因校中无半程的班级,该生此时欲超升一级学力不够,只得仍在应递升之级受课),都是不能解决的问题。

从理论上讲,现行的学科制中似乎也有几个问题是答不出来的。第一,学生各科升级降级为什么要以一学期为单位? 这种单位的规定,是以学生的智力为标准,还是以他种理论为根据? 我们也常常讲,年级制不适宜于发展个性,改行学科制,学生可以各科单独学习,某科不及格,只要复习某科,不牵及于其他已及格之学科而强之重习,以致耗费时间。从前学生因各科平均分数不及格,降班要重学一年,现在某科不及格,只要半年的时间重习某科,比从前已经便利多了。从我们的经验证明起来,这话确是事实。但从根本上讲起来,学科制之不适宜于个性发展,留级的时候虚耗光阴,与年级制比较,还是五十步与百步的问题。我们过细想想:学生某科某学程不及格,不能在高一学程的级次听讲,事实上诚然如此。但他一学期之中,对于某科绝不能说他一点功夫都没有用过,也不能否认他在这一学期中最少也曾学过这学程的十分之一以至五分之四的。从前全部重习固然是对于学生的时间太不经济,学理上太无根据,现在要学生重习其十分之一以至五分之四或十分之几的学科(学生某科某学程不及格确有相差很微的),时间又经济吗?又有学理上的根据吗?至于个性的发展,现在一般教育者都很重视,而心理学者对于个性的研究,尤其不遗余力。就其大者言之,凡属人类,其一切机能的性质都属相同;自其小者言之,任何个人的一切机能,都没有第二人能完全相似。简单说,人类的个性,从质上讲,任何人均同;从量上讲,任何人均不同。个性发展,重量还是重质,恐怕没有人不说是重量的。那么,聪慧的学生一定要经过一学期才能递升一级,愚拙的学生也要经过一学期递升一级,否则重复学习,经过一学期后,还在原级。我们过细把学生的智力测验一番,把学生的成绩考察一番,再过细比较一番,所有中材生果能人人适如其量吗?高材生在一学期中能不能学一学程又几分之几吗?劣等生是不是在一学期中只能学一学程的几分之几吗?学生的智力不同,我们一定要他们按部就班,个性果能得适当的发展吗?并且现在实行学科制的中等学校,大概都是分科制,行选科制的虽有数校,但对于选科开班的人数最少亦有十人以上的限制。假定某校有个性近于美术的学生五人,无论如何,学校决不能单独为他们五人开班,这五生势不得不改学其所不愿学的学科。这样,又能发展学生的个性吗?这些问题,我们主张选科的学科制的人,能有完满的答复吗?第二,钟点制度之下,每点钟的铃声一响,学生教师都要到教室里去,下课铃响的时候,又都要出教室。这种办法,从好处讲,可以养成按时治事的习惯;从他方面讲,足以减少学生的研究兴味。因为学科的段落,很难一时一时的划分。假定学生正在习数学题目,一题将完未完的时候,上国文课的铃声响了,他不得不弃其未完的工作去受国文,走入国文教室之后,脑筋中也许为数学的观念占着,或者因为心意专注于数学问题,国文课讲些什么还是模糊影响,不得要领。从教育上讲来,固有许多学者主张努力与兴味并重,甚有主张特别注重努力的;但从心理学研究起来,努力实是兴味的结果。没有兴味,也可以用威权的力量使之努力;不过这种外力的强制,努力与威权是同始终的,威权不去,尚能继续维持,一旦藩篱撤销,野马便要狂奔起来了。所以努力在某种情形之下,固可用作教育上的一种手段;至于自动教育的本义,还是以兴味为主。钟点制度之下,能完全达到这种目的吗?这也是我们不能圆满答复的。第三,学校与社会沟通,也是现在一般教育家所注意的。但在班级制、钟点制之下,事实上实不容易做到。因为实在的社会上的分子是混合的,学校里却一级一级的分开;实在的社会事实上是继续的,学校里却一段一段的分开。有许多学校,常常级与级之间发生冲突,所谓互助,所谓合群,事实上果做到几分?这也是我们在现行制度之下不能圆满答复的。我们作教师的,既发现现行制度有这种弊端,生活于此制度下的学生,其精神所感的不满与苦痛。也可以推知其大概了。

"为什么介绍道尔顿制"?从前的私塾发现弊端,为社会上的先进者所怀疑,于是有年级制的学校;近来年级制发现弊端,于是有学科制的改革。我们实行学科制时间有数年了,亲自试验过的学校也有数处了。去年以来,因为我们在教育上有自由试行主张的机会,从前我们所想到的好处大部分都得着了,想不到的难题也大部分经过了。但上面所讲的疑问与困难还是一天一天的增多,于是我们便想到非根本改革现行的教授制度不可。这一层我们私人的谈话与著作中也不时提到,适逢"道尔顿制"创造试验的结果。远从欧美传到中国,被我们知道,觉得这种办法在事实上可以解决我们困难的大部分。在理论上也可以答复我们疑问的一大部分,于是我

们很高兴地研究，并敢大胆地试验。我们的研究与试验，也可说是
实逼处此。

　　至于道尔顿制是什么，我已经写过好几册专书，要费些时间去研
究。　这里只能最简单地说一说。

　　道尔顿（Dalton）是美国麻沙朱色州（Massachusetts）的一城，有一公
立中学名道尔顿中学。　这地方本为纺织业中心点，学生毕业后大多要
进纺织界，但学校却采苏格兰的经院制，以致与社会需要不相应，而
高年生逐渐减少。　校长乔克敏（Jackman）于 1919 年 2 月采用柏克赫斯
特（Miss Helen Parkhurst）女士的作业室教学计划。　未一年，成绩卓
著，柏女士以其方法在道尔顿中学试验成功，故名道尔顿制（Dalton
Plan）以纪念之。

　　道尔顿制的原则为自由、合作，即不用旧日的班级制及钟点制，
而使学生按照自己的能力与同学共同研究、自由学习。　实现此原则的
方法有三：第一为作业室：　即将各科教室重行设备，使其能兼备旧日
教室、自修室、图书馆、实验室的功用。　每室由教师一人或数人为指
导员，学生可在规定时间内自由入室研究问题。　第二为指定功课：　是
各教师将学生在一学期或一个月一星期对于某科应学习之进程，分成
段落，指出研究问题、参考书目及笔记与记忆、讲述、实验、练习等
等工作，令学生自行学习。　第三为成绩记录：　即制定记录工作进度表
格，交由学生自己将其对于各科学习进程及所费时间记录表上，看看
自己的成绩如何，再由教师考验以决定其是否达到某种程度。　这方法
可以解决年级制及学科制的许多问题。　在训育上因为师生与同学自由
接触，也可解决一些问题。　不过要实行却有其条件，如设备须完善，
教师的能力须优越，学生自治力须发达等，均是先决问题。　而实行时
之困难更是从常识上所能预知的。　所以我们自 1922 年暑假起大家研
究了几个月，9 月开学，再实际准备了一个月（仅仅对学生说明办法已

不知费去多少时间），至 10 月才先拣国语及社会常识两科正式试验。俟两科有成效再陆续推及他科。 11 月《教育杂志》编者周予同发刊道尔顿制专号，约请执笔者大半为我们的同事，因为材料太多，该杂志12 月号虽未名专号，但关于道尔顿制的论文仍达三分之二。 于是全国轰动，各省教育界之来吴淞参观者络绎于途，每致我们应接不暇。1923 年 1 月学期将完，为着"轰动"以及其他的种种问题，我不得不放弃道尔顿制的试验离开吴淞，但道尔顿制在 1923 年以后之数年间却风靡一时，试行此制之学校几遍全国——尤以奉天为盛。

十四、男女同学

在吴淞，我们还做一件比较"先着一鞭"的事情，是 1922 年秋季，实行男女同学。

中国初期之新教育，是采男女学校绝对分立的。 民国元年改订学制，允许初小男女合校，高小及中学规定分校，大学则无明文规定。"五四"而后，男女平等的思潮弥漫全国，北京大学首于 1919 年秋收旁听女生(某女生向北大要求开女禁，校长蔡元培先生谓大学规程并不曾规定不许女生入学，但事实上并无从竞争考试而被录取的女生)，各大学相继开女禁，小学之男女同学则由初小而延至高小。 独于中学教育之一段，到 1922 年还是教育界的问题。

当时教育家对于中学男女同学视为问题者大概可归纳为三项： 第一为中学生正当身心发育最盛之时，知识未充，意志未定，感情又富，如男女同学，朝夕相处，接触过密，难免不发生问题；第二为男女性能不一，需要不一，不必或不可施以同样教育；第三是一般男子中学之设备不适宜于女子。 这三种理由，除第三项我认为或可以存在外，前两项我均认为不成理由。 我是重视个性的，但从心理学上研究个性所得的结论，是男女间的差异，其量不比男子与男子、女子与女子间的大（桑戴克语），而社会需要并无一定标准。因为人才之供给，固然要以社会需要为根据，而社会需要有时亦因人才供给之改变而改变，如西洋各国近时之小学教员几全为女性者是。在中等学校之所造就者除升学外，职业方面如师范、商业，都是女子所能任的，故就女子的需要量讲，亦未见得比男子有多大差异。至于青年期之男女不宜接触过多，我认为是社会的原因，只要社会习惯能改，一切都无问题；而男女隔绝的社会习惯，在工商业社会之下，终于不能永久保存，终于要打破，则小学及大学既经打破，中学何以不可打破。而况就我个人的经验说，我曾办过女学，觉得女生的精细，很可以补男生的粗暴，男生的勇敢，可以补她们的畏缩。男女生在一起或者反有益处。而欧美各国中学之男女同学不知行了多少年，也未见得有什么问题。所以在原则上我历来主张男女同学到底的。当时曾与许多所谓教育家辩论过，若把当时的话移后 1916 年至 1928 年来说都成笑话，因 1927 年国民革命后所有学校均男女同学。不过设备问题不解决，我还未敢实行。1928 年秋则以三种特殊原因而使我们实行男女同学了。

男女个性差异问题，我在学理上有很坚强的根据，我能大胆主张，但事实问题我尚不敢为断然的处置。自 1921 年 10 月我去北京参观，见孔德学校之男女同学是从小学至中学的，行之多年一无问题，这个事实上实例，增强我的信心不少。其次是吴淞的教员宿舍，空出一座房子。这房子离学校既有相当的远，而又在我的住宅的旁边，且是一座住宅，则改为女生宿舍是最适当不过的。第三，有四川女生童国希等数人，向南京东大附中请求入学，为大学校务会议否决（时大学已开女禁二年）而向我们请求，则学生也有了。于是我们校务会议决定收女生，告知代理校长，当然照办。我们乃物色女生指导员，适前在长沙周南女学任教很久，而现在南高作特别生的陶斯咏女士愿来相助，我们男女同学的理想便于 8 月起施之实行了。

因为初次实行男女同学，男女学生之间，自然有许多新奇之感，而女生只有十余人，男生连商科在内，有她们的二十倍之多。在人数比例上，既是那样小，而且又都是新生，对于学校情形不熟悉，势力既觉孤单，行动也比较不自由。因为不论在教室上课、图书馆阅览，以至在走廊走路，都为多数男生注意。黠者之评头品足、丢字纸、投情书是事实上不能免的。所以闹得女生很局促，往往非结队或由女生指导员或教员相伴不敢外出。好在她们的宿舍离正校舍颇远，旁边又为我的住宅，学生们不大敢胡闹，总算还有块"干净土"（她们对于宿舍的称谓）作她们自由的天地。

男生的胡闹行动，虽可由教师加以干涉，但又不能过于严厉，因为过严，他们要向女生出气，而更使她们吃亏。当时使我们最感困难者两事：第一是商科学生；第二是情书问题。

就情理讲，商科为专门性质，应当先开女禁，但当时商科主任是兼任的，对于学校行政不大负责，且当局者的初意，对于商科因为所费过大，而且造就者又为"生意人"，于办学本旨①不大符合，因而对于商科也不准备积极改进，且事实上亦无女生。中学与商科本不相属，但商科学生则自以为资格与中学教职员相等，对女生有不合理的动作，商科教职员本不过问，中学又无法统制。而彼等对女生则自以为"望重金多"——商科学生在经济方面大概优于中学生——而多方炫示。有少数所谓色情狂分子，于写信不理、造访不见之余，竟至拦截女生强其谈话，约其去沪；如在火车上同车，每于下车时尾追不舍。这在女生们是一件最大的苦事，在我们也是一件最大的苦事。因为我们无权裁制他们而又不能不保护她们，闹得女生要去沪，除去她们自己结队而外，我们每每轮流护送，最后亏得陶女士现身说法，

---

① 他们很想以中学为基础，造就各方面之人才，冀成一种势力，所以 1922 年张君劢先生自德归即主张改大学。

约他们讲话，再请教授们开导，代理校长训诫，总算把许多无聊的举动熄灭。 而情书问题则是永久闹不清。 女生每人都接得一些不相识者的信，某女生较活动，一日至有接信十数封以上者。 信中所说都是些不相干的述身世、述志愿而归根于求爱的话。 文章有白话、有文言、有散文、有骈体、有中文、有英文、有通有不通，信中并有附寄物品或画片者。 久不得复，则乱造谣言，谓某与某好，以至于某与某通，且有以自杀相要挟者，真所谓光怪陆离，无奇不有。 女生们初尚接览，后来觉得实在不胜其烦，乃请求学校检查书信。 所有女生的信都先送交女生指导员，除去各生所指定之家信或朋友的信，原封送交本人外(我们本来反对书信检查,这办法是对付男生捣乱的一种手段)，其余都为拆览，如系滥调"情书"，便付之一炬。 这办法传出之后，他们知道他们绞尽脑汁的"情书"，不能入他们所要送到的人的眼帘，就是再费气力也是无用，虽然迁怒到陶女士和我而寄些无名的辱骂信，而"情书"却慢慢地减少而绝迹。 我们当时对于这些不必要而又为初期"男女同学"所必有的麻烦(不独中学如此,大学亦有类此情形,不过程度稍稍有不同耳)，真可谓"苦心孤诣"了。

　　上面的两问题解决之后，本也安静几时，不料又为着沈仲九与陶斯咏的结婚问题而骚动起来。 沈本鳏夫，陶亦寡妇，又均属壮年，在当时"恋爱神圣"的思潮弥漫着全文化界的时候，结婚不独是他们的自由，而且是很合法的。 而况他们在湘既已认识，中间亦经通信，不过到吴淞恋爱成熟而举行结婚仪式，本不能成为问题，但在当时的情况下却不能不是问题。

　　记得陶女士暑假初来时，仲九不时与她往来，但都在女生会客室或我家见面，后来他们的恋爱日有进步，在本愿是很想厮守的，但为着要避免是非计，力求避免见面，而常常以书信通情愫，孙俍工便是他们的传书人。 通信多了，感情日深，见面的要求也日切，两方抑制不了时，每假俍工寓所为晤谈的场所，有时也偷偷地约在海滨或上海秘谈。 这情形当然要慢慢地传播出来而普及全校，关于他们的故事也编得特别多。 他们都自命为是反封建的，在理智上本要与所谓恶势力奋斗，几经研究，以为与其偷偷摸摸不如公开宣布，终于在12月的某日假吴淞镇上的某菜馆请我们同事十余人吃饭，就在那时宣布结婚。可是仍然在学校各居一方，不组织家庭。

他们的结婚是私事，无向他人报告之必要，更无向人请示之必要。 可是自由恋爱在当时一般人的下意识中虽然都愿尝尝滋味，但是能尝着的太少，所以看得别人尝着了，都感得新奇，在中国公学许多人的心目中尤为新奇。 而男女同学学校之男女同事，由恋爱而结婚，在当时似乎是创举，尤为许多人所视为新奇的事。 吴淞镇吃饭之后的多少天，学校的全体(自工友学生以至教授)，每以此事为谈话的资料，经过渲染讹传之后，故事离奇得不可名状：有视为神仙眷属的，有当作下贱不堪的。 远在上海的学校当局也从传闻中听得许多不堪入耳的故事而对于他们发生疑问。 可是事实上他们都是成年人，恋爱与结婚在他们均自有主权，既不犯法，也很合理，我能以何种名义何种权力去干涉？而况我本来是赞成的，但为解释一般人之误会计，曾于某次周会时，请他们在全体学生的面前报告经过，并由仲九说明恋爱与结婚之意义。 在中学生方面许多不相干的故事与疑问被解释了。商科学生方面虽也有人指这为恋爱传习课，指中学为"恋爱传习所"而向我投些无名的辱骂信，向学校当局进了些不相干的话，我则置之不理。 所谓见怪不怪，其怪自败，不多时也就平静下去了。 不过这一来，我不得不去的原因又增多了一层。

以上是男女同学的情形，以下要说到我离开吴淞的概略了。

十五、辞　职

因为当时现实政治变动太多，给予我的刺激太坏，致使我对于政治家所得的认识是偏见与无理性，所以从不加入政团，而始终愿保持着超然的态度，努力学问从事社会事业（当时少年中国学会的"本科学的精神为社会的活动以创造少年中国"的宗旨及王光祈《论少年中国学会之精神及其计划》，对我这态度均有重大的影响），对于教育则视为有关国家百年大计的神圣事业，力求脱离政治支配（此幻梦直至1925年始醒觉），而忽略了中国公学的背景。

中国公学在当时是梁任公先生一派所谓"研究系"支配着的。当时的"研究系"，虽然不是一个正式的政党，但其分子则是从清末"保皇党"及民初共和党蜕嬗而来的，其在政见上始终与国民党立于敌对的地位。"五四"运动是中国历史上一种划时代的解放运动，梁先生等握着南北的两大言论机关（北京《晨报》及上海《时事新报》!），鼓舞着一般青年，同时也想把握着一些青年，以期造成一种新的势力。不过他们对于新文化之努力，不完全是由于内心苦闷所发出的呼号，而有点"因缘时会"，所以在言论上是附和的，在行为上则不大敢为先驱。这不是他们有意如此，是被他们的"士大夫"集团先天条件规定得不得不如此。我自己，在本质上也不脱"士大夫"的范畴，但因禀赋着湘西人山地的强烈气质①在思想与行为上，比他们要稍前进一点。而我对教育上又有如彼的见解，则我与他们之不能永久在一起生活，是早就被决定的了。

他们当初虽不曾明白说要把中国公学作为政团的干部，但在下意识中希望要把它作为政团的基础，当是不能免的。而任何出钱出力的人必得要干其适合本愿的事业，也是普遍的心理。若果这事业干到与本愿相违的时候，第一是撤换代理人，第二是停止不干，这也是最普遍的办法。

我与梁、王两先生以至东荪先生，并无历史上的关系，不过因文

_____

① 我故乡的"山陡如鼻，水流如泻"，很与我的气性有关。

字因缘而相识，且相识的时间不久，而接触又多限于公事，在私生活之理解固然很少，思想上之理解亦不多，性行上则更大家茫然。 只因当时"他们要想办学校，我希望实行教育主张"的偶然条件下而结合，这结合只能是暂时的，因为我们最后的目的本来就相差的很远。

我在教育上的主张，虽极平常，但是有系统，在当时可称为"新"，而"新"在当时又是最能号召人的。 这种"新"教育的主张，在他们对于教育本无坚定主张的人看来，却也言之成理，实行起来当也可轰动一时，在"号召"上是有其相当效用的。 所以我最初提出主张与办法时，他们都无条件地接受。 不料未入校前，就因人事上问题碰了一壁，开学未久，又发生罢课风潮，相持至一月以上。 这在当局者未免有点灰心，但是尚有"能如所愿"的希望可以掩盖着。

"能如所愿"的内容，当然是将学校造成一个政团的根据地。 要达这目的，至少要思想统一、指挥如意，而我们却都走上相反的道路。 第一，我以教育神圣的立场去办学校，本来就不重视政团。 其他诸人各有各的理想，也未见能符合学校的当局的期望。 但仅仅这一点，当局还能容忍，因为我们都是纯洁的少年，还可以希望从种种方面融化过去统一起来。 若有敌对者加入，则当局在心理上便有异感，稍有问题便生猜疑，意见只有日趋日远。 当时的沈仲九、孙俍工，在思想上比较激进，比较倾向于国民党方面，而且几年来常有文章在《觉悟》及《星期评论》上发表，对于《学灯》当然有不满足的地方，无形中他们与学校当局立于反对地位。 在我这一方面则素来是主张人才主义，对于教员之聘请完全以能力为主，绝不问其政见与籍贯。 第一次所聘的新教员八人，除刘建阳外其余七人概不相识。 风潮后，圣陶辞职，而仲九适在沪，因无适当之人之故，几经商量，始由当局勉为聘任。 及1922年夏朱自清他去，又因无适当之继任人再聘俍工。我虽然和他们两人曾在长沙一师同事一年，但我和他们的私交并不比对其他诸人的特厚，而我的个性特强，什么事都有自己的主张，在教育上更有所谓系统的主张；他们的意见，也不见得对我有重大的影响。　实际上当时影响我最大的要推常乃德和陈兼善，因常亦有其系统的主张，而陈从生物学发表许多特殊意见都是我所赞佩的。　不过仲九的思想细密，对于事务的处理很有条理，在事务方面的建议很多（这是我自认为不及他之处，请教他的地方也比较多），旁观者看来，好像我的一切，都是仲九在作灵魂。　加以不满者之挑拨，当局者之心理也难免不满而怀疑到他们别有作用。　思想统一的希望自然而然地幻灭了。其次，则我在当时，确足称"浮薄少年"（这四字是风潮时，传单上所加全体新教员的罪名）。　所谓浮，是太求激进；所谓薄，是处事粗率。合而言之，是阅历太浅，只重理想不问实际，只顾自己前进不替别人设想，只知求速达目的而不知运用达目的之方法。　当时学校的背景我明知之，但我不顾一切，而欲以"教育家"的立场，办成一个教育乐园。　对于商科的情形，也未尝不知道，但只知努力尽量扩充中学，而不问被冷落者的反应。　有许多事，因为淞沪相去较远，接洽不便，我往往"先斩后奏"。　而道尔顿制与男女同学两事，学校当局最初都不甚赞成，但我们竟不顾一切而实行之。　因此种种，"指挥如意"一种希望又幻灭了。　这两种希望既走入幻灭之途，学校变质而将为我们尤其是看似敌党所有的疑惧之感自然随之而来（果如此是谁也不甘愿的）。　再加以：（一）我们只知道扩充中学，使学校当局置商科于不问，使商科忿恨不平；（二）改动太骤使学生感觉烦乱，且使学校常在纷扰之中。　这现象，虽然是过渡期间所应有的现象，但在旁观者看来总是不对，在有疑惧之感者看来，则更成问题，而"还政"是必然的了。

张君劢先生在梁先生的集团中是很有地位，资望亦比较的高。1922 年春他从德国归来，梁先生等拟请他任中国公学校长，而将商科改为大学。　他初返时对于此事颇热心，曾在吴淞与宝山县之间设法觅地，拟另建中学于该处而将原址改大学，因而将原来的中学部，于

1922 年秋改名中国公学附设吴淞中学，并主张将中学主任改校长。 后以经费困难，大学未及成立（1924 年曾改中国自治学院由彼任校长），中学校名虽改，但主任之名称仍未改，彼之校长，亦未正式就任而仍由东荪代理。 不过这时他们对于学校的方针又有改变，即从前注重中学，此后则注意大学，欲使中学收缩。 而事实上则因报纸及《教育杂志》道尔顿制专号之宣传，一般人却注意于中学；11 月而后，各省之来沪参观教育者大概都来吴淞参观中学，而少有问及商科者。 在事实上固予商科以种种不快，在原则上，亦与当局的本旨相悖。 且中学的行政权完全操在中学的校务会议，代理校长很少能干涉，而俨然有尾大不掉之势。 但东荪主持《时事新报》，无时间常常到校，君劢则以改大未成不愿就职。 适斯年秋其集团中之陈筑山先生由美国归来，很愿专心教育，于是以其全力用之中国公学。 他初归时任中学部的训育主任。 开学未久，东荪辞职，由他代理，仍兼中学训育主任。 但他以年龄较长（那时也还不到四十岁），经验较多，头脑又复冷静，对于一切都主稳健。 因男女同学及道尔顿制而发生许多纠纷，他颇有取消之意。 （在新学制及课程方面他也不甚赞成，不过新学制于 11 月 1 日由教育部公布，他也不便说什么。）而我们这些"自命为教育家"的"浮薄少年"则大不谓然，不过他到学校已是开学之期，一切计划与办法，我们都经决定，他也不坚持己见。 及 10 月实行道尔顿制，一部分不愿意改制的学生常向他诉说，且有许多书面，他以之转交于我，拟将道尔顿制取消。 我们当时对于道尔顿制，并无何种坚决的意见，只因学科制上种种困难无法解决，道尔顿制似乎能解决我们一部分困难，所以于 1922 年 8 月 31 日、9 月 27 日经两度校务会议决，决定采用；但为审慎计，最初只拣国语及社会常识试行。 试行过三个月之后，我们觉得班级教学与道尔顿制同时采用，仍有许多不能解决之问题，且不能判断道尔顿制之优劣。 乃于 10 月 30 日、1923 年 1 月 10 日两度校务会议上决定下学期各科概用道尔顿制，拟经过一学期后再看成绩如何，以定取舍。 这决议虽以大多数通过，但筑山不赞成亦不反对。 因职权关系，1月10日决议之招生广告仍送其核阅，广告中有"全部功课改行道尔顿制"之语，彼亦未删去，只请东荪与我交涉。 其时东荪已退居校董，依理不便直接干预学校行政，但以他与我的个人关系乃于1923年1月17日由他约我及常乃德（时任教务主任）谈话，以外界及学生反对为言，要我们将决议取消。 这在我们是一件"无法两全"的事： 因为校务会议有一定的规程，此规程规定会议取决多数，既经通过，我们在职权上无法取消；即使复议，在当时的情形之下，已投赞成票，绝不会改投反对票，就是我个人也不愿意如此。 而在私交上我不能置东荪之意愿于不顾。 经过考虑之后，我仍主持原议而向东荪及筑山开谈判。 面谈不已，复作长函辩论。 并于18日决定辞职，19日召开临时校务会议，宣布去职。

　　辞职本是个人的自由，问题本至简单，但当时教员因为都在校务会议中签过字，依法应与我负连带责任，而且在私交上也相当的厚，纵不与我连带而去，亦当不许我去。 而学生中因相处一年半，也有大部分是与我表同情，小部分是绝对不愿我去的。 这问题不但东荪们视为严重，即我亦大费考虑。 因我自幼受宋学家之影响，做事素主光明磊落，意见不合，尽可争论，如能合则往事成过去，不能合则去而已，绝不许因我之去而发生纠纷，以贻累我之光明磊落的态度。 经过多日的安排，结果是一次会议、一场演说、一夕话别而安然无事而去。

　　教部令苏教育会组织新学制课程标准起草委员会，于12月初在南京开会，我曾出席。 我与东荪等争论道尔顿制问题，是我从南京回来以后的事。 因为1月要招生，我根据校务会议之决议拟定广告稿送往《时事新报》登载。 其中有"本校明年起各科教授均采用道尔顿制"字样，该稿于1923年1月1日起照常登载，至19日则少去这一句话，同事看见了来询问我，我不知道。 但想到当系东荪抽出的，第三天证实了，而我与他们的谈判情形以及我辞职的决定也不得不泄露出来。于是教师及学生都起了一种不安，慢慢地由谈论而有酿成骚动的形势。 而学期尚未结束，绝不能掩饰下去。 我乃于19日下午4时召集校务会议，请全体同事出席(筑山亦以训育股主任资格出席)，宣布我对于学校行政职务之厌恶而要去职，且声明以后将专门以教书著述为业，绝不再任学校行政职务(此项确系本愿,自此而后确未再在学校任行政职务)，更捏称我此前去南京时曾在南京觅有教职，聘约已经接收，住所亦于最近经由友人代为定好，故不得不早离此间。 这中间自然有些挽留之辞，筑山之表示更亲切，不过事先我已将这种情形告知一群"浮薄少年"，他们明知道事实上也不能再留，且经预定由仲九发言尊重我的意志，听我去职。 移交的问题最简单，即指定教务股主任接受。 而常君表示与我负连带责任，也同时与我宣布去职(女生指导员陶斯咏及国文教员孙俍工亦同时辞职)。 20日我乃向代理校长正式提出辞职书。 这一步法律手续已算完成。

十六、话　别

当时学校的风潮最多，因主要人员更动而起的风潮更多。 校务会议上如此安静，深恐有人以为后面有大文章而有所不安。 故于送交辞职书时，即向筑山恳切说明我平素处事的态度，且告以在福湘女学的往事。 对于教员、学生我均绝对负完全责任，并赴沪访东荪，告以种种经过，以"已成事实"为言，使他不再挽留。 同时则命家人收拾行李，准备离淞。 第三日为周会期，趁全体学生——且约教员全体出席——集合在一起时，宣布我上述的志愿，很诚恳地和他们说明我平素做人处事的态度，且勉励他们照着去作，令其安心求学，绝对不可妄有闲言，有所乱动，以贻我人格上以污点。 这一席话，讲了一时余，有少数激烈而同情于我且主张行道尔顿的，怕我去后，教员同去，回复班级制者(大抵为优秀分子,以道尔顿制可自由阅览,可多得教师指导)曾发言挽留，且有侵及筑山者。　我为之一一解释。　最后复由仲九说明"我志已决"及"爱人以德"之种种，也就安静下去了。　周会之后，我仍照常办事，但未到学期终了，我即去宁。　——我对于教育的疑问也更多，而欲从历史中求得答案之潜意识又抬头。

　　我当时决定去宁，并无职业，当时的志愿是专心著述：因1922年秋，我曾认识中华书局的总经理陆费伯鸿先生，在著述上稍有一点办法。　而南京的古老城池及自然环境又为我所酷爱，生活程度低廉，比较容易维持，所以拣定它。　我之所以要于宣布辞职后即行去宁者，一为便利学校下年各事的准备(不论人事上的变动或行政与事务上的改变,都可不因我在那里而碍手碍脚);一欲避免各方面以我为主题，而引起纠纷，有累"盛德"，有一部分平素与我相处较好的学生于知道我行期的前一夜，曾举行一个秘密送别会。　其原因是有一部分人那时仍然"以小人之腹度君子之心"，恐怕我利用学生捣乱，而另有组织。公开集会，参加的分子必杂，很容易引起问题。　其次是他们要真情地话别，要无挂无碍地说话，不愿意不相干之人参加。　主持这秘密送别会的首领是吴克刚，参加的人不过四五十，是在夜间一间大教室举行的(教员也由他们邀请参加)。　我们在这间教室里"自由谈话，随意用点"，一直到电灯熄灭时，方各从黑暗中摸回各人的住处(该校系自己发电,夜间到10时就停发)。　这一次我们无所不谈，绝无畛域。　对于各人的前途互相勉励之处尤多。　虽然只有两三小时的聚会，但使我感到人类互相了解的必要与伟大。　我们曾说：在学校相处年余，只有这短时间所过的生活是真正的人的生活。　我至今犹能忆得当时的情景，其所给予我的印象与福湘女学的送别会的有同样的深刻而真挚。

　　我在吴淞一年半，因为年少而浮薄，处事无方，不独平静的中国公学，被激成了许多风潮，且激动全国的教育界。　不过这一年半中，在个人生活却得着很多的益处。　概括的讲来，第一是海阔天空的海滨，那水天一色的大自然，常使我感觉个己的渺小而无形将胸怀扩大。　第二是东荪的信任，使我有磨炼学校行政及实行教育主张的机会。　第三是一群"浮薄少年"的友谊，使我尝着"志同道合"的生活滋味。　第四是一群纯洁青年的信赖，使我感到教育力量的伟大。　第五是同事们的学术气氛和上海出版物的便利，使我在学问上有多方的接触，眼界扩大，努力加强。　第六是北方一行，使我于多明白些当时实际的教育情形，致见解渐趋实际而外，在环境方面，使我能见南北两京历史的伟迹与地面之寥廓；在人物方面，使我得见我久所仰慕的梁任公先生并结识了教育界的许多人——张伯苓、张敬虞、凌冰、胡石青、传种孙、张耀翔、朱经农、瞿世英、徐六几、郭梦良、胡善恒、罗敦伟、耿济之、王克仁、邰爽秋、陶知行、廖世承、王衍康、陆殿扬、俞子夷、杨文伟等二十余人，均于那次初晤。　第七是使我有机会结识了陆费伯鸿先生，使我以后之著述生活，因他的助力而获实现。此外还有一宗收获是 1922 年 9 月 1 日添了一个女儿泽淞。

第九章 暑校讲师

一、东大附中

1923 年 2 月 11 日，我举家从吴淞移居南京，到下关码头来接我们的是王克仁先生，房屋的事情是他预为料理的。 而进屋时要付两个月押租八十元，付不出也是他的夫人黄淑班女士以首饰押出钱来借给我的。

我在吴淞虽然有月薪百元，并由学校供给住所，且由卖文所得的收入，平均可达薪金之半，收入亦不算少。 但上海的生活较昂，我以地位关系，应酬又比较得多，而购书便利，卖文所入，用之于购书还不敷，所以平时只可糊口；要移家，便只能勉筹路费而无余力交押租了。 但去南京以后的经常生活，我却有预算和准备： 因为南京在那时的生活极廉，王君替我代租三开间的三进房屋，每月不过四十元，我一家只需后进的三间，前两进出租可收三十元，则房租只需十元。 米只五六元一石，人工菜蔬均甚贱，一家四口每月生活必需之资，四十元便已足够。 而我在临行之前，陆费伯鸿先生要我入中华书局为之主持编中学教科书，我以厌恶上海不允，他乃请我编《初中公民课本》一部，稿费三百元，每月预付五十元， 是必需费已有着。 同时我有稿件，中华书局还可以收印。 照我的预计，完成"初中公民"的时间，不过一个月，尽有时间写其他的东西。 以后的生活当然也有着落。 而东南大学及金陵大学均有较完备的图书馆,于学问研究颇多便利,在参考书籍上亦可省去一些钱,所以就生活与环境说,南京实是我最理想的住处。 我当时不仅为临时的移居,且有终老南京的意愿。

东大附中本有计划准备 1923 年春实验道尔顿制,王君又在那里任教,他的年龄和我差不多,也是山岭之地的热血人(他是贵州人),虽然我们相识不过一年余,但因为都是所谓"教育家",很有集天下英杰于一堂而创造一块新天地的志愿。 他知道我要去南京,便向附中主任廖世承博士建议,聘请我主持实验的事情。 而当时孙俍工以系湖南人之故,且文学家的气味又重,吴淞中学成了问题,他在情感上绝不能再干下去,必得与我同去。 适附中正缺国文教员,所以也把他聘去。不过我立誓不再干学校行政,且与陆费伯鸿有约,要给中华编书,并要整理积稿,故未应聘;最后因着廖等的盛情难却,而允任研究股主任,不管行政事务,但每日只去半天,薪水亦只受五十元。 适江苏省立一中实行新学制,高中有添设之人生哲学一科,本为李石岑教授,1923 年春李他去,欲请我继任,于是每周又以两个下午在该校教课。其他中等学校也有以教课相邀者,为要研究学问——我本预备研究近代中国教育史,但以教课及道尔顿制忙,终于未能实行,不过在各地参观及讲演注意搜集史料耳——则概不接受。

1921 年以后,各省教育经费多不能照常发放,教育界的欠薪问题,几于无处不有, 北京政府亦复如此。 1921 年 11 月 14 日,教育部因欠薪而停止办公,1923 年 4 月 13 日教部部员且与北京国立八校教职员联合向教育部长索薪。 江苏教育界的经费比较安定,国立东南大学以设在江苏,应有经费亦经苏督齐燮元于国库项下扣出照发,且斥私资以其父之名义在东大建孟芳图书馆。 而东大校长郭秉文博士又能与各方联络,任职颇久,故学校甚为安静,一切建设颇能照着计划进行。 所以附中的情形也比较一般学校来得静穆。

东大的前身本是南京高等师范。"五四"而后，各种专门学校"改大"之风甚盛，南高亦要求改大，不过江苏教育界之一部分人主张另设东南大学，而使高师独立，但以经费、人才、校址之困难乃议将南高改组为东大，故 1922 年夏是东南大学与南京高师两名并立，而附中亦名东南大学南京高师附属中学。 1922 年秋，南京高师并入东大，于是附中亦更名为东大附中。 因为东大是从高师而来，所以它有教育科，有附属中小学，而教育科因学校历史及社会需要的关系，在国内很负盛名，其附属中小学之种种设施尤能影响全国。

附中之实验道尔顿制是由学校当局本科学的方法，采用比较制，拟定计划，按照计划准备一切逐步实施。 此计划比较精密，可为各种教育方法实验的参考，兹录如下：

实验道尔顿制计划

一、问题做一种比较的实验（Control experiment），将智力和学力相等的学生生，分成两组。一用道尔顿制，一不用道尔顿制；比较两组成绩的高下。

二、准备时期的历程

甲、手续上的准备：

1. 选定教师。

2. 决定实验班次。

3. 大体的讨论。

4. 细密的讨论：

（a）组织问题。

（b）指定功课的原则。

5. 分科讨论：（a）国文，（b）英文，（c）数学，（d）理科，（e）史地。

6. 讨论其他特殊问题。

7. 预试。（在筹备时期内，先做一个假试验。）

8. 筹备作业室。

乙、工具上的准备：

1. 编制表格。

2. 搜集各科教材。

3. 编印学生须知。

4. 预备作业室用具（书籍、桌椅、表簿）。

5. 编制各科作业纲要。

6. 编制各项应用的测验。

7. 求各种测验的标准。

8. 搜集已有标准的测验材料。

三、实验时期的历程

甲、实行分组（在举行实验的学期开始时）：

1. 用各种测验试验两班指定的学生。

2. 各种测验分数，均化为 T 分数。

3. 求各个人智力 T 分数与教育 T 分数的平均数。

4. 依据平均 T 分数，分学生为同等能力的两组。

乙、实行试验：

1. 除两组所用教学方法不同以外，其他情形，能愈少差异愈妙。

2. 保存两组学生自然的态度与兴味，勿引起学生与实验冲突的动机。

丙、比较结果：

1. 重行测验两组学生（在举行实验的学期终了时）。

2. 核算各个人进步的数量。

3. 核算每组进步的平均数和每种测验进步的平均数。

4. 核算实验系数（Experiment Coefficient）。

丁、征集意见：

1. 调查教师的意见。

2. 调查学生的意见。

戊、报告结果。

我不能担任初中的教科，道尔顿制的实验，在行政上既有主任负责，在功课上又有各科教员负责，我不过于大家开会时出席参加讨论而已。 学校的种种记录虽照常送入研究股，但廖主任为中等教育专家，处事又甚精细，所定办法比较妥善，我也看不出什么问题。 偶有我视为问题者，在各种会议中提出，经过一番讨论也很容易解决，而且大家通力合作，实行起来也很易收效。 所以我的半天时间对于学校倒不曾忙些什么，只在参观季节(上年在春假后，下年在中秋后)向参观者说话忙而已。 道尔顿制实验，则于 1924 年夏结束，廖博士有实验报告一册，在商务出版。 其结论是道尔顿制并不优于年级制。

1923 年夏季的某日，我走出研究室，看见两位学生在争论，态度很不好。 我召他们进室，以友谊的关系(因为我不管学校行政)和他们谈谈，实是因为一句话的误会而两不相下。 谈清楚了，两人都觉难为情。 忽然联想到青年在学业、职业及生活态度上的修养问题。 经过几次思虑，拟定许多纲目，而请学校在较高之年级中，添设青年修养课程，当局允之，我乃每周教课数小时(1924 年春兼教人生哲学)，专与学生讨论青年各方面的问题。 在人生哲学学程中亦将人生之修养列为专章，同时讲授。

自 1923 年春至 1924 年夏之一年半间，虽在南京担任两个中学校教职，但只是纯粹的教书和研究，既不负行政责任，对于学校自无所谓主张。 而两校又极静穆，我的时间，又大半用之于编著方面，所以在生活上是很平静的(在家庭方面也很平静，只于 1923 年冬至生一男孩泽宁)，不过在另一方面，我却为着道尔顿制讲演忙。

二、讲演忙

　　当时教育上之各种新学说与新方法的介绍，也如政治上、经济上之各种主义一般，只要一有发现，便介绍进来。 介绍者并对于所介绍的东西每每出于一时之偶然，而社会上则往往发生甚大之反应及影响——实是由于当时国人精神上的饥渴太甚。"五四"以后，民治主义的教育思想固已弥漫中国，设计教学法之试行，亦通行于著名小学校；中学方面，虽一般著名学校竞相试行新学制，但在教学方面设计教学不甚适宜，而旧教学法之"不能满意"又是多数中学教师的共通意念。 道尔顿制传到中国以后，既有吴淞中学的试行，《教育杂志》的提倡，再加以东大附中的实验，于是全国风动，教育刊物之论文几以道尔顿制为主题，各地中学校多有准备试行，而小学之试行者已不在少数。 全国教联会有新制中学师范试行道尔顿制之决议，有些学校的招生广告，且有以行道尔顿制为号召者。 全国教育界对于道尔顿制好似中了魔一般地闹个不休。 我以"首行道尔顿制"者的资格，各地通函及面询道尔顿制者几于日不暇给。 斯年东大暑期学校，设道尔顿制学程，选课者达一百三十五人。 人数之多，为全校所有学程之冠。以至普通教室坐不下，在大厅授课（选课者之籍贯达十二省，而以奉天为最多，占五十三人）。 暑校上课四星期而外，且应上海、白马湖、武进、宜兴、武昌、长沙之聘，并有若干地方约请而以时间无法支配而却之者。 总计四十余日之间，历地四省（江、浙、鄂、湘），讲演数十次，听众千余人。 这样的忙法，是我有生以来所未有。 可是在实际，各地之约我讲演，大半是赶时髦，慕虚名，而我之应约，却是碍于情面的差事，有苦说不出。 暑校以后的二十余日之间，虽然赚得数百元的程仪，但是掩不着我的满腹牢骚。 8月底由湘返宁而后，我在《中华教育界》发表一篇《于人无益，于己有损》的教育日记，对于当时暑校的主持人、讲演者、听讲者大开教训。 这篇日记，虽然有点牢骚，但却是当时的实情，可作史料看，所以录在下面：

一、主持人

暑期学校之目的原在利用休假的时间补充乡间教师的教学方法与教育理论。方法有许多是机械的，并且非实际示之模范不可，绝非三数小时所能讲了。因此在暑假之短时间中，绝不能贪多务博，样样讲到。只宜择其地方上所需要之方法，先期延请对于某方法有实际经验者，作长期之指导，实在办一某方法之学校，务使学者切实了解且能应用而后已。每一暑假能灌输一种新方法，为益已经不少。若徒慕虚名，什么都讲一点，结果，不仅什么不懂，而且发生误解之后，地方及方法的本身都受恶影响。关于理论方面，亦宜先期延请一人作系统的讲演，不要今日张某，明日李某，因为讲演者对于教育各有他的见解，若杂然并陈，意见冲突，听者反至无所适从。至于名人讲演，只看机会若何，却不必强请，因为时下所谓名人者都忙不了，各处讲演，亦系一种不得已的应酬，为时间所迫，一到即讲，讲了即走，听者之程度事前固不曾调查，听者之问题，讲后亦无暇答复。还有所谓学者，其学力虽不足以与欧洲之学者并驾齐驱，但平日却有他的专门研究，若听者对于某种学问无基本常识，讲起来名词还解释不了，更谈不到内容。所以现在最流行之名人讲演、学者讲演，大半只能使听者瞻望颜色而已，甚至以名词的误解，反发生许多弊害。故我劝以后在各县主持暑校的人，千万不要务虚名，应当切实从实际上做功夫。至于招待讲员，不要过于客气，弄得酒肉征逐，应酬不暇；也不必时时奉陪，勉强作无谓之客谈，因为暑中最易生病，饮食过多，疲劳过甚，都是致病之由。在主人以为客气，受之者却已吃亏不小。所以我常告主持人，于讲员到时，派人到码头一接，免来者吃苦；既到后，只要将听讲者之程度及希望他注意之事告之;此外预备一间清静的房间、一个灵敏的工人,不必时时有人陪着,使讲者疲于应酬,无暇预备。这虽小事,却值得主持人大大的注意。

二、讲演者

近来时行的学者,每到暑假便格外的忙,今日东处讲演,明日西处讲演。暑中奔波,苦则苦矣,但效果却是很少。讲演者之四处奔走,也不尽是情愿去干的,只是碍于情面,答应了东处,不得不答应西处,于是弄得暑中无一日闲。我以为果要讲学,要把面子问题丢开,只问到某处讲演几次,到底对于那地方上有什么益处。若自己平日研究的不是短时间所能讲了的,或非事先有预备的人所能听懂的,便毅然不去,以免由误会而发生弊害。

三、听讲者

现在有许多听讲者,听某种讲演,事前并无预备,甚且连所欲听之学程的名目还未闻知,而挟一种极大的欲望,想在二三小时内完全用耳学得某科,世界上何尝有这样容易的事! 等到听的时候,内容不懂,于是大失所望,反而归罪于主持人或讲演者,甚且永不再进暑期学校。这种因噎废食的现象,我所看见的不在少数。其实讲演者、主持人,固常负责,听讲者自身又何尝不当负一大部分责任。我以为要于暑校学习某学程,某学程的基本著作,期前应当看过,一切名词的含义应当懂得。听讲时只可作进一步的研究,而提出问题与讲演者讨论,所得的益处较多。若事前毫无预备,加以语言隔阂,名为听讲,其实只是自讨苦吃而已,何不在家中歇暑!

三、参观中等教育

这一度的讲演生活，使我对于实际的教育情形多了解一些，而研究实际教育问题的志趣也更浓。　因为我在中等教育界服务的时间较长，经验较多，因而研究中等教育实际问题的决意也更大。　1921年秋以前，我在长沙任职，对于湖南教育界的情形比较的熟悉。　十年秋去北方一行，对于北方的情形也略有所知。　在江浙虽也曾在许多暑期学校讲演过，但与中等教育界的接触很少，而长江流域的各省(尤其是江、浙)在当时是教育文化界的领袖，所以我抱着一个很大的决心，要先将长江流域各省的中等教育的情形切实考察一番，再到西南及关外各省去。　所以在1923年冬，函达中华职业教育社的主持人黄任之(炎培)先生，告以我的志愿，而愿去各省教书，不过每省的期间，至多以一年为限。　1924年春我并决定自费去江、浙各地调查，对于准备调查表格预定参观程序及学校数目等经长期的准备，而于4月初将学校功课结束出发，赴芜湖、安庆、宁波、白马湖、绍兴、杭州、嘉兴、上海、浦东、吴淞、徐州。　在两个多月的时间中，走了十一处地方，每处至少住三日，多则一星期。　每到一处，均不先行通知，只照预定计划临时参观若干学校，目的是要被参观的学校，不要有事先准备，而可以看到一点实际真相。　我预定所要参观的学校，大概是公立、私立及教会学校平均分配，而各种学校之中如有多校则各拣最好、最坏的一校以为代表。　综计实际参观的日期是四十九日，参观的学校三十五校(初定每日参观一校，但事实上未能如愿)。　6月底返宁，本拟将参观经过整理发表，但以暑假应湘政府暑期学校之聘去长沙授课。　课毕回故乡一次，及返宁已是9月中，而连得成都高师电促，又于10月半赴川。　此项参观记，遂永久不曾整理发表。

四、教育问题

在当时因为道尔顿制的关系，我差不多成为"教育名流"之一，在各处参观得着许多便利(因为系私人行动,学校能以较真实的事象相示)。 而邀请讲演则为各校共同的要求，应付颇为困难,不过趁此机会，得与各地教育界自由讨论，发现许多新问题，对于我是很有益的。 问题的种类大概有如下述:

(一)中学生出路问题。

中学生的出路问题，我早已感到。 数年来我主张中学教育升学预备与职业预备兼顾就是以此问题为背景。 在当时的教育统计上，中学生不能升学的有百分之七十七，数字上已属可惊。 此百分之七十七的学生必得就业，而因在校无职业训练之故，就是得业，也每与社会格格不入而不能乐业。 此现象我平素也知道，但经此次与各中学主持人接触，则更感得严重。 因为这些主持人，没有一位不是为学生的出路问题所苦闷，而想不出办法，甚且对于自己所办的事也发生了疑问。记得绍兴浙江第五中学的方校长对我说:"每逢暑假学生毕业之时，我便极度不安。 学生们在校读了几年书，费了国家、社会、家庭的许多钱，我们作教师的也费去许多精力。 他们离开学校，除去少数能侥幸考取学校升学而外，其余到社会上去做什么，他们又能做什么，有时内心感到苦痛不可名言，而反问着中学教育到底是为什么的，连自己也答不来。 这样地办学校，未免太无聊。"我对他所说的，不独深表同情，而且推想到教育制度与社会不相应的种种问题上去了。

(二)教师进修问题。

当时的教师，对于功课大多是抱残守缺、对本宣科。 教育上的一般问题固然少加研究，就是对于其所教之科目亦少深加研究。 所以孟禄与推士到中国调查教育，均谓中学教育成绩最差。 我在参观期中所接触过的教师总在五百人以上，与他们泛泛谈论，每觉其常识的范围太狭，而图书仪器的设备简陋，更为我所不满意。　我曾研究其原因，以为一方面是由教育行政当局不重视设备，而以教科书为教育之全体；一方面则由教师少研究的习惯，不肯自求进步。　这情形我在长沙时便知道，但以为是局部的现象，此次则发见其为普遍的现象，而感到教师进修是中等教育的严重问题，而益信孟禄与推士对于中国中等教育之批评为不错。

（三）教育商品化问题。

在南京看见某未立案之某私立大学的附属中学（实在并无大学）常常在报纸发表新闻，说是试行道尔顿制，并出专刊。　我亲去参观，则校舍借用旧祠堂，光线不合不必说，教具只有桌椅，书籍杂志值不到二十元，而图书室只能容二十人。　道尔顿制最重要的分科作业室无有，仪器更全无，我不禁为之骇然。　又在上海看见某新进大学的章程，说实行学分制，而下学分的定义为"以每学生每周上课及自修合两小时历时半年者为一学分"，规定大学每半年至少十二分学分，四年毕业，高中每半年至少十四学分，三年毕业，而均无毕业应习之总学分数。　初中又规定每周三十三及三十四小时。　是根本连学分制的意义都不懂。　及去该校一看，虽是一座两间的衖堂房子，但所谓校长者固赫赫有名之大政治家。　与之谈教育则莫名所以，又不禁骇然。　我于此两事之印象甚深，而感到资本主义社会下的教育，也和其他商品一样而有冒牌。　我本不满意于教师向学生平等收费出售知识，学生向学校纳费购买知识的商业行为，至此更深恶其欺诈行为，而对于现行教育制度更为怀疑。

（四）教会教育问题。

我在福湘女学任职一年半，且曾看过长沙的一些教会学校，对于教会学校的情形当然知道许多。　此次参观十一个教会中学，则更发见其课程各自为政，不遵部章，不合社会需要，教育行政另有系统，不受教部统制，觉得教会教育不只是教育问题，而为国家主权问题。 故于赴川的途中曾写一长文，题为《收回教会中学问题》，述此次参观之情形甚详，以期唤起国人之注意（原文收入《教育丛稿》第一集中）。 此后写过一本收回"教育权运动"的专书，也以此次参观之感应为动机。

（五）教育目的问题。

为着中学生的出路问题，我追究到中学教育目的，看到各地教育盲目采用方法，以至冒用新方法之名，以为号召的工具。 这使我一方面感到方法之被人利用而不愉快，一方面则感到全部的教育目的问题更重于教育方法问题。 同时在南京一年余接触过许多教育专家，尤其留美回国的教育专家，大部分都是侧重教育方法（那时除学分制、设计教学法、道尔顿制外，一般人最重视测验与统计），对于国内的社会经济情形、政治制度与教育的关系很少有人研究，于教育史亦不重视（新学制师范课程无教育史）。 我觉到这些问题，实比方法问题重要，而要厘定教育目的则先应从上述的两事着手。 当时既无人注意于此，我很有"义不容辞"之感。 1925 年以后，我绝对不谈教育方法而专门研究近代中国教育史，就是要从教育的发展史中，寻求其与社会有关的可资鉴戒的陈迹，以为建设新教育的指针。 对于教育方法，则进而注重于比较的研究，不欲为实行的提倡——1924 年在湖南暑校，即并设现代教育方法与道尔顿制两学程。 前者包含当时欧美教育界流行之各种方法。

（六）教育独立问题。

我从封建社会出身，少年时又受些宋学的影响，数千年来尊师重道的传统思想，当然要影响到我的教育观念；再加以在常德二师和岳麓高师所受教育学课程，都是些"教育至上"的理论，于是我十余年来都把教育看作万能的、神圣的。 而 1920 年以来，因教育经费积欠甚多，教职员每至无以为生，1920 年教联会决议教育经费独立，而 1920 年至 1923 年之间以南北政府问题，及宗教问题在教育上引起种种纠纷，于是再进一步而有教育脱离政治、宗教而完全独立(在理论上以蔡元培为最著，方法则以周太玄为最详)，从我的思想历程上，当然是赞成此议的。　不过经过长沙省立学校校长与政府共进退的实际经验，对于教育能否独立便有点怀疑，再经此次参观，觉得江浙教育界的安定，是由于政治比较安定(江苏为最，公校校长有自民元任职从未变动者)。　安徽的情形就大不相同，而教会教育更另成系统，又须受另一种势力的支配。　则事实明白告诉我教育是不能独立的。　同时更从许多事实中发现教育界之不清高、不神圣与其他各界没有什么不同。　因而教育神圣、清高、独立的观念都根本发生摇动。　再以 1925 年在成都所得的事实上之教训，及 1925 年后对于社会科学之涉猎，于是我的教育观念大变。

　　以上的六个问题，不过是当时的事实引导我不得不去追研的开端。　再由这种事实与我个人幼年所受的教育熏陶，于是我对于整个的现行制度发生疑问，而对于教育的研究更有兴趣，研究的范围也由教育方法而推广到教育全体，更由教育而扩展到社会、政治、经济的各方面了。　这是 1923 年至 1924 年夏我在南京关于教育方面的生活概略。　以下略述其他方面的生活情形。

五、舒适的生活

　　当时南京的环境，可说是我有生以来最羡慕、最能使我愉快的。它那城乡兼备的优点，不独纯都市所望尘莫及，就是离都市稍远的吴淞与岳麓山亦远不能及。　因为吴淞虽然离上海较远，但一切都得受上海的影响，只能看作上海延长的郊外，其本质仍与上海无异。　岳麓山则为纯粹的乡村，虽然静穆，但城市中便利不易得到。　南京在当时是一座古老大城，一般城市中所有的便利它都有。普通日用品固然可以随时购买得着，就是稍专门的外国书，也可由北门桥的伊文思购得。在交通方面也很便利，虽然没有高速度的交通工具如汽车、电车之类，但是有小火车、马车、人力车、驴子。而城内的空旷，更是任何城市所没有。从下关到鼓楼的十余里，不过三牌楼有数十户的小市集，其余散在路旁的住户也不过数十户。鼓楼的两旁有金陵大学及东南大学，两大学之中有北门桥的市集，但也不过数百户，散居在附近的居民也不过千数户。再过去五六里便是花牌楼，算是南京商业区，但也不过千数户；再南便是靠秦淮河的夫子庙，为南京游乐场所，但仍不过千数户。以周围一百公里，面积六百六十平方公里的大城，只有十五万人散居其中，真是空旷得比乡村还要空旷。而城内外可游之地又特别多，如北城的玄武湖，东大附近的鸡鸣寺，东大的农场，南城的秦淮河、莫愁湖，城西的古林寺、扫叶楼，城东的狮子山和东城外的明陵紫金山，稍远的燕子矶、汤山等处，每处都可流连。而马车一日之费不过两元余，一家四五口，雇一辆马车，作竟日之游，连车费、饮食，五元已足，在生活是够低廉了。而最难得的，是那种优游自在之风。本地人的生活固然是保持着农村的旧习惯，于早起上茶馆谈天，下午入澡堂，过所谓"皮包水，水包皮"的生活。就是外来的客家，也因生活优裕而无都市紧张的气象。朋友们于职务之余集在一家随便谈天，随便吃饭，大有农家风味，绝少如都市的人的说不到三句话便把表掏出来看看的情形。至于暇日之结队漫游更是常事。我在那一年半中因要游玩而学会了照相，因要照相而更多游玩。脑力与筋肉劳动互相调剂，不独精神很愉快，身体也很健康。所以我认为当时的南京是著述最适宜的地方，而有终老于斯之志。

南京的自然环境既如此之优美，精神环境方面也不坏。我住在莲花桥，离东大及金大都不远。这两大学的图书馆的藏书相当的丰富（金大的杂志与中国志书尤多），大可以供参考。在人的方面，当时有

名的教育家多在东大任教，过往也很容易。 而东大附中的一批教员如
王克仁、邰爽秋、李儒勉、穆济波、孙俍工、倪文宙、韦润珊、吴俊
升、汪桂荣、杨效春、曹刍等，均属少年，颇多意气相投而常相过
从，故在精神生活上也很快愉。 就教师的生活讲，这一年半中，可称
最平静而安舒的时期了。

六、少年中国学会

　　此外还有一个团体，在我当时的生活上很发生些影响，不可不为
述及，那就是少年中国学会。

　　少年中国学会是 1918 年 6 月 30 日由王光祈、陈济、张尚龄、周无
（太玄）、曾琦、雷宝菁、李大钊七人在北京发起，经过一年之筹备，
至 1919 年 7 月 1 日始在北京开成立大会，其时会员七十四人，大半为
求学国内外及从事文化事业之青年。 （据该会周年纪念册所载，此七十
四人之分布计留学法国者九人，留德者四人，留日者七人，留英、美者各
一人，在北京求学及从事教育编译事业者十五人，在南京求学及从事教
育事业者十二人，在南洋从事教育及新闻事业者二人，在上海求学及从
事新闻编译事业者四人，在成都求学及从事教育新闻事业者四人。散居
武昌、长沙、天津、济南、福建、浙江、奉天、西安、广州各处从事工业、新闻
事业等等者十五人。）

　　学会规约七十条，于开成立会时公布。 第二条规定学会宗旨为
"本科学的精神为社会的活动，以创造'少年中国'。"第三条规定学
会信条为"一、奋斗，二、实践，三、坚忍，四、俭朴。"对于征求会
员规定三条标准："（一）纯洁，（二）奋斗，（三）对于本会表示充分同
情。"并附以说明：谓会员"须具备以上三项条件，缺一不可。 凡思
想龌龊，行为卑鄙之人，本会认为根本已坏，不能救药。 换言之，即
不适于本会所谓纯洁之标准。 奋斗有二义，（一）学术上之奋斗，

(二)事业上之奋斗。 本会认为凡能奋斗之人，无论其为学术或事业，将来皆必有成就。 故本会取人以奋斗为标准，而不以智识为标准。 ……若夫消极之士，无论其如何纯洁，皆勿介绍入会。 吾人对之只有攻击而已。 盖吾国民族之所以堕落，外奸内贼之所以猖獗，皆此辈消极之士之'不作为'之罪也，……既纯洁矣，既奋斗矣，然对于本会并不表示充分同情，若吾人强邀其入会，彼对于会事在若有若无之间，吾会何必多此一位不热心之会员。"同时并规定会员入会者，除须有会员五人之介绍外，并须经评议会通过。 因此种种限制，所以自1919 年成立至1925 年停止，所有会员不过百零数人。 此百零数人，在当时可称全国有志青年之一种大结合，在学术上颇具一种势力，此后在国内政治学术事业上虽然各人所走的道路不一，甚且有绝对相反者，但大半都有所建白。 自1925 年秋无形停顿后，此会已不复存在，唯其中之大半，都与我的思想、学业、生活有直接或间接的影响，所以我乘此机会，按照1925 年1 月出版之《少年中国》月刊第四卷第九期会员录所载之姓名录此，以志纪念。 该录共载九十五人，计周太玄、李劼人、周晓和、何鲁之、李璜、许德珩、陈寅恪、曾琦、胡助、赵世炎、汪奠基、王光祈、张梦九、宗白华、魏嗣銮、沈怡、汤汉腾、杨钟健、余家菊、徐彦之、陈宝锷、周炳珊、方东美、刘牙如、王崇植、赵崇鼎、康洪章、孟寿椿、张闻天、郝坤巽、康纪鸿、童启泰、杨亮工、须恺、袁同礼、吴保丰、邰爽秋、王克仁、郑伯奇、周佛海、沈懋德、李初梨、苏甲荣、黄日葵、李守常(大钊)、陈仲瑜、章志、高尚德、黄公觉、刘拓、刘云汉、雷国能、舒新城、李儒勉、穆济波、杨效春、曹刍、倪文宙、吴俊升、段子燮、陈启天、蒋锡吕、沈昌、黄仲苏、谢循初、唐毅、卢作孚、张明纲、彭云生、孙少荆、刘泗英、李饶舫、鄢褆祥、邓仲澥、刘仁静、沈泽民、恽代英、杨贤江、常道直、左舜生、田汉、梁绍文、涂九衢、金海观、恽震、朱自清、侯绍裘、朱镜宙、雷宝华、赵世炯、芮学曾、赵寿人、阮真、毛泽东、葛澧。

少年中国学会正式成立于 1919 年 7 月，其时正值"五四"运动之后，一般青年对于国事都抱着很大的热忱，但见着现实政治的黑暗，都不愿把纯洁的心灵投入污浊的军政界，而愿"本科学的精神为社会的活动以创造少年的中国"。 其入手的工具是发行刊物，编译丛书以介绍学术，唤醒民众。 所以于 1919 年 7 月 15 日创刊《少年中国》月刊，标明注重：（一）文化运动，（二）阐发学理，（三）纯粹科学。 于 1920 年 1 月 1 日创刊《少年世界》，注重：（一）实际调查，（二）叙述事实，（三）应用科学。（《少年中国》最初发行时，为表示学会与会员之独立与奋斗精神起见，概由会员出资印行，绝不向外募款。发刊四期销售达五千以上，乃归亚东图书馆发行。1923 年 3 月改由中华书局发行，至 1925 年 5 月出完第四卷而停刊。《少年世界》则只出一卷。）

这两种刊物的内容虽各有偏重，但对于当时的社会问题，都很注意（《少年中国》出有诗学研究号、宗教问题号，《少年世界》出有妇女号、日本号各两册）。 执笔者都是纯洁少年，本其对于国家社会之热诚，发表真挚的言论，而《少年中国》各会员的通讯尤多，关于如何建设少年中国之文尤多。 我在长沙即是此两种刊物的热心读者，每期寄到，均从头至尾详细阅过，而《少年中国》第一卷第二期王光祈的《少年中国之创造》一文中，谓"'少年中国'的少年是要有创造的、社会的、科学的生活。（二）实现'少年中国主义'的方法，简单说起来要由我们一般青年与一般平民——劳、农两界——打成一气，且为一种青年的国际运动；分析说起来，就是(a)教育事业，(b)出版事业，(c)新闻事业，(d)改造个人生活"的一段话，正合我当时所谓文人本分的思路。 该刊第二卷第二期发表恽代英《怎样创造少年中国？》一文，他本着学会实践的宗旨，主张注意研究群众生活的修养。把应该注意的事列成一表，分为活动的修养、合群的修养两大部门。在第一部门中又分计划力、魄力两项，在第二部中又分得人信心、得人助力两项。 于计划力之下分为事前计划（周密），临事计划（机警）事后计划（要审慎以防流弊，要恒久以防中辍）三目，于魄力之下分对事要勇猛、肯负责任，对人要能指导人、能分配任务两目。 于得人信心之下分示以高尚纯洁感情（无私），示以成功成绩（无为高远事，无为易失败事），示以不亏损朋友成绩三目；于得人助力之下分和平谦逊，不与人生恶感，以感情动人（爱他、信他、助他、谅他）加增善感，名利让与他人，劳怨自任四目。 他这篇文章有两万字，除去对于上述的各种项目有详细的说明而外，并详述何以要创造少年中国，与创造少年中国应分工与互助的原因。 这在我从幼受了曾涤生与朱子教条的影响的少年看来，自然是更合胃口。 所以我对学会以及其会员的大部分都有特殊好感。 因而以后遇着该会的会员都有一见如故之概，但在1923年以前，我不曾入该会，也无文字在该会发表。

1920年夏我第一次赴沪，得见恽代英、左舜生，1920年夏又在长沙第一师范与余家菊、陈启天、毛泽东等同事，1921年夏再赴沪，更见着曾琦、田汉、杨贤江、常道惠、梁绍文、朱自清、朱镜宙、张闻天、沈泽民等，所得印象都很好。 1923年去宁，与王克仁、邰爽秋、李儒勉、穆济波、杨效春、曹刍、倪文甫、陈启天、黄仲苏、沈昌、唐毅、金海观、方东美、刘衡如常相过从，对于学会及其会员的了解也更进一步，而同情心也与之俱增。 加上学会于1923年10月4日在苏州开大会，发表行动纲领九条，更引起我的共鸣，乃于斯年11月经李儒勉、曹刍、杨效春、穆济波、恽代英五人之介绍，与吴俊升同时正式加入学会。

七、少年中国学会纲领

少年中国学会的宗旨，虽然规定为"本科学的精神为社会的活动"，但因为会员一般都是从事教育文化及研究科学的人，故所谓社会的活动，亦不过是所谓基本准备工作的而带文化性质的教育、出版、新闻等事业，对于政治、经济不甚注意，于实际政治尤不愿参加。"五四"而后，新文化运动在表面可称轰轰烈烈，而军政界之混乱，则正与之背道而驰。 国际势力之压迫，更变本加厉。 现实政治冲破一般青年为学问而学问的梦幻，故 1922 年 7 月学会在南京开大会时即提及学会宗旨及主义与政治活动诸问题，因当时已有参加实际政治活动者，故讨论主义与政治活动两问题费时最多，辩论至烈，且于斯年 9 月在月刊中出一"少年中国学会问题"专号，但卒未得一个解决。 1923 年 10 月 4 日，学会在苏州开大会，正值贿选成功，临城惨案发生之后，国内知识界目睹国是日非，多怀急图挽救之念，而英人何东请各国公使监督召集国内各方面军阀开和平会议启外人干涉内政之渐，尤为一般青年所深恶。 所以学会在苏州开大会时发表宣言，"决然一致以求中华民族独立相号召，务以打倒国际势力还我自由为目的"。 所以决定学会进行方针为"求中华民族独立，到青年中间去"。 并制定学会纲领九条如下：

一、反对国际帝国主义。特别注意英、美帝国主义，以矫正一般人因对内而忽略对外，因对日本而忽略对英美的恶弊，更应矫正一般无识者亲善英、美的心理。

二、为打倒军阀肃清政局，提倡国民自决主义。应注意打破依赖外力及其他军阀或其他恶势力解决国是的心理。

三、倡民族性的教育，以培养爱国家、保种族的精神。反对丧失民族的教会教育，及近于侵略的文化政策。

四、唤醒国民注意现实政治经济及其他社会问题，以矫正漠视国事，或专恃浅薄的直觉以谈国事致受外人言论所欺蔽等蔽。

五、推阐经济压迫为国民道德堕落的主要原因，以反证中华民族绝对非劣等民族。应反对此类减少国民自信力的各种宣传，且指示经济改造为国民道德改造的重要途径。

六、提倡青年为民族独立运动,为各种切实有效的社会服务。力矫浮夸偷惰,或只知无目的的修身求学,而不问国家社会事务的恶习。

七、注意青年团体生活的训练,须力矫不合群、不协作、不服从规律的恶习。并应提倡各同志团体的相互协力,务使各团体弃小异以就大同,以使人民活动力渐呈集中的趋势。

八、反对现时智识界个人享乐主义的趋势。提倡坚忍刻苦的精神,培养为民族独立运动牺牲的品性。

九、提倡华侨教育与边疆教育,以培养中华民族独立运动的实力,且注意融洽国内各民族的感情,以一致打倒国际势力的压迫。

上述的方针与纲领,不独表示学会由教育、出版、新闻等文化性质的活动而趋向于一般社会问题,尤其是政治经济与国际势力压迫问题,同时也足以反映当时的社会情势与智识界对于民族独立精神要求的迫切。 此要求充满了国内一般智识界的心意之中,国民党善利用之,而为北伐成功之一助。

八、少中的办学计划

苏州大会决定总会迁南京,根据上述的宣言与纲领,学会以后要注重事业。 左舜生最初提议向会员募五千元建筑会所,总会以为应该有事业来利用它,所以决定创办学校。 而我与杨效春、曹刍三人为办学计划书的起草员(此项计划书,载 1923 年 12 月出版之《少年中国》第四卷第八期)。 我们曾举出三种应该创办学校的理由说:

　　a、本会四年来空谈多,事业少。会员的结合全恃感情,终觉飘忽不定。有了事业,会员的注意比较上可以集中……

b、学说必有创造的机能,否则终不免于盲从抄袭——中国教育从前抄日本,近来抄欧美,何尝是中国的教育。本会希望改造现在之中国成一少年的中国,那么必先把现在外国式的教育,改造成一少年中国的教育。我们不可不自办学校来实验我们的理想,创造我们的教育学说。

c、我们要求合作的精神满布我们学会里,但是在现状下的我们,因为受着经济的支配,零碎地参加在社会事业里,都觉得不能充分发展我们的能力。那么我们利用余力来成一事业,实现非利己的真正之合作,在现在非常必要。

我们只计划办一完全中学,故第一年经费只预算六千元。 对于学校目的则规定为:"(1)实现本会之宗旨,(2)创造中国的教育。"学校组织设: (1)董事会,分经济、校务两部;(2)校长,由董事会选出为对外代表;(3)驻校理事二人,由会员中选任,负校内行政与教育之责。 学校编制采道尔顿制、哈沃特制、葛蕾制混合编制。 课程则欲达我们办学的目的起见,注重人格的培养、筋肉的练习,分科不必多,但求其适合国情。 对于学生课业求其熟练而运用自如。 训育则主张训育与教学不分,教师与学生共同生活,养成勤劳俭约的习惯,并能实际服务国家。 学校行政则主张极力减少无谓而琐碎之手续,以期达到用极少之人力与时间处理校中行政事务。 对于教师待遇,则拟采用终身专任制,希望合家庭与学校为一。 教师自身之生活,予以相当之保障。

这计划书起草虽由我们三人,但其中很多我的凤见。 只惜1924年以后国事扰攘,终于未能实现。 学会并以政治上主义之争,而于1925年秋经南京大会之决议,推黄仲苏、李儒勉、吴俊升、曹刍及我五人为改组委员而改组,但也以种种原因而未成功。 自此而后,便无形停顿,只有那如火如荼的青年热情在学会老朋友中内心的深处留下一种永久不磨的痕迹，于夜阑人静或故人相聚之时，作其青春回梦的资料而已。 ——这回梦在少年中国学会会员的心意中已属往事，但是那热情以及学会的精神，似乎自有学会以来，即散播到少年中国的大多数少年之中。 它们的花与果，也许继续在那里发育滋长，而潜在地在完成少年中国学会所预期的"少年中国"，以至完成它所不会预期到的更少壮的"少年中国"！我在少年中国学会要算后进，但我心安理得地愿意加入一个团体，而且把它看作我最有关系的一部分，把会员们看作兄弟一般，愿意为它服务，愿意和它的分子见面，而见面能直率无顾忌地发表我的一切意见，一生之中，只有这一个少年中国学会。 所以我虽无力扶育它使它成长，但我爱护它的深心，却永久不变。 我写此段已是四十七岁，而我对于它的爱护与期望的热情，仍与十五年前一般无二。

第十章　高师教授

一、入川之由

　　1924 年 10 月 15 日，我由南京溯江而上，11 月 3 日到国立成都高等师范作教育学教授，1925 年 6 月 8 日返南京。 我的教师生活也至此而止。 （1930 年秋及 1931 年夏虽在上海暨南大学及复旦大学各讲近代中国教育史一学期，但完全为客串，且未领一文薪金，不能算作教师生活。）

　　民国初年教育部将全国划分为北京、南京、武昌、广州、沈阳、成都六个高等师范区。 成都高师区所辖的省分为川、滇、黔。 1919 年以前教育部只设北京、南京、武昌、沈阳四高师，广州及成都则由省立优级师范改办，仍属省立，是因为广东自 1917 年军政府成立而后，与北京政府对立，而四川连年军阀内讧，在政治系统上时南时北，北京的教育部在事实上管不到。 自"五四"而后，专门学校争改大学，南京、沈阳、武昌、广州各高师相继改为大学，北京高师则改为师范大学，在 1924 年，纯粹的高等师范只有成都的一校（1925 年秋为改师大与改普通大学问题，争执甚烈，1926 年卒改为成都大学）。 而1923—1924 年国内政治极为紊乱，除南北两政府对峙而外，南方有陈炯明之变及湖南的护宪战争，北方则有奉直二次战争。 四川的内乱更烈，刘湘、刘文辉、杨森、田颂尧、赖心辉等则在成都重庆旅进旅退。 1924年1月9日杨森攻下成都，至5月27日，北政府特派其督理四川军务善后事宜，四川的教育界当然随之变动，成高校长吴玉章先生去职，而由杨改聘傅子东(振烈)先生继任，并将学校改为国立。

1923年秋季，吴玉章先生曾几次函约我去成高，我因在南京接了聘约，不能中途他适，约其于1924年秋再说。 1924年6月至10月，傅校长连来四电、一手函相约。 在学校则因杨督理在川军中是励精图治的新人物，主持川政，当然要作一点成绩给民众看，而成高为西南之唯一学府，主持者当然要体其意旨，聘请名流，共襄盛举。 我既有约在先，故欲赓续前议，促我入川。 在我则本有调查全国教育之志愿，有机会去川，自是乐意，但迟迟不行者，一因我十年未曾返里，必得于暑假归省一次，而道经长沙，暑校之聘，亦不能不受；二则去川须旅费二百元以上，学校虽有函电相约，但旅费则始终不曾寄下。且就我所知，成高虽称国立，但经费仍从省出，省教育经费欠发达年余，该校情形当亦相同，在江浙交通便利之地，自费考察教育力尚能及，在川薪金无把握则生活要成问题，实不能冒险。 几次函电相商，傅最后函电，均回汇兑困难(当时川币与沪币价格相差达四分之一以上，且汇兑限制甚严，防金钱外流也)，请我自筹由宁至渝之旅费，学校则将款存重庆第二女师成荣章君处，由渝至蓉，即向成君取用； 薪金方面，则允每月二百元，七折实支沪币，绝不拖欠。 因此种种，所以我迟至10月15方由宁起行。

我于10月24日到重庆，11月3日晚到成都，本想先下旅馆，于翌日再去学校，但旅馆非有保人不能住，只好于夜间进校。 斯时王克仁君任该校教务长，其夫人黄淑班女士任英文教授，均居校内，遂暂寓其家，且于当晚见着傅校长。 第二日迁居校中。

二、成都高师

　　高师以旧日的皇城为校址，城墙仍在，周缘十余里，地基可称广大。　不过学校所占的地面不过数十亩，房屋虽系平房，但只能容四五百学生，故房屋亦不甚多。　校舍以外大半为菜园，校舍附近有煤山及小建筑物，均可为学生游散之地。　不过该校当时仍遵教部高师规程，校务分教务、斋务、庶务等处，各设一长主持之；对学生行动仍采管理制，非经请假许可不能外出，故在平时学生颇少出外。　在课程方面，仍分数理、博物、英语诸本科。　本年改国立后，虽曾用师大名义招收学生，但章程并未公布。　故其组织系统与课程科目与我十年前所肄业之岳麓高等师范大体相似。　所不同者，今年起实行男女同学，不过女生只十余人耳，而女生之大多数为省立一女师（在成都）之毕业生。

　　我以学校既遵部章办理，则课程亦当照部章，我既以教育学教授之名义而被聘，当系原无教育学教授，或有而功课太多，兼顾不到，故请我分担。　及询傅校长，则部章所有之科目均有人担任，同时更悉教育经费困难，每年能发薪四个月已属难得，故教师兼课每周常在三四十小时，而全校教育及心理科目之总时间尚不及此数。　所以旧教师的钟点尚觉不够。　我当询以既属如此，则我并无功课可教，实非必要。　彼谓现拟改师大，故课程可不受部章限制，将来且拟办教育系，故课程可由我自定。　不过全校学生闻我来，均希望有机会受我之课，所以可多开几种课程。　最后决定为三年生讲中学教学法，二年生讲现代教育方法，一年生讲教育心理学。　预科教育系（师大名义招收之新生）也要求开一课程，但因各科均须自编讲义，精力不及，展至 1925 年春。　1924 年每周教课十二小时。　1925 年春十四小时。

　　课程决定了，于 11 日正式上课。　在上课之前，我向学生举行一次公开讲演，介绍我自己并说明我去川的原因、途中的印象及我对于教学的意见。 此文以"远道"为题，曾在成都发表过，只未收入我的著作中。 以其可表现我当时的心情与文思，及教育意见和社会情形，故为照录于下：

三、何以来成高

我到校将近一星期了，今日上午本有课，我请教务处移至下午，约集诸君在此谈话。 这种办法似乎不是常规，但因为我曾做过多年的学生，而且做学生时每周学校聘请一位新教师便怀着无限的希望，想知道他的历史，及他到校的目的，便推想到今日的诸君或者也是如此，所以将正课的时间改为这个谈话。

我生于湖南，住在江苏，当此干戈扰攘之秋，不远数千里由南京来到成都，不独诸位要问来此何干，即我自己也要问"所为何事"。 因此，我想与诸君谈谈我何以来成高，或者也许是诸君所愿听的罢！

我于十五岁进县立高等小学校，始正式学地理，始知道五大洲、二十二省；但四川两字却于我入小学十年前，就已在我脑中占了一个位置。 那时我只五岁，初进私塾读《三字经》，常常听得教师和乡下的前辈，谈《三字经》的故事，说《三字经》是一部奇书，说魏、蜀、吴就是现在的某省某地；而因为我们过年好玩"孔明灯"的缘故，竟由孔明两字于他们谈话之中得些西蜀的片断观念，也得些四川的片断观念。 四川究在何处，我当时自然不知，可是神奇的孔明，在千百年后还能留下奇巧的花灯给我们小孩玩（这是我乡的一种传说）。 也就"爱屋及乌"想象四川为可爱而不时梦游了。

这是我对于四川最初的观念。

在私塾读了几年书、认得一些字以后，常常背着教师如现在学校的学生于上国文课看小说一样（这是看过几十所中学的教学以后所得的结论)，暗读《三国演义》。 栈道剑阁的天险、益州的天府，更在脑中起了波动，不时想到孟获的狡蛮、孔明的机智，虽然儿时的八卦衣(因我生无兄弟，依乡俗着此衣以冀不夭)，未见得与孔明的道袍一样，乡里的麦秆扇，与孔明的羽扇相差太远，然而果有刘玄德其人，三顾茅庐，使我坐镇益州，却也是当时所梦想的。

这是十二岁以前我对于四川的观念。

流光如驶，旧梦未成的时候，辛亥革命爆发，那时因为好读《黄帝魂》《安徽俗话报》等一类的书籍，而且辛亥的前一年曾因闹所谓革命的风潮(当时只知满清是我们的仇敌要革命，其他都不甚了了)，在小学作代表开除了学籍，自然很留意于革命的事情。 而辛亥革命的爆发竟由于川汉铁路的问题发端。 昨日到中城公园首先看得辛亥革命死难烈士的纪念碑，颇引起我当日的遐想。 那时我以为四川不仅在地理上有巫峡、峨眉等等特殊的地方足以使我尊崇，就是人事上之杀端方一项而论，也足以使我钦敬。 自此而后，四川的当游，在我脑筋中已成为定型了。

我不会做诗，但有时却很欢喜读诗，并且很爱读杜甫、李白的诗。 舟车劳顿，每每以之为兴奋剂，我从《唐诗三百首》中固然得着许多关于四川的观念，而杜李诗集给我最深的四川的印象之中，尤以"地与山根裂，江从月窟来"(杜甫《瞿塘怀古》)的水势；"青冥倚天开，彩错疑画出"(李白《登峨眉山》)的山景；与"金窗夹墉户，珠箔悬琼钩"(李白《登锦城散花楼》)的闹市引起我的好奇心最大，虽不能说是"寤寐思服"，然而有人提及四川，我脑筋中便有一个仙地的银幕(银幕的影子自然与事实差得很远，但是银幕中人却真把它当作事实了)。

三五年来，更在大江南北，结识些四川朋友，更从他们口中得着些现在的四川情形，向往之念，自然更深一层。 去年夏间前校长吴玉章先生几次约我来，我因好游历并且正在计划考察湘鄂以下各省的教育之后，再游四川，以竟我长江流域中等教育一瞥录的全功，有此盛约，自然当闻风而起。无如为着不自由的职务所羁绊，竟不能如愿。然而住在锦城中央的伟大皇城与雄壮的国立成都高师，已侵入我脑筋之中而留一不可泯灭的痕迹了！

一年过去，今年6月我正从杭州考察中学教育回南京，道过上海，在友人处得见现任傅校长的专电请我入川任教育教师，此属旧事重提，我自然不便再行拒绝；7月我回湖南省亲，又在长沙得学校的专电。多年梦游的四川，竟可乘此机会而实见之，想象中的愉快已足以满足我精神上的要求。但因为期望太过之故，读李白的《蜀道难》与报载之川战消息，又惴惴焉唯恐真要入蜀。9月初由湘返宁，江浙战事正殷，学校亦再无下文，自以为蜀游又成梦想；孰料10月初忽又连得学校两电，促即起行，于是10月15日的早晨，竟离我第二故乡的南京与妻子而向难于上青天的蜀道中作万里孤客了。

由此我可以明白向诸君说：游四川是我的夙愿，此来之主要目的在于自己求学，以游历与考察为求学的方法。听至此诸君或者要问乃至念然地问："学校以厚俸请你来成高教书，而你以自己求学为此行之主要目的，对学校未免太不忠实罢！"我更敢明告诸君："率真的教师"，是我七年来做教师的目标，虽然因为能力的关系，不能完全实现我的想望，然而此鹄固未曾移动。我来此自然要教书，不过我对于现行教育早就怀疑，虽然也要向诸君说些我要说的话，但未见得"适合时宜"；而且我也不过是七年前的一个高等师范毕业生，为着学力的限制，更说不出什么好话。若说我能教导诸君，纵诸君不以为侮，我总觉得"受之有愧"。——我还敢更明白地向诸君说：若果只为教书，我还不至于到成高来。所以我来成高除了应成高之聘的责任而外，还有我自己的目的，因而留在此间的时间，最多亦只能一年。这些话或过于率真，然而也就是我所自期与期望诸君事事如此的。

四、蜀道乐

因为诗人李白做了一首不朽的诗，蜀道难行，几于中国人之读书者人人皆知。他在《蜀道难》一诗中传说三次"蜀道之难难于上青天"，我们姑且把"朝避猛虎、夕避长蛇、磨牙吮血、杀人如麻"的种种令人毛发悚然的描写丢开不问，就是"难于上青天"五个字已足以使一般人却步。因为若干年前，不难的上青天绝对无人上过，何况更难的蜀道呢！可是现在不然，青天虽然难上，但有了安稳的飞机，谁也可以上去。蜀道难当然不至不可行，在我不独不觉得蜀道难行，而且觉得蜀道是可乐。这或许是我主观的偏见，但我确实觉得是如此。所以我于说过我何以来成高之后，再将我长途的经验，摘要报告诸君，而与诸君谈蜀道乐。

好游是我的素性，旅行自然是很平常的事，家人对此也自然不当怎样一回大事。可是这一次却不然，不独十年相伴的妻有点依依，就是未满周岁的小儿也于我临行时，在母亲手中呆望着我，如不胜惊异然。所以我自从 15 日早 8 时到江安上水轮船以后，脑中便充满了别离的憧憬，虽然勉强以撰文为移转注意之工具，但思流有一隙空地便又为思家之念所占去。直至汉口为雨所阻，不能渡江访友，始加入恨雨的一支流而平分脑海的面积。

由汉口转到上驶宜昌的轮船，一切生活都与下江轮船同，不过船中的旅客多些四川朋友罢了。到宜昌转过川江轮船，一切生活都照四川的办法。不过我是惯于旅行者，虽然几日之间经过许多变化，但也没有感着什么大不便。而"连峰去天不盈尺，枯松倒挂倚绝壁；飞湍瀑流争喧豗，砯崖转石万壑雷"（李白《蜀道难》）的山景水势，却使我欣乐无极。当轮船进巫峡时，车轮逆流的声音，较春雨骤雷的声音尤为轰烈，而起伏有常，则远非雷声可及；仰望青天，真如匹练，回顾两岸，真似双屏，至此始信杜工部"入天犹石花，穿水忽云根"与李太白"上有六龙回日之高标，下有冲波逆折之回川"的话，是由经验中得来，不是无病呻吟。我乐此山水，极愿轮常鼓而不进，更遐想结庐山巅，与神女为邻，以便仰看马头云，俯听鼓轮声。然而行为终不及思想之适人意，我方悬拟怎样攀援、怎样结舍、怎样引吭高歌、怎样采薪采薇而未得着确定的计划以前，无情的舵手，已驱使轮船鼓勇前进，渐渐离开我多年梦想的巫峡，而进入缓缓的河流了。

进峡以后，经过瞿塘、滟滪诸地，见到的奇景自然很多，我非文学家，不能有适当的语言去描写。诸君如欲问三峡以上的山水究竟如何，我念白香山初入峡有感之中的十句诗给诸君听：

上有万仞山，下有千丈水；苍苍两崖间，阔狭容一苇；瞿塘呀直泻，滟滪屹中峙；未夜黑岩昏，无风白浪起；大石如刀剑，小石如牙齿。

诸君！川江的黑岩、白浪、大石、小石的活动与现象，确如白香山所说。这些牙齿、刀剑自然极其可怕。万一不幸遇着"一跌舟无完"的事实（轮船也常失事，不过比帆船较少），我们真有粉身碎骨追踪屈原葬于江鱼之腹中的危险。但也唯其如此凶险，才足以形成壮美，使人胸境开阔，置生死利害于度外而与天地合参。江南的山清水秀，诚然优美，有令人乐而忘返的慑力，然而那种温柔乡的风景中，不知埋葬多少侠骨。吴风越俗我亦曾领略一些，然而每次回忆起来，总只剩些逸乐的追求、委靡的颓丧，与蜀道所给我飘然出尘的启示、无挂无碍的快乐相较，苦乐真不可以道里计。古人以为求学问要历名山大川，我以为为做人计亦当历名山大川。诸君固生于名山大川之中（四川人），或来自名山大川（滇黔人）者，日为壮美的自然环境所陶铸，精神之特达与愉快，固足使人艳羡，而学识基础之雄伟，更足使人仰望。 我已一度享蜀道山水之厚赐，又进而与诸君为"人"的接触，即凭诸君的想象，也可以知道我的心绪的愉快。 这是我从蜀道中所得的第一种快乐。

也许因为我不甚欢喜城市生活的缘故，到了重庆便感着一种压迫。 我想四川各地方都如重庆那样煤烟（因居民都以烟煤为燃料）冲天，居室栉比（重庆城位于山上，地狭人多，房屋及居民均极密），不独对于四川的好感完全失去，并且想立即下驶，返我第二故乡。 乃于进退交战的时候，竟蒙第二女师范几位先生约游南山。 南山与重庆虽只一水之隔，而茂林修竹、古寺新校之景物，完全是一世外桃源。 南山与重庆在地势上很有几分和岳麓山与长沙相似。 然而南山的幽径迂回，草木郁苍，迥非被伟人坟墓占据路首之童山的岳麓（岳麓只有爱晚亭一段有树木）所能比拟。 尤使我徘徊者，山麓黄葛垭中本乡本土的饮食与风尚（我们游山时在黄葛垭午餐），我自离南京十二日，与川人共居处者已九日（汉口以上即与川人共房间），但到游南山时始得认识真正的川人。 当我乘骡游老君洞时，在骡蹄得得中回忆十日来已往之历史，悬想十日后锦城的风味，不觉笑逐颜开，而怪李太白的《蜀道难》过于铺张。 这是我入川后所得的第二种快乐。

重庆以上要走陆路。 孤身宿店，实是最可恐怖的事情。 而四川的长夫店竟能有负全责的夫头照料一切：何路可走，何地有险，他不独知之，而且代客安排。 鸡鸣而起，日落下宿，自然要经过许多风霜，生活习惯也因地段变迁之故，变化太骤，而感着许多不安适。 但自接收了长夫店的"认状"，一切责任似乎都完全与我无与，我转得清闲自在，考察人情风俗，领略自然美趣。 虽然因为身体的抵抗力太弱，中途小有疾病，但精神上却有新奇的景物调剂，并不感着怎样苦痛。 途行十日，地经千里，耳闻目见的事情都在我生命史中有相当的位置。 只可惜今日的时间太匆促，不能容我详细报告诸君，但亦不能不报告。 无已，姑举数事以概其余。

成语说："俟河之清，人寿几何。"就我所经历的长江之水亦未曾清过。我知道黄河之水不清，是因为河床是黄土构成的，而扬子江自汉口以下河床并非黄土。过丰都后间见红色的山，重庆以上，所见的高山平地无非朱色。土壤的肥沃，可由田陇的种植见之。而长江的红水，在非地质学专家的我看来，四川的土色，至少当是一种原因。我自十八岁在武昌看过长江之水以后，就怀有"此水何长红"的疑问。此次旅川而偶然得一答案——虽然不能说一定可靠——其乐如何？

我在途中最感愉快的事情为收集钱币和与挑夫谈话。中国的币制我素知道极不统一，但从未知道一省之中，有几十种通行的货币。到宜昌用当五十的铜圆，便觉得有点奇异，到重庆竟有如银圆大与大于银圆的当百、当二百的铜圆，重庆以上各场（定期交易之所），则绝无当五十的铜圆，百以下的数目都是用纸币、纸挥、铅币、锡币、铁币、竹筹，而且各场的界限很严，此场的票币不能通行于彼场，形式亦极不一致。我所收集的已有三十余种。这些东西都是研究社会经济的好资料，也是古董陈列室的好资料。可是我不是经济学者，也非博古家，不能把它们作科学的研究与什袭珍藏，只于无事时偶然拿来排列消遣，而它们给我的愉快，至少与我素爱的书籍所给予者相等。至于与挑夫们谈话更有特别的意味：因为各人都有他特有的人生观，而未曾受教育或稍受教育者之人生观最易表现，表现出来的又极其率真。他们的人生观又均以环境为转移，也最足以反映环境。四川现在变乱给予人民的痛苦，固可于他们言论中得着大部分，以往之民俗风尚也可于其谈话中得之。我过细考察他们的生活状况：看他们怎样吸鸦片烟（挑夫最少有十分之九是有烟瘾者），怎样吃饭，怎样安宿，怎样处群，怎样处己等等事情，感着无限的乐趣。我的思想也很受其影响。

《学记》说："虽有嘉肴，弗食，不知其旨也。"我在途中所食的嘉看甚多，诸君将来如有机会食此，自会知其旨之所在。 以上所述，不过是偶然回忆的乐事而已。 然而即此偶然的乐事，已是证明——最少在我是如此——蜀道不独不难行，而且有至乐。

五、煤山遐思

本月 5 日午后 4 时，竟进了成都城，竟瞻仰了富有宝藏的古皇城（今国立成都高等师范）。 皇城之伟大，早就听得四川的朋友说过，现在亲自看见，确能证明名不虚传。 从大门沿石道数百步始进古城的隧道，过隧道为明远楼，再进为至公堂，始为学校的正门。 就是这一段空地，作上海式新大学校址二十所尚有余，何况有更幽邃的平房数十幢，作讲室、自习室、办事室、图书室等等呢？ 我到校的第二日，就很注意于校舍的考察与图书馆的查阅。 费去半日时间，自以为走遍校地，孰知高师全部在皇城中所占的面积还不到五分之一。 而皇城五千余亩，都属本校所有。 校地之广，恐怕在中国要算第一了。 图书馆虽则觉得新书太少，然而果有经费也不至于没办法。

我从朋友口中知道皇城中有一座煤山，昨日下午 3 时一人携着照相镜去游煤山，不知费了多少时间，还找不着煤山的踪迹，后来遇着一位附小学生，得他的引导，才能达到目的。 我要看煤山，并没有什么深义，只因小时看崇祯皇帝上煤山的戏，虽然知道这煤山不是那煤山，但为好奇心所驱使，必得一见而后快。 及至由附小转出煤山，原来不过是一个土丘，栽着几株小树。 我在四周看过之后，并至山巅一块唯一的石头上坐着。 一面看小学生在山下蹴球，一面又想我来此的原因及与煤山有关系的事件。 此时脑中思潮起伏，有如峡江的湍流。我个人在那里闲坐一时余，若非引路的那位小学生同着几位小朋友来要求将他们以为神奇的照相镜加以说明，我竟至可以连晚饭都可不要回来吃。 到校以后，回味当时的思流仍有无限的奇感。 这种美妙的经验，实有告诉诸君的必要。

我首先想到我何以孤身来四川，更何以一人上煤山的问题，深感思想支配人生的势力的伟大。倘若我幼时不玩孔明灯，不读《三国演义》，不留心国事，不读李白、杜甫的诗集，我未见得现在来四川，即来也未见得对四川有这样的好感。又使我幼时不看过崇祯上煤山的戏，也不会午前闻人言及煤山，午后就亲自登临。我现在的举动都是受十余二十年前的思想的影响，我自己想来，实在是最有趣味的一件事。

我因煤山两字想到崇祯皇帝当日的威风与死时的凄惨。也想到蜀王娶妻，张献忠屠川的种种故事。他们在当时何尝不轰烈一时，而今果安在哉？我知道生与死是必然的因果，也很怪造物设此不必要的必然因果为多事。我们大家都在死的道儿走路，我们个人都是要同归于尽的，无缘无故的生在世界上几十年，不是最无意义吗？然而自从我们有了生命以后，虽然明知道要死，但谁都不愿意照生时原封不动地死去，谁也不愿意安然无恙地死去，一定要孜孜不息的活动，并且要翻陈出新地生活着。这种自强不息的活动，确是人类的特质。这特质我在人生哲学上取了一个名称叫作"人类的无限的自觉创造性"。——这名词含义颇复杂，诸君可参看我的"人生哲学"第五章。

我们既生存于大自然的支配之下，而不得不向活动不息的生的路上走。于是求生活的改善便成为人类共同的目的，我看的那些小学生在山下蹴球，个个都竭其全生命的力量向前奔跃，有些跌在地下便又立即爬起而继续他们的工作。你若要问他为什么这样不顾一切地干，他大概要说是为着好玩。若再问他好玩有么意义，不玩不行吗？他所能答复你的，不过是这样玩玩很舒服罢了。倘再问他为什么要求舒服，他大概是不能答复的。其实这求舒服——含精神与物质的——都是改善生活的动机，要怎样才能改善生活？于是乎就发生教育问题了。

小学生们在煤山下面蹴球，看来好像没有费什么气力，都能中规中矩，但我却看见有一位十岁上下的小朋友，屡次伸足去蹴球，一小时内，只蹴着两次。由此我们知道那些小孩子之能中球，是他们曾经有长时间的练习。我们并可以推想得到开始练习时，一定有教师为之指导；不过昨天我却没有看见教师在旁边，而那十岁上下的小朋友居然也能与其同伴共同活动，我并可以断定若干日后，他不经教师指导，已经能中球而且知道蹴球的规则。我看得那位小朋友的种种举动，便想到现今的教育。诸君到学校不是来读书吗？受教育吗？现在许多人以为读书就是受教育。读书自然是与受教育有关系，但却不能说读书就是等于受教育。倘若照我的"说法"把教育看作改进人生的活动，则凡足以改进人生的动作，都可以称为教育的活动。那么，这位小朋友与其同伴共同活动固然是一种教育，而那位引我到煤山去的小朋友之对于我，也是一种教育。诸位如曾读过教育史而留意于初民之所谓教育，实际上不过是直接参与实际生活的模仿动作而已。自从文字发明，尤其是印刷术发明以后，一方面人类的遗产固然一天增多一天，而他方面则因为书籍的障碍，反使教育与实际生活隔离。诸君在中学校大概都曾学过几何、三角的，但回想若干年来，你们在日常生活中应用过几次？也曾读过古文、古史的，但又曾应用过几次？本国的典籍、近世的科学都是我们人类祖先费尽心力切磋琢磨所得之结果，都是传家之宝，我们席其余荫自然当重视，也应当明白其概略。然而我们生于现世，绝不能离现实生活而专仿古人，也不能漠视直接经验而专向书本中讨生活。那么，我们对于读书只当视为求学问之一种工具，而与自然及社会接触，尤为我们所不可忽视的。

诸君大概都知道法国有位卢梭（Rousseau），于18世纪大倡返自然（Back to the Nature）说。自然是我们人类所常接触而且永久接触的，他何以在那时要倡返自然？是因为法国当时的政治教育太过于矫揉造作，太不重视取之不尽用之不竭的自然现象，把好好的人生葬丧于顽固的思想、暴虐的政治之下。 他愤慨不过，所以在政治上著成千古不朽的《民约论》(*Social Contract*)，在教育上著成万世永垂的《爱弥儿》(*Emile*)小说(这两书因时代关系，其中自然有些在现在看来是不合于时宜的，但其根本原则之大部分却可以传诸久远)。 由卢梭的往事看来，一面固足以使我们知道自然教育的重要，而又一面则足以使我们闻风兴起。 孟子说："舜人也，我人也，有为者亦若是。"诸君来此学教育，自然要对于教育负重大的责任，果能本自强不息的创造精神，从往迹与现轸中立改进人生的方针，求改进人生的资料，又何不可几近于舜！

我看得小学生那样地活泼自如，便想到诸位大学生的生活态度，更想到我从前当学生时间的生活情形。 我与诸君都曾作了若干年的学生。 学生的含义如何？我们姑且不问，即以此两字的通义讲，则学生应学得生；倘若把生字当作生动的意思讲，现在的学校，实在是使人学死的地方，学校的等级愈高，使人死的程度也愈深。 ——我这话若是哲学家听得，自然要认为很合论理，很合事实，因为人在未生以前则向生处走，既生以后，便向死处走，学校的等级愈高者，学生的年龄一定也愈大，而离死的时间也愈近。 所以我这话很能证明合理。不过我的意思不作这样解说，是以死寂与生动作对比，——诸位过细想想，小学时代的活泼自如，是否是中学时代之拘谨所能希冀？ 更是否是大学时代之矫饰所能希冀？ 就以最平常的处己待人讲，小孩子的举动，总是有什么说什么，总是率真的，中学生便要计较些礼法，不敢自由言动，大学生则更要遇事计较利害，更不敢以真面目见人。 这种虚矫的生活过惯了，他人以为我们懂得人情世故，学行进步，自然也因他人以为我们进步而觉得真正进步。 其实我们赤子之心的天真，已逐渐泯丧。 倘若让我们在学校中生活一世，就木之日，便是我们真性泯灭之日。 我看得小朋友的活泼跳跃，怡然自得，回想到我小时的率真生活、现在的虚伪生活，更想到诸君现在努力在这里机械地学过虚伪的生活，不觉毛骨悚然，二十余日在蜀道中所得的美趣、所遇的乐事，都一一离我而去。 我的苦痛与懊丧的心境，真是不能用语言告你们。

正在苦痛懊丧的时候，从前引路的那位小朋友，约了他几位同伴走来要我把照相镜的内容说给他们听。 我的思路忽然转变。 我想：我因为虚伪的生活而苦痛懊丧，则虚伪的生活为苦痛懊丧之原，我们只能俯首于苦痛懊丧之中过生活，还是可以打破这虚伪的藩篱？我并问自己： 这种虚伪的生活是人造的，还是天设的？是人造的，我们当然有权可以改变。 就是天设的，"人定胜天"也是我们固有的特性。那么，我又何必自苦，更何必自馁。 我虽然不能转到童子的年龄，倘若我真愿意要与小学生为伍，而与之共同过率真的生活，也如小学生要我说明照相镜然。 我想他们当不至拒绝罢！这种反求诸己之易如反掌的事情，我们又何乐而不为？我想至此，好像得着宗教所谓上帝的启示，精神为之一爽；不独不感苦痛与懊丧，而且沛然如枯禾之遇霖雨，生趣盎然。

六、我将何为

在煤山与小朋友们讲完照相镜的功用以后，我们一同返校，他们并我到我的住室，约期再会而去。 我当时竟忘其小我的小，而有与宇宙等量齐观的快感。 我觉得人生是应有快乐的，生活的态度应当是率真的。 我记得王船山"欲爱则爱，欲敬则敬，不勉强于所不知不能，谓之为率真"的话，而以为教师与学为教师者均当特别留意躬行。 又记得朱熹说"上而无极太极，下至于一草一木一昆虫之微，亦各有理： 一书不读，则缺了一书道理，一事不穷，则缺了一事道理，一物不格，则缺了一物道理，须着逐一件与他理会过"的话，而以为教育的方法，应当读书与穷理、格物并重。因而更想到"我将如何"的问题。

所谓"我将如何"，自然是以我在成高的时间为限，而非包括我未来的生命。我曾经说过我来成高之主要目的在于自己求学，但因为受了成高之聘而来教书，对于教书自然要负应负的责任。现在要向诸君说明的是我求学与教书之目的、态度及方法。

关于求学之道，我平日很服膺《礼记》上的一段话。这段话说："虽有嘉肴，弗食，不知其旨也；虽有至道，弗学，不知其善也。是故学然后知不足，教然后知困。知不足，然后能自反也，知困，然后能自强也。故曰：教学相长也。兑命曰：学学半，其此之谓乎。"

现在一般人都把教与学截为两段，但在我看来，或者可说有单纯的学，但绝不能说有纯粹的教。就是我来此专以教书为职务，二十余日来在蜀道中所得到的乐趣，昨日在煤山的遐思都是我的新学历。从这新学历中我得到很大的满足，也感着更大的要求，而思设法满足之。我既有此机会来到此天府之国，自然要利用它随时去学我所要学的。求学的方法，我曾经说过考察与调查两种，还得加上直接参加活动的原始的教育方法。所以我要尽量本率真的精神，善用我的时间，与诸君共同活动，在四川的大自然与大社会中寻"嘉肴"而食之，求至道而学之。不过我是远道的孤客，闻见极其有限，非请诸君为率不可。倘使真寻得"嘉肴"与至道（如在蜀道中所尝的美味，在煤山上所得的启示），为酬答雅谊计，也当本共乐的精神公开于诸君。不过"嘉肴"是否真旨，至道是否真善，还得请诸君自己尝试。尝试而以为旨与善，且以为不足而自反，则或者因知困而自强，亦未可知。果如此，教学岂仅相长，学学岂仅半而已哉——我们的思想彼此交融之后，或者能影响一生乃至于后世亦未可知。

我虽然来此作教师，但我的知识可以供诸君参考者，除了我曾经作过七年中等学校教师稍微有点经验，平常读过些关于教育方法一类的书籍稍微有点常识而外，其他都是门外汉，所以来此担任的科目也是中学教育及教育方法一类的东西。这些学程应当要怎样研究，将来分科上课时再说。我此时简单告诸君以为我这次长时间谈话之结论者有下列几事：

1. 人类因为有无限的自觉创造性，所以时时有求改进生活的要求，而生活的态度应当率真。

2. 教育是改进人生的活动：真正的教育，在能制驭自然，改进人生，故重创造，不重因袭，尤重直接经验。

3. 教育的材料充满于自然与社会之中，我们随时随地可以采用。

4. 教育的方法在思想的自然激荡与自动追求，不在威权的强迫压抑与被动的灌输。

5. 教育与生活是相终始的：愈学愈知不足，愈教愈知困，教育始有进步。

公开讲演之下午，即正式上课。

上课后我所感到最大困难是参考书太不敷用。

学校也有图书馆，但学校的经费每年只有十二万元，照例七折每月便只有七八千元，而这每月的七八千元，每年又领不到三四个月，一年所能领到的最多不过二三万元。而四五百学生的膳费、用品费，百余教职员工人的生活费以及行政费等等，都靠这二三万元。所以每年上课也常不到三四个月，这不独是教师因欠薪而不肯教书，也是受历史上传下一种习惯支配，即放假时，只供给学生两顿饭，可以省去一些伙食费。在这种情形之下，如何能有余钱充实图书馆？所以近四五年的中西书籍固然极少，报纸杂志更少。而以交通不便之故，上海的报纸杂志，常常两三个月以至半年(冬令长江上游及嘉陵江水涸时）不能到，且多遗失。 我在宁虽然知道内地参考书不易得，但以重庆以上即陆行不便多带，故将必要之书分作三十余包交邮寄川。 我到蓉时尚杳无音信（直到 1925 年 1 月方到），而图书馆又属如此，只得以随身所带之三十部书籍，做编辑讲义之资料，自难免不潦草塞责。 学生则大半不能阅读英文书，既不能将我所带之书指定彼等阅读，而又无中文适当书籍可令彼等参考，他们除了在讲堂耳食而外，实无他法，学业成绩也难责其优良。 这是完全与我负责任的索性相反的，所以精神很感苦痛。

七、书生之见

当时成都教育界之情形，因为政治的关系，自然派别也很复杂。傅校长虽为留美学生，但以回国未久，虽曾在成高任社会学教授，但在成都教育界中尚是"新进"，与"前辈"之意见，自然难得一致。而"新进"中也因政治系派、国内母校及留学国别系统等等关系，而难免利害冲突，各人或各系各派为维持其势力计，当然要各寻其支持者，而支持之现实的力量，当推握现实政治权的当局。 在政治当局方面谋巩固其政权计，也要与当地之有力者谋联络。 故当时成都教育界之重要或有名望之分子，大都兼任督署职务或由督理罗致。 我以数年的实地经验，昔日所谓教育神圣、清高、独立的种种幻梦，已经惊醒，不过尚是初醒的时期，下意识仍潜藏着神圣、清高、独立的强烈欲念， 所以对于当时成都的教育界尤其是成高的情形很为不满。 加以人地生疏，校外既少友朋，校内亦因待遇悬殊（学校对我不欠薪，订之契约，是全校所无的），思想悬殊（那时成高对于所谓"新文化"尚在启蒙时期）的种种关系，在校内除去旧识的克仁夫妇及孙倬章，校外除去旧识陈岳安及新结识的"囚徒"李劼人（结识情形，我在《蜀游心影》中述之甚详）而外，与他人极少往来。 总计在成高半年，对于近百同事而能举其姓名者不过十数人，故在当时的生活极为枯寂，而"早脱苦海"的意念，在到蓉数日后即经决定。

负责任是我自幼养成的生活习惯，而在当时又受了"文化救国"的思想的影响，以为既经远道来此，必得尽其所能，切实教导青年，使其思想革新，归趋于所谓新文化。 更希望我所灌输于青年的种种都能开花结果，在当地放异彩，并于年暑假或毕业后带归其故乡播种。而当时一部分的学生以及校外的许多青年，精神上也好似感着极饥极渴地一般，很乐于接受我的指导。 我的责任更重，对于教课及校外讲演更为努力。

我到校为 11 月 3 日，11 日方正式上课，为计算学程计，曾询学校以学期结束日期，据谓当在 1 月底，我即按照十二星期的时期编辑讲义，且自雇书记为助。 12 月 3 日至 6 日全校到新繁县(离成都四十里)去旅行，我以蓄意研究近代中国教育史，希望多知道各地方的教育情形，又以所担任的功课有中学教学法一门，应注重当地中学校的实况，所以特地牺牲游历，而在成都参观中等学校十二所。 在此短期的数日中，我对于当地教育界情形固然多知道些，而当地教育界对于我也更多注意一点。 因为我略知道一些当地的情形，所以在讲授功课时不免以"本地风光"的事情为例证，同时便不免开罪于人；他们对我多注意一点，很有人想请我讲演或兼课，名为学校争光，实则或欲加以拉拢，以冀有事时我或能在号召群众上面予以一臂之助。 我则是一位纯粹书生，对于人事上的种种关系，以及环境中之复杂内幕都不能理解；即使偶有所知，亦出以鄙夷的态度，而不肯从事实上去详加研究，更不肯设法适应环境，只知徒讲理论，不顾实际。 同时更以"新人物"自命，以与恶势力奋斗为口号，故遇事总是独行其是，不与一般人同流合污。 当 1924 年 12 月 12 日学校举行学期考试，22 日即行放假，与学校最初所告我的时间相差五六星期，在教课上自然要受影响。 我不知道这是成都的通例，也不知道学校最初告我 1 月底放假，只是当局的一句当然的话，更不知他人拿不到薪金，学校备不起伙食①，提早放假，有其经济的原因。 只知我的薪修未欠，应当负责教书以期不负自己，我的功课未毕，应当努力讲毕，以期毋负学生。 所以放假而后，特为学生开一教育常识学程，每周讲授三次，未免使同事感觉异样，更使其他教育科教师感觉不快。 而寒假的时期特长，12月22日放假直至1925年3月2日方始开学，我在此两月余中，除在校讲授功课而外，当地男女青年所组织之学术团体有邀请讲演者，有来晤谈者，亦均竭诚指导。 同时更有云南学生，他们是省费，在经济上比较充裕，而在滇又经过严格的竞争考试，学力比较优胜，思想亦比较前进，他们与我往来甚多，我也与他们共出入。 所以在寒假中我的时间大半消磨在讲演、谈话、游历上面。 而成都的教育界及青年也大部分知道有舒某其人，1925年春学校之邀请讲演或教课的也更多。 在教课方面，我均完全拒绝，于讲演则以我对于教育及青年本有许多话要说，故有求必应。 因为三四月之间成都举行花会，成都教育界也在那时最活跃。 所以我在3月底4月初间的讲演也最多，计在校内英语部留别会中讲人格的教育，在数理部留别会中讲科学的教育，在三年生考察团出发时讲教育调查常识与成高之将来，在校友会送别毕业同学时讲教育家的责任，在教育研究会成立时讲研究教育的精神；校外则在学行励进社讲怎样做现代青年，在青年之友社讲社会运动与社会心理，在成都公学讲我的理想的私立学校，在外专十周纪念会讲中国教育制度问题，在华西大学讲演教会学校国文教学问题，在成都学生联合会讲收回教育权问题与中国公立学校教育，及教育与政治、教育与人生、教育与社会及个人。 在此期间，就每周都得讲二三次，每次的听众都不少，而在学联会的听众尤多。 成都报纸几于无日不有我的

---

① 全校伙食均系学校供给，依习惯平时三顿，放假两顿；早放假，学生之伙食可省去一部分，而回家者多，更可多省一些。

姓名。 当时的成都青年，有许多好似中了魔一般，对于我的一言一动，都觉得有一种引诱力而有意无意地在那里模仿；而学校则每每因我的讲演而发生麻烦，尤其关于文字上的文言、语体问题。 所以教育界，尤其是高师的一部教职员看到这种情形，都有意无意间感觉到舒某是一位危险分子，虽然没有什么表示，但潜意识中总有许多人有"不愿与同中国"的意愿。 4 月初，成高因经费问题，教师曾一度罢教，我因未得通知，未曾加入，照常上课，且以首倡道尔顿制之柏女士将于 6 月来华，约定在上海晤谈，须于 5 月底起行返沪；而功课未完，特乘大家罢教时加课，以期于 5 月底结束。 结果是全校只我一人未罢教而且加课，虽然我的理论是学校未欠我薪，我不应当与被欠薪者一同罢教，但在他人看来，则除去不合作的感想而外，更有我为"特殊阶级"的妒恨之感。 而我在成都已达半年，对于当时教育界情形，也实在看不惯而积储一肚皮的不满意，因为是理想主义者不知顾忌，在学校除了不与其他教职员往来外，在讲演时每每无形有形中侵及他人，每致令人难堪。 所以我在成高及成都教育界的风头日健，而个人的危机也就日深，终于机会到来而酿成中国教育史上一件大风波。 若无陈岳安、李劼人诸君，生命也将不保。

八、两度风波

成高是于 1924 年秋开放女禁的，虽然是高师，而且开女禁的时期比北大迟五年，但因为政治上、交通上种种关系，文化的进步是比较缓慢一点。 男女学生平时既少男女交际的训练，一旦同学，自难免有男女同学初期中之种种现象如吴淞中学所演者。 而女生人数只有男生四十分之一，男生又均为成熟之青年，对于女生——尤其学力品貌较优之女生，其潜意识中之追求意念，自甚强烈。 同时又不能如中学生之胡闹与不负责，所以在行为上每每要表示光明磊落以掩护其追求欲念，在思想上则倾向于自由恋爱，以期一面能自居于新人物之列，一面可满足其潜在欲念。倘若有他人之行为与此欲念相符，亦得于无形中加以拥护；在另一方面则所求不遂或原来顽固者，对此种种之反动亦更烈。如再有人利用，则青年之本无系派者亦可以数言之煽动或势利之诱惑而立即分成对垒之派别，互相争斗，此为成高男女同学初期的心理分析。

男女同学中之种种问题，教师们只要装作痴聋，置之不理，日子久了，也就过去了，不至有什么重大的问题发生。若有别种因素加入，则因两性的潜在意识无形支配着许多人——尤其是青年——的行动，则爆发出来，危险甚大。但如利用者与时代潮流相去太远，结果亦难达目的，不过是一种骚动而已。这骚动在1925年春季的成高便有两次。

九、师生结婚

第一次是刘、高结婚问题。

监学刘君，在学校任职已多年。他是鳏夫，在1924年前曾与一女师的学生高某相识，经过父母之命、媒妁之言，而定了秦晋之好。而高某于1924年秋，考入高师，于是与刘君便发生了师生关系。他们于2月初在某处举行文明结婚，凡婚书上所应有的手续及人物，均经齐备。学校除我不识高、刘两君，又不知成都先送礼后发帖的习惯，以为既无帖来，尽可不理，而未参与外，学校自校长以至教授、学生多送礼赴宴。他们的结婚可称合法合理，学校教职员及学生既经参加，也已承认其合法合理，不应再有什么问题了。可是他们结婚不久，便有学生攻击刘、高的匿名信，综计七封。信之中除去措辞不同而外，其理由都是师生结婚有背礼教，其要求则均为刘辞退、高退学。校长以为这问题应当是严重的，于是召集学生开会，举行教授会议。 当时学生闻之尤为激动，卫道者固然先有组织，发表许多攻讦文字，而"新文化派"则凭青年的一时热情，结集得更多，他们在言论上从种种方面寻求师生可以结婚的证据。 某君更在图书馆中找着一本1923年甘肃某女师范校长与其一女生结婚的记载。 这件事在甘肃也是一件骇人听闻的事件，他们被卫道者攻击得无办法，于是在司法及行政方面请法院、教育厅、教育部裁判，在舆论方面，则请求名流如张季直、张东荪先生批评，结果是他们胜利。"新文化派"在事实上有了这种支柱，于是在言论文字号召而外，并组织团体，准备以武力与卫道者对抗，声势甚大，人数亦多，致教授会卒未开成。 我应教务长尹亮易（其时王克仁已退为教授）之请，恳切地根据法律、人情向当局说了许多话。 我这些话自谓合理，但对于环境及人事上之种种复杂关系，则完全不理解。 后来虽然因为"新文化派"学生之力量及人事之种种原因，而刘、高得以不去，但学校为保持威信计，终将刘调任图书馆主任兼编校刊。 经过此次风波以后，我的感情上极难过，愤懑之情与日俱增，对于学校之不满也日增，学生之来谈及此事者，我固尽量发表意见。 某次因某青年集团之请讲演婚姻与恋爱问题，而忍不住说了许多事实，发了许多牢骚，当地报纸有很多的记载，对于学校也很多责备之词， 这都是开罪于人的地方。 于是学校的第二次骚动更促成了。

十、师生恋爱

第二次骚动是舒、刘的恋爱问题。 ——这里的所谓舒当然是我自己，刘是预科女生刘舫。

刘舫于1924年夏毕业于第一女师，本预备1924年秋季去北京求学，只因家住眉山，暑假回家再来成都，则约定同赴北京之伴侣已先行，一人不能独去，所以暂时考入高师。 她于十三岁即入女师，毕业时尚只十八岁,在当时女生中年纪算最轻,但成绩素来优良,在女师以最优等毕业,在成高的女生中亦系最优等生。 因此学生之追求她者特多,故她在成高也是名闻全校的所谓"红人"。

她是预科文学系学生,我在1924年未教预科学生,1925年春亦只为教育系讲教育通论,故在课堂上我们绝未见面。 而学校在1924年秋未设女生宿舍,她寄居其同学林静贤家中,下课以后即与林君返家,在学校方面更无师生大集会,所以我们在课室外也无缘见面。 可是因为她是全校的"红人",而女生指导员又是我多年朋友王克仁的夫人,故她的姓名也有时传入我的耳中。 我那时在成都,差不多是大家闻名的,而她在师范时曾读过我的《公民课本》。 那课本是用故事体编述的,比较有趣味,给予青年的印象也比较深刻,所以她对于编者姓名也很注意。 我到成高,她也当然知道我的姓名。 学校放假之后,她以1925年秋必须出川求学,自知英文太差,而请王夫人补习,每日去其家受课,但以王君居校内,她出入必从学校大门进,惧男生之有无聊举动,必拉林君同进出。 而王君夫妇均系我的故交,我自然也常向他们家中走动。 于是12月24日上午的一个偶然相值,我与刘舫便在他们家中第一次见面。

我曾在福湘女学任职年余,在吴淞中学又曾倡办男女同学,而1923年、1924两年讲演,与各地女生之接谈更多,所以见女生也和见男生一般,心意上绝无什么异感。 刘、林两人也和一般女生不同,没有什么拘束,很自然地与我谈论她们读我的课本的印象。但谈不多久,我因有讲演先去,不过大家的"第一印象"似乎都不错。 我自1923年学会摄影后,对于摄影的嗜好很深,差不多常常以照相镜相随。 1月1日的上午,我们又在王家偶然相值,她们看见我带有照相机,要我为她们照相,我即为合摄一张(因成都难得底片,故极节省)。 5日又相值, 她们因其旧同学刘某、岳某新购一照相机,而不会用,请我代为指导,于是第二日她们四人及高师女生王某同至王寓，我当为之指导一切。　而照相在初学者每因其中有物理、化学上变化而感到新奇，常思立刻学好以满足其好奇心，所以她们一天把一卷片子糊涂照完，于第二日携来要求代为冲晒（那时成都无代洗软片之照相馆）。　而学校无暗室，只能于夜间为之，她们夜里往来又不方便，林君乃谓彼家有小书房可作暗室，要我携药品至其家代为设置。　我对于她们均甚茫然，对于其家庭情形更属茫然，虽在教导上并没有什么不愿意，但因为略懂世故，对于去林家设暗室则颇为迟疑。　林推知内情，力言其父母如何开通，王夫人曾去过其家，亦在旁为证。　于是同去林家，得晤林梓鉴先生老夫妇。　林老先生虽系宦途，但思想颇新；林夫人于其女尤爱如掌珠，对于在家中设置暗室之事，极表赞成。　他们并希望我能为其子女补习功课，便来年出川就学较为便利。　于是自此而后，我便不时为林家之座上客。　在学校一方面，又有云南的几位学生马耀武、陶国贤、罗文汉等数人从我习照相。　而照相又非实际练习不可，故我每次外出，总有一大群男女学生跟在后面。　同时陈岳安、李劼人两君知我好游，也常在一起游散。　寒假时我们的踪迹，除了成都城内外的名胜而外，且与岳安父子林家老小，与劼人、刘舫等到离成都四十里的新都县宝光寺去过一次（其详曾载《蜀游心影》中）。

刘舫在学校虽属高才生，但是她在师范所受的教育，是比较顽旧的。　她本有志于历史及文学，但历史只知读死书而不知搜集报纸及社会事象的活材料，文章则学了"东莱博议"式的滥调，而不知写生及纪实，于新文学有热望，但得不着读物。　自与我长谈几次之后，她觉得自己太不行，不独以为对于文史无基础，就是思想也得从新改变。　1月15日，她向王夫人说，她和林君要从我习国语文及阅读方法。　我在那时对男生除去公开讲演而外，个人之来问业者无不尽力指导，对于她们当亦一视同仁。　而以为要写作必得先读书，更必得先习观察方法，而发表最便利的形式是写日记与游记。所以我首先指定其读《呐喊》《超人》《隔膜》《星海》《小说月报》《妇女杂志》《语丝》《现代评论》等，更教以阅报、剪报、贴报、做笔记、写日记、游记及观察、分析自然界、人事界现象，再组织为笔下材料之诸方法。但林之天资既远不及她，求知欲亦不及她，虽然也在同时学习，但自认是"陪太子攻书"，只要"太子"成功，其本人是无所谓的。而她则特别努力，夜以继日地阅读，并能提出问题互相讨论；写作甚勤，日记尤无间断，几于每日都有文稿呈教，我亦随时为之改削。在学校她不曾上过我的课，但自1月15日以后，她已是我的私淑弟子，我们的往来也渐多(在那时，男生方面在文字上可称为私淑弟子者尚有罗文汉)。1月30日我生了一场病，也是她和林君及其弟照料一切。可是自3月12日正式上课以后，她迁居学校，一则大家为着功课忙，二则为着要避嫌，反而很少相见。可是这私淑却成了引线，而引燃着一件教育史上所未有的大问题。

她在学校既属"红人"，一方面受着异性的重视，而感到许多麻烦。最无办法的是源源不绝的情书，以及"面善之客"的拜访；在另一方面，则又受着同性的嫉妒。这嫉妒之源泉有二：一是两性问题；一是学业问题。在青年期，异性的追求欲是本能的，人人都有。被追求太过的人固然看见"情书"和"情人"要头痛，而太被冷落的人，则下意识中对于所谓"红人"每每潜藏着一种愤恨的感情，随时在等机会发舒。在学业方面，她本属优等生，自从她和我相往还而后，思想方面固然有进步，常识与文字方面也有进步，而有俨然成为"新文化"人物之势，一般女生更是望尘莫及，其潜意识中之妒嫉之念遂与她的学业进步而俱增。在她自己也未免有鹤立鸡群之慨，对于追求的异性不理而外，且常肆讥讽，其招反感自属必然之事。一方面她与我相往还；我在那时既已风头健得令人难堪，她又那样"红"得令人侧目。 我们的往还是无异在一般人的"妒"与"恨"的积薪之下烧着火，只等积薪干燥到相当的程度，便会自然而然地燃烧起来。

此外还有一位伙夫是林女士， 她与林君为挚友，林君之父既为其保证人，且以爱女之故而爱她如己出，故 1924 年秋学校未设女生宿舍时，她即寄居林家，所受待遇完全与林同。 而林年长于彼，俨然以长姊自命，事事护卫之。 她以为她自己曾病羊痫，虽经治愈，但前途并无希望；对于刘，则以其天禀既优，又肯努力而期望甚殷，所以刘在学业上有进步，在全校为红人，她最高兴。且她俩常共起居、共进出，对于刘君之生活情形，亦最清楚，如有人诽谤或讪笑或诬蔑刘君，她感到比冒犯她自己还难过，必得出死力与争。 在当时，我与刘君既为大家所重视，当然不免有人作为谈话资料，局外的她，自不能全然无所闻。 她本其护卫之忱，而不问其为无意识的闲谈，或有意的毁谤，必与人大闹。 她的性情躁烈，且有病，别人怕她，不敢与较，但不满之念是日积日深，而推原其故，则所为者是刘。 而刘又比较纯善，于是女同学之新怨旧恨，都一一推向刘的身上，而非排挤以去不可。

那时的女生中有一位某长官的眷属，她的学业自属平常，但也并不要与他人争胜。 不过一般女同学在她面前谈及刘舫的种种，她当然也不能不有所感，偶然说一两句同情她们的话，自是人情之常。 她们则以为这种同情的话，是一种重大的支柱力，而更有所恃地增加其排挤的力量。 于是第一步联盟冷淡对付，第二步偷阅其书信、日记求其有可以借口的资料，第三步向学校当局告发其行为不正当而假借某长官眷属之意强学校令其退学。 在 4 月 24 日下午傅校长召刘到其私室，谓女生多人，告其有与人恋爱行为，并以一函示之，谓有人指为系我所写且谓有人见其日记，载有种种与人恋爱之情形。 为学校安宁计，并早知她暑假要出川求学，故令彼转学。　她本年少气盛，并常为无头情书所苦，看见的信，又是出自两日前所得的无头情书之人之手笔，文理既不佳，措辞亦污秽，不觉怒从心起，质问学校管理不严；且请调取我的文稿核对笔迹，更涉及书信自由的法律问题。　关于日记，则谓本属私事，有绝对秘密自由权，但为表示坦白起见，愿取来公开。　及返寝室遍寻日记则已不知去向。　寻查终夜，由宿舍寻至林家，终不可得，始悉被人窃去。　25日上午，校长又召去谈话，仍是令彼转学，她更坚持不从；日记不得，无从表白，则愿赴法院请求法医检验以自明，言语之间未免有所龃龉。　26日为星期，学校乃致函刘之保人林女士之父林梓鉴先生，谓女生告刘有不正当之恋爱，令其转学，自星期一日起不必到校上课。　她认为这是一种侮辱，林尤不平，27日上午仍返校上课，下午且由林约同其父至校向校长理论，而林以义愤填胸，急不择言，对于校长破口大骂。　校长则向林梓鉴先生责其无家教，林年虽长，但亦不能容忍而谓家教本好，只是到成高被学校教坏了。　于是互相争论，而林静贤干涉学校行政、咆哮校长室、着即斥退的牌示立即悬出了，向督署请派宪兵四人来校监视的电话打出了，宪兵四人也相继到校了。　闹了一下午，卒由学监某君将刘、林等劝归宿舍，林老先生自行归家。　而学生中之知道情形者义愤填胸，晚餐后不期而集合合班教室者百余人，开会质问校长无故令刘转学，无故开除女生及请宪兵监视女生的理由，并要求收回成命。　刘、林亦登台说话，在这群众骚动情形之下，校长亦无可如何，只得允许收回成命。　这天下午陈岳安君约我去草堂寺看竹禅字画，我于1时即出校，9时返校，始由学生罗文汉密告下午经过情形。　我以为事情闹到如此地步，我绝不能再留，而学生尚在开会，当即函主席要求出席说明我与她们三个月来往还经过与我决计立即自去之态度。　主席当复谓无关我事，不必出席。我遂未去，但立即整备行装，决心离川。　且即函告傅校长。

当夜学生们之集会，不过由少数所谓"新文化"青年因看不过那种情形，本其一时豪气，而偶然相聚一处，初无任何组织。当集会时以哄堂大闹，逼得校长应允收回成命，在他们单纯的心理中以为是得着胜利了。殊不知这种群众暴力，只能威胁着一瞬，绝不能使人心服。我在思想上本早与许多人对立，在行动上亦早为许多人所不满，再加刘舫之反对者，及"新文化派"学生之反对者各色人等混合在一起，于是产生另一集团。这集团不能说学校的办法（尤其召宪兵之事）一定对，而明白拥护之，只有追原祸始，转到刘舫的恋爱问题上去。但恋爱本属私事，且刘舫已经明令转学，亦难再有如何对付，于是再追原祸始，遂不能不牵及我。而当晚开会之人，又是所谓"新文化"派，更疑是受我的指使，而把所有的罪孽都移我身上。这在当时，可算是最适合于那一集团的心理的办法。因为数月以来，各方面有形无形受我的影响与怨气者很多，不管结果如何，能够出出气、开开心也是好事。于是问题便急转直下而以我为对象，刘舫反而成为工具，林静贤则置之不问了。——现在想来，这种群众心理转变之速，目标移转之快，真是极有趣的问题。

27 日之夜，全校都哄闹着这问题，而学生之中则显然分为"驱舒""拥舒"两派。所谓"拥舒派"者就是晚餐后在合班教室开会的那些人，他们本无组织，无所谓拥不拥，且亦不曾与我接洽，更不得我同意，只凭一时热血，行其所欲行之事。反对者出，遂强加以"拥舒"之名，詈之为"走狗"以杀其自尊之念，使自好者不愿行动；胁之以武力，使良善者不敢行动。"驱舒派"则以校中原有之某小团体为中坚，因为素有组织，而又由一部分教职员合作，故合班教室之会散去未久，即有"驱舒团"出现。彼等以为一切的一切都是我在那里作怪，仅仅去职不足以出气，必置之死地而后快意。其干部与一部分教职员商议办法，终宵未眠。

28日午前8时50分即请由校长在操场上召集学生开会，由"驱舒团"按照预定方法，用种种危词以冀反对者能转变意向。但反对者仍发言质问。虽经"驱舒团"施以威胁不能尽毕其词，而两派尚有对立之形势，一直闹到10时始行上课。再由有组织之教员在讲堂上分别讲演，复由"驱舒团"分别威胁，所谓"拥舒派"者势已大孤，但仍不能平服。于是"驱舒团"以为要平反侧，亦应当将祸首处死，使随和者无所附丽，方能安静。乃再经一度集议，商定更进一步之办法。下午1时便用教职员全体名义召集学生开会，并指定男生陈某为舒、刘恋爱之证人，女生陈某背诵日记，再由图画教员林某、音乐教员罗某、斋务长秦某说明刘系被舒诱惑及诱惑未遂之罪案，更由数学教员张某提议由校长带领教职员及学生代表至督署请兵，由学生带领分途逮捕。其最能鼓动无所可否的青年之理由，为利用乡土观念而谓我的言论文章太厉害，既经闹到如此，若不逮捕置之死地，将来经其言论文字宣布，川教育界将无面目见人。故可利用戒严时期不经法律而由行政手段处死。这时已达"毁尸灭迹"的时期，当然说不到理智的分析；况由预定之教职员学生举手赞成，即算通过，有理智者即欲说话亦无从说起。这时已成群众活动，傅校长已无法统驭，只有遵众议，冒大不韪，由其率领教职员学生代表至军署请兵。而在思想上认我为罪大恶极真欲置我于死之又一面，则由斋务长秦某指挥一切，分遣预定之教职员、学生、工人至我平日往来之友人处及街上寻捕，且明令捕得即行殴毙。结果是捕我不得，而竟将我之友人李劼人捕去为代。

十一、李劼人代牢

4月28日，星期二，上午我在师大预科有两小时的教育通论课，下午并有一年级之教育心理学课。我先晚既经决定去职，故于午前一面函校长告以决定于下午离校，一面函斋务处声明上午两小时请假，便出外料理寓所，下午 3 时至 4 时之教育心理学则改为公开讲演，目的是要向学生公告我所以即去之原因，与对人治事之态度。乃于上午 8 时出校访陈岳安、李劼人两君，请他们为我照料一切。12 时回校收拾稿件，命私人书记杨逸卿君代为整理行李。适从布告处经过，并未见有我请假与讲演之布告，很以为异。甫进室，傅校长即来结算欠薪，并欲我暂即离校，盖此时所谓"驱舒团"，正在计议办法，预定于下午 1 时开会时邀我出席，冀以群众势力逼我自承罪名以便处死，傅不愿而又无法阻止，故欲我避开也。12 时半我出校，即有学生数人牺牲午餐，先从后门偷出（当时校章学生非请假不能出校门），候我于三桥人丛处，告我以上午校中情形，欲我万勿再返学校致遭毒手。我虽感其厚意，但以为至多亦不过墨枪笔戟之问题，绝不以为有生命危险。有王生子埜者，力言川省种种黑暗，一切唯力是视，无法无天，决不可以理性揣度。且强我去劼人寓所而将种种告知劼人与岳安。他们亦以为好汉不吃眼前亏，力阻我再返校。一面由劼人备午餐，一面遣其舅氏之勤务兵送信于傅，请其将行李送至劼人寓所。午餐未毕，即有曾在劼人寓听其讲演之学生十余人陆续来告，谓校中开会决议向督署请兵及派学生工人逮捕处死，逼我立避，以恐被缉者追踪，随来随去。其时我着西装皮鞋，王子埜君强我易装，而以自己之鞋与我，劼人、岳安亦以为事情紧急，非避不可，乃由岳安予以中装。易装甫毕，即闻门外人声嘈杂，劼人乘酒兴出与大闹，我乃由岳安乘间引至劼人舅氏后院短墙边，扶我踰墙跳至邻居。邻人初以为盗，大声呼喊，岳安告之，且同踰墙，始获无事。劼人之闹，则为故延时间，使我能安全逃出。经过半小时之争辩，劼人卒令督署宪兵及学生代表入室搜索不得，乃将劼人捕去。我则于宪兵去后，由岳安引到彼家。 但因彼家之后门与劫人寓所相通，而 28 日以后，逻者日夕伺于劫人寓所之外，彼等虽不知二家之后门相通，但岳安以为终非安全，乃于 4 月 30 日晚间由林女士引至其姨丈吴先生家中寓。 5 月 5 日又由只见一面之刘晓卿介绍至其戚胡先生家中寄居。 至 11 日我始化装离成都。

4 月 28 日"驱舒团"虽将劫人捕去以代我，但以为不足快意，仍四处散布密探侦察，凡我平日往来之友人寓所以及教堂医院无不派人查访，各城门口亦放有"步哨"。 经过数日无消息，则由军署通令缉擎。 另一面则派人与刘、林两女士接洽，于威胁外，动以乡土感情，饵以回校及暑假后由校派遣赴省外求学，以冀她们吐露我之寓所及由刘承认被诱惑，以期制成罪案。 不料她们不独不食其饵，不畏其威，且对来者予以责难。 于是所谓"驱舒团"者乃利用校友会及全体教职员学生之名义散发宣言、传单及新闻。各报屈于威力，虽不敢不照稿登载，但均于稿后加按语，谓该项稿件系由成高校友会盖章送来，以示报馆不负责任。 刘舫见之，复自撰文驳斥，并请举证以备兴讼，亲送报馆请求登载，而校友会则均置之不复。 又一部分教职员学生则具函声明不曾参加。 于是 5 月 4 日至 5 月底之当地报纸，几以此项新闻为主题，《国民日报》及《蟋蟀周刊》，且为文评高师之不当——更未几而传遍全国。 在学校方面，所谓"拥舒派"虽无组织，而又为"驱舒团"所威胁，不敢公开活动，但暗中探听消息，随时以书面或口头报告林、刘两女士及岳安，甚至 28 日斋务处所贴"凡不请假外出者，一律严办"与 29 日"从今日起凡与舒新城暗通消息者查出严惩不贷"之两布告亦于夜阑撕下寄我。 同时并有不相识之青年来函请我避居其家中。 我在岳安及吴先生处寓居，均为所谓"驱舒团"侦知，但均在我离去之后，其所以不被难者皆由所谓"拥舒派"之暗通消息所致。 当时对于我维护最力者，除与我平日往还之云南学生罗文汉、陶国贤、孙承光、马耀武诸人外，有王子埜（文蔚）、姜寅清、廖廷哲、青任道、赵代洲、张厚基、朱植民、邱琦、吕嵩年、李可清、曾莱、罗纲举、刘崇厚、刘寄岳、袁正武、何志远、张壬林、谢道乾及校外之岳永斌、刘妙龄女士等数十人。

　　我在成都匿居两星期（自 4 月 28 日至 5 月 11 日）看报纸上的种种记载，本欲为文辩正，但恐引起更大的反响，故隐忍不发；虽曾一度函达通俗教育馆馆长卢作孚请其转达成高向法庭起诉，我必亲出应诉，亦无回音。而我最感不安者是吴、胡两家之照料。吴、胡两先生我虽均不相识，但吴为林女士之戚，尚可谓略有渊源，胡君则仅凭我与刘君之一面缘而辗转邀去，其动机完全为仗义，而其寓所宽敞，有园林亭榭，环境固佳，待遇更佳（每食必备六七肴），且欲我久居其家，静待川政变化，再图出川。其豪侠之气，使我感愧无地。而心中最为系念者是劫人之牢狱难与刘舫之精神上的刺激。为着劫人的因我受累，精神上至感不安，几次欲亲去替换，均为岳安阻止。他的理由是劫人是第三者，且为本地人，而又曾因某报事被拘过，现在之事，仍属一种报复；但事实上绝无生命之虞，亦不致被虐待。如易为我则有难言者矣。故我终于只有内心的歉疚而不曾实行我的愿欲。到 5 月 6 日，劫人由成高教职员孙倬章、叶茂林、林文海等三十余人函达傅校长转函督署释放，卒于 8 日释出，当夜即来看我。询以经过，则谓一切均如第一次，不好亦不坏，可算休息了十天，且曾教训了几个人。不过 28 日进署前为宪兵将其左手无名指上的结婚戒指掠去，是应由我负赔偿之责。看他的风趣一如往昔，我则唯有内愧而已，找不着什么话去安慰他。他反与岳安为我计划出川的种种办法。刘舫则本其青年勇气，除与所谓成高校友会打笔墨官司，应付所谓学生代表及走报馆而外，且常于灯后同林女士乘垂帘轿来看我，而且一来必谈至深夜方去。对于所谓诬害，她都视若无睹，而每谓这些糊涂蛋，再过三五年，必自悔孟浪，无面目见人。 询以如此风波，消息传至家庭是否要发生问题。 她谓："我在眉山为世家，祖父和父亲，均系所谓新人物，十五年前，祖父办学校，倡天足。我于七八岁时赤足在街上打旗帜唱天足歌，他人见而匿笑，祖父则奖励有加。 父亲自'五四'后写白话诗和国语文，对于男女问题看得尤清；我虽女儿，但从未以女儿看待，一切听我自主，此次之事，在成高以为是天大问题，在他唯有窃笑而已。 我现在计虑者是你的安全问题，与我出川去何处入何校耳。 所谓成高问题，我与我家均根本不把它当做一件事。"她这态度似乎不是一般青年尤其年未二十之女子所能有。 平时我们的思想本多相通，此次结成生死之交，人格上之感应力更大，在当时我们固然说不上恋爱，但自此而后，彼此的潜意识中都有爱苗在滋长。 六年后我们果然结成爱侣，却不能不感谢此次成高的诸位先生。 ——关于这一切我将在我们的《十年书》中去说。

十二、化装离蓉

经过岳安、劫人两日的布置，我于 5 月 11 日离成都。 离成都要办两件事： 第一是改装，第二是筹路费。 因为督署有令通缉，虽然当时督署的命令，也如北京政府的一般，只能及城围的若干里（当时四川为防区制，各地防军为该地之最高执政者，一切独立，不受他防区的节制）。 但城门之一关是比较严重的，非有周密的布置不可。 据劫人在"优待室"所得的消息，及岳安在外面所闻的风声，都以为此次之事，不过是一些"僚属"们串通作怪，所谓通缉令，不过是敷衍某某的官样文章，并不一定要办到"归案"。 只要混出城门，问题已去大半，经过简阳，便算达到安全区域。 经过他们的周详研究，以为我的标志除姓名而外是西装、革履、长发、无须及大眼镜与湖南话。 若能将这种种更易，再乘天将明未明之际，乘轿出城，必获通过。 10 日以来，我已改服岳安及学生之长袍布鞋（劫人个子矮小，故无法给我以衣服），再由岳安在估衣店购几件旧衣（岳安之身材与我相当，故可由彼试样），则西装革履问题已可解决。 我虽御新式玳瑁框大眼镜，但只有一点散光，并非近视，不戴眼镜亦无问题，而岳安则以为改御墨镜为妥，故由彼给我一副新式太阳镜，眼镜问题亦解决。 我说话虽带湘音，但很能讲几句蓝青官话，而当地人士对于湘音并不能精密辨别，在语言上亦可带过。 长发可截短，须则以十余日未修剪，已有相当长度，乃于 10 日下午，由胡君召理发匠至家为我剃成光头，而保留上唇之须。 当夜将各种改变之处一一试演，劫人、岳安认为不错，刘、林两女士来别，亦认为不错。 至于姓名，则早由林老先生与岳安商定代印名片一盒，片中印着两个大字"余仁"，左上角为"子义，京兆"四字，右上角为"京华书局主任"六字。 他们所以要如此决定，据说是存有深义；但深义为何，他们当时未曾见告，事后我也未再询问，只好视为永久之谜。 在路费方面，岳安早有准备，除去将轿夫应有工资先行开销并予数十元在路上作零用外，且汇渝以相当之数，使我足够由渝至宁之路费。 5 月 10 日之夜，他偕轿夫至胡君寓所相见；11 日天未明，轿夫即来，我起行时，岳安、劫人并来相送。 二人对我之厚爱，实非语言所能表显。 我除愧怍外，连谢字也不敢向他们说。

临行时，岳安并告轿夫，谓我为北京人，系胡家之戚，初次到川，对于语言及地方情形不熟，嘱其善为照料。 我们出城时，城门方启，守城军士，尚呈朦胧状态，虽说因戒严而必须检查，但看轿下只一小包袱，更由轿夫与之说两句土白，便即让我乘轿过去（通常要下轿检查）。 当日以"犒劳"（川语酒肉之类）为酬，促轿夫赶过简阳二十里歇店，已算是安全地带，沉重的心，也即放下。

途中经过十日，至 5 月 20 日而达重庆。

我离开成都之后，刘舫无所顾忌，于是与所谓成高校友会大打笔墨官司，校友会每月有新闻及宣言，她均一一驳斥之，且限期答复，并要求负责人出面欲与兴讼。 同时其眉属同乡会，亦发宣言质问高师，但高师均置之不复，仅于刘舫第三次质问时，复以数十字不着边际之骈文一纸。 到 6 月中旬，她因急欲出川就学，乃发一最后宣言即行回眉，算作了结。

十三、我的态度

我在成都本有一肚皮的话要说，但以屈于暴力，不敢发表。 重庆是自由的天地，且经友人怂恿，于是在渝居八日，发表一篇万余言致国立成都高师的长函，说明此次事变之因果。 最末述我对于事变之态度。此段与我个人及当时社会情形均有关系，兹照录如下：

当事变初发之时，我对于诸君未尝无敌意；后来知道诸君种种横蛮动作，我敌视诸君之念，立即为衿恤的情绪占去。

当我听得 28 日某教员在开会时提议请兵捕我的理由之言，我感触最深，痛苦亦最甚：以我这种无能的人，竟使诸君如此恐怖，因恐怖过甚而欲置我于死地，我真哀衿诸君之不暇，何暇责诸君。诸君要知道，做人是自己的事，只要自己立得脚住，他人何足畏。我虽然以卖文为生，但从未捏造任何事实以沽名营利。诸君之中不少学科学者，当知道"无人能否认事实"的格言。如诸君不作不近人情不合法律的事情，任何人将无如诸君何，区区无能的我更何足道！而况我的四川好友不在少数，即这次事变，亦曾结识许多四川患难朋友，诸君何必以诸君之心慨一切川人，更何必以此为鼓动群众的工具！而且这次事变在我看来，只是一个思想冲突问题，因思想冲突而演成杀人流血之惨剧者,史不绝书。我以自由发表主张之故,致使诸君大部分之生活根本上发生动摇,因而引起用群众暴力、军队武力置我于死地的举动,不过是千万个思想冲突问题中之一件事,即使真死于诸君之手,亦算不了什么。而况我固不曾死,所以我对于诸君并无敌意。

此次事变之表面文章是男女问题,实则里面完全是思想冲突。把女子当"人",是我夙昔的主张;即我原籍文化蔽塞的湖南,在宪法上固曾规定男女在法律上一切平等,在事实上除省议会有女议员外,其他公共机关无不有女职员(教育司长并有女子竞选)。加以我早经办过女学,办过男女同校的学校,对于女子之往来,只把她们看作有人格而独立的"人",并不问其性别。四川风俗虽异于他省,但既属男女同校,女子又何尝不可当"人"看待。殊不知这就与诸君视女子为玩物的潜意识相反,竟使诸君借为口实,而如临大敌般群起而谋我。把女子当'人',现在的诸君,以为是可以牵及全世界全人类的问题;但我看来,在成都最多亦不过如十五年前之男子剪发问题、二十年前之女子放足入学问题、三年前之女子剪发问题而已。各人的思想不同,判断自不能一致,此时我当然不能要求诸君谅解,但我总希望十年乃至于三五年之后,国立成都高师不再有此类似的问题发生。

诸君若以我谓此次事变为思想冲突是遁词,我请举几种实证。(一)无论从何方面诸君均不能证明我有罪,而竟用非常手段以谋置我于死地,除思想冲突所引起之利害冲突外,是不能用任何原因解释的。(二)以诸君之骈文宣言与我四年来发表之一切国语文对照(四年来我未发表一篇文言文),也就可以证明。(三)最显明的实证,就是诸君宣言中定我罪名,"冒托新文化,力斥旧道德,假自由恋爱为神圣,蔑礼法而不顾,借社交公开为文明,背正义以不惜",与诸君自己立脚点"同人等夙受诗书之化,备聆礼教之文"的几句话。

我认清这点,所以我觉得我的责任甚大,我一日不死,决一日在学术上为诸君助。

我怀疑现教育制度已十余年,暑假后将不在任何现行学制的学校中作教师,要自创我的新教育制度,早在外专十周纪念会、成都公学学术讲演会,当数千听众宣布过。自经此次事变后,我更觉得这种教育,非根本推翻不可。以后将更特别努力,如有所成,诸君今日之力不小。

我素信人群维系,只有思想的结合最可靠,自经此次事变,更得一种具体的证明。4月28日以后,诸君以我一定寄居在外国教堂、医院、学校,或外国朋友家中,而常派人去调查。实则我绝不牺牲平日的主张,求外人的庇护,而是寄居于几位索不相识之朋友家中。此数朋友,平时固不曾谋面,我对于他们并无要求,他们辗转设法求得我的住所,接我住居;同时并有素未谋面的女子在内营谋一切。至于学生之来报告消息者,更无日无之,压迫学生之条告,亦系学生交我者。我出校只穿一身西装,一切行李均被诸君扣留,我在成都、出成都,都非易姓名和改装不可(因诸君曾请督署电各县驻军缉拏),然而一无所有。但我起行时,却什么都备,还是这些学生与朋友替我办好的。而4月28日之不遭危险,更完全是思想上有了解的学生救出来的。以我孑然一身,孤居成都,平日既不与显者往来,诸君挟数百人以及军队的力量协谋置我于死地,而竟不死者,思想上有使人了解,人格上有使人相信的地方也。嗣后将更努力于此,更望诸君以此为鉴!

我相信社会的改造,在时间上为无穷,在空间上为无限,经过此次事变,更增加我的信念,更供给我许多方法。将来社会上如有贡献,实出诸君之赐,我当感谢诸君!

我尊重诸君的人格,不作无谓之谩骂,更爱惜学校,不尽量宣布其内幕。尚望诸君自爱爱校,不再作无谓之捏词。倘诸君必欲加我以罪名,请从法律与学理两种正当办法上着手。如欲讲法律,请检齐确实证据,在法庭上起诉。我纵畏诸君的蛮力,不能亲到成都对质,但绝依法请求移转管辖,投案诉辩。如欲言学理,请先将诸君所谓恋爱、婚姻、诱惑、恋爱与婚姻之关系、恋爱与诱惑之关系、正当之恋爱、不正当之恋爱种种含义,详加说明。无论何时何地,我决执笔相待。我屈于诸君之蛮力,所受名誉上事业上之种种损失,不能在成都法庭起诉受法律之保护,只有请诸君自省。即在文字上,我除辩正事实,亦不愿作无谓之攻击。我将此次实在情形简单公布,并不希冀引起舆论上对于诸君之攻击,只认此事是一个很可值得研究的社会问题,公之于众,以便大家研究以后解决此等问题的良善方法。

此次我最痛心者,不能把预定的功课讲毕,致使一部分学生失望,将来只好在文字上补救。

5月29日我由渝起行,颇得商务印书馆渝分馆经理穆伯勤先生之照料,6月8日到南京,得见京沪各地刊物对于此事之评论,都属不直成高之所为。 我则本前段之诺言,且"五卅"在上海发生顾正洪惨案,觉得国事重于私事,更不愿以私事而占各种刊物的篇幅,所以不发表关于此事之其他文字。 7月四川政治发生变化,赖心辉入主成都军政,傅校长随杨森他去,于是成都教育界又大发宣言攻击傅,而成高亦由赖改为四川大学,聘张澜为校长。 我的书籍行李,则由岳安、劼人等费九牛二虎之力请由该校校务会议议决返还。 至于欠薪,则只有置之不问而已。 斯年6月,河南第一师范来电相邀,翌年北京师大专函相约,我均本前段诺言而不应。 我的教师生活即至此而止。 ——1930年秋与1931年春虽曾在上海暨南大学及复旦大学各讲中国近代教史一学期,但未受酬,只可谓之为"客串"。

十四、丰富的收获

我于 1924 年 10 月 15 日起行赴川，1925 年 6 月 8 日返南京，连旅途计算在内，在川不足八个月。这八个月的时间虽短，但在我的生活上及教育见解上，却发生了决定性的影响。

我本属出身农村的书生，虽然因为写了许多文章，被称为"教育家"，但对于实际的社会情形及人的本质，可称所知至微。平日一切言动，都本着个人的直觉与书本的知识，任性干去。在兑泽、在福湘、在中公的几次风潮，虽也给予我一些打击，供给我许多反省的资料，但是刺激不大，反应也不强。这一次，不独自己有生命的危险，且牵及其他的纯洁青年。因而对于社会的丑恶（尤其是政治界的黑暗）与人心的险诈，有了较深切的理解与体验。所谓教育独立、教育神圣的观念自然从事实上证明其为幻想。可是在又一方面，因为感到岳安、劫人、晓卿等以及许多青年赤忱热血之维护我，使我在万死一生的险境中而竟得以不死，又深觉得天地间尚有正义，人世间尚有同情。则社会的丑恶与人心的险诈，是"变"而不是"常"，是"偶然"而不是"必然"，我如努力从实践中加急学习，则社会之改造，人性之改造未始无望。所以我从虎口逃出之后，常觉心君泰然，对于国家前途怀着无穷的希望，对于个人生活则更趋积极，这态度自然是"现实环境"所给予我的教训，同时也是父亲十三年前于我赴常德时临别告以孟子所谓"天将降大任于斯人也，必先苦其心志，劳其筋骨，饿其体肤，空乏其身，行拂乱其所为，所以动心忍性，增益其所不能"几句话所给予我的鼓励。

我自然是不能当大任的斯人，可是遵着父亲的教训，对于任何逆境绝不悲观，同时也不藐视自己。再加上少年中国学会的宗旨和信条，充满了我的心胸，更使我不愿意随波逐流地过下去，很想就我力之所及为社会国家服务。 对于成高的风波，虽不敢视为"斯人"的"天训"，但却以为是"增益其所不能"的宝贵经验，而思有以利用之。 因为我自幼即好写作，而对于教育文化的书比较多看几本，且比较有点经验，比较有些意见，所以在蓉于看不惯当地教育界情形而决定不再作教师之后，即决定专心从事教育著述。 自经成高风波，此志乃更坚决。 而且无形受着"行有不得，反求诸己"（朱子教条第五）两句话的暗示，自觉学识浅陋，不足以负重任，更觉教育的改造，绝非囿于教育的圈子里所能济事，乃更决定重新学习社会科学，而以整理近代中国教育史为人手的工作。

我是从农村出身的，而且受过很长的私塾和书院教育，对于所谓新教育之整批生产（Mass Production）式的教学与管理，以其不能发展个性而常常怀疑。 在吴淞中学之试行学科制、道尔顿制，即是对于教学方法的一种反响。 至南京而后，经过各省暑期学校的讲演与考察，对于整个教育制度更发生疑问，而思有以改革之。 在成都数月，因对于当地教育政治与教育情形之不满，而更增长我改革教育制度之意向。 根据我对于书院制度的迷恋与对于新教育之认识，而创拟一动三馆制（图书馆、科学馆、体育馆）的学校制度；于教育行政制度则主张中央集权与地方分权互相调和，而设立教育立法、教育行政、教育监察的独立机关；于教育经费则主张独立，且主张各级学校一律免费。 对于教育研究的范围，亦本个人的见解而将其扩充至教学训育等技术问题以外之经济政治制度及社会组织。 在成高所设之教育通论课程，即打破历来教育学的组织而自创一种新格局；于教育定义亦从新厘定，以后在南京专事教育著述时，其所发表的教育主张，大半都是孕育于成都。 所以成都的数月是我的教师生活最苦难也是最丰收的时期。

第三篇

教育著述生活

第一章　初期写作

一、札　记

我的教育著述生活之尝试是在 1919 年 11 月辞去福湘女学教务主任之后。 但到第二年 9 月仍作教师。 1925 年 6 月自川返宁而后，即决心不再教书，始专门从事教育著述。 就我所知，中国教师之专以文字而维持其家庭生活者，在那时似乎未之前闻；而我自民国 1925 年夏至 1928 年夏之三年间，则完全恃教育书稿过活，而且过得相当的舒适。 我之所以能如此，第一是我少年时在文字上有相当的修养，于写作上颇感兴趣，第二是 1922 年秋，偶然间认识一位出版界的朋友，给予我许多帮助。

我于十岁半开笔(学做文章)，学了几个月八股破题和应试诗，得不着什么益处；而且因为读书不多，熟词、成语不敷应用，每逢作文，都感枯寂，更不肯用心学习。 所以开笔一年，并无什么成绩。十一岁半，进了张浣泉先生的门墙，改习经义，文体大大解放，觉得自由多了，对于作文颇感兴趣。 而张先生每日必讲《了凡纲鉴》，比论时事，且强迫作札记，更令自由发挥意见，有彼所认为精到的笔记或作文，更张贴于外以示鼓励。 我本好发表意见，差不多对于任何一件史实，都似有意见要发表，而张先生允许我们自由论史，且常以梁任公先生在《新民丛报》上所发表的文章为范，鼓励我们大胆说话。

于是我的议论好似发不完，文章也似写不完地一般，作起笔记来，总是比别人的多。而张先生因为我年龄最小，更不时当众夸奖，我自以为非常荣幸，而更努力，卒至养成了一种每日写作的习惯。此习惯至我十三岁半入郿梁书院而更坚定：是因为靠文章竞争取得膏火，有一种经济的力量在背后支持着。十六岁因为看《曾文正公日记》而写日记，每日都是写一点东西，而年暑假居家温习张先生所讲授的《了凡纲鉴》，所做的史论也更多。所以在文字的发表上，我是自幼养成习惯。倘若对某件事而有意见，很能加以组织，使之比较有条理地发表出来。

二、《湖南民报》

我在少年时既养成了写作的习惯，在郿梁书院时，又曾以文章得着一些膏火，下意识中自然储积一种"文章可换钱"的观念。1913 年进高等师范而后，因为家庭经济的断绝，不能不自寻零用，而高师地居岳麓山，与城市隔绝，即欲谋家庭教师或私人书记之类的兼职亦不可能，便自然而然地想到"以文章换钱"的上面。可是写什么，并无成见，只要能换钱就行。而少年期的想象较丰富，通常是嗜好文学的。我在幼年曾读过许多旧小说，在长沙更读过许多新小说，而当时商务之《小说月报》与中华之《中华小说界》以及上海各报的小说及林译小说也是常读的。因为少年时期之好奇心，故对于福尔摩斯侦探案看得最有兴趣。在课程内由美国教师华尔伟先生将狄福之《鲁滨孙漂流记》（Defoe：*Robinson Crousoe*）与狄更斯之《块肉余生记》（Dickens：*David Copperfield*）等为教本，且有西洋文学及西洋文学史等学程，故对于西洋文学亦稍有门径，而感兴趣。初入高师三年中，一面忙于功课（我考入高师英语部本科时，英文不能造句，而由美人直接教授，故非用功不可），而无多余的时间从事写作，一面在经济上也不感到重大压迫（因为有旧同学黄复强、胡惠人及舒鉴渊每人每年借我十千文,可勉强敷零用),虽然以性之所好,偶然写点小品文投长沙各报,但为数甚少,所得的报酬,也不过是一月两月的免费报纸。 1916 年夏,因湘人响应云南起义,汤芗铭去湘,由湘人公推名宿刘人熙继任湘督,省议会亦于斯年恢复。 有湘南留日归国学生谭某发起《湖南民报》而无编辑人才,因我不时在长沙各报投稿,乃由同学周调阳君之介,于 7 月入该报任编辑兼撰述。 因当时长沙一般印刷所无全张印刷机,更不能打纸版、浇铅版,而须用活字印刷,排字工人又素无排报经验,亦无专门校对,故我们须亲至印刷所校稿,每至天亮而未睡(其时同事者有同学周调阳、刘范猷及陶菊隐、许彦飞诸人,陶、许任上海各报通讯,稍有新闻经验,我们则全系初出茅庐之少年),文稿亦在印刷所中撰写。 我的新闻与出版的学习,要以此时为嚆矢。 暑假两月余,我除食宿有着外,且略得酬资以为零用。 暑假后,我们仍返校就学,报馆则由范猷之兄棠猷接办。

三、小说之尝试

我因作了两个月的新闻记者,对于社交的范围自然比纯粹作学生时扩大,应酬也随之而大,需钱也自然加多。 而黄、胡诸君的借款,则因我在办报而停止。 同时因为我一度作记者,文章的出路也较易。 所以 1916 年秋起,常向长沙的报纸杂志投稿以换取零用。 半年之内,曾撰两部小说。 一名《雪际血痕》,以湘西的哥老会为背景,讲些杀人放火的故事,卒经某快捕侦出凶手而破案。 因为故事的时间发生于严冬,在大雪中发现血迹因以破案,所以名为"雪际血痕"投登长沙《大公报》,得稿费数十元。 又一篇名《田畴记》,以父亲为背景,讲故乡的农村生活,投《湖南农业杂志》,但未登完而该杂志停刊,稿费亦只得一部分。 此两稿当然是初期的幼稚作品(当时曾剪存,1921 年由湘迁沪时失去,多少年来想寻觅该报该杂志而不可得),但在当时，对于我的经济上很有帮助。 对于教育只作一篇《葛蕾学校制度》(*The Gary School System*)介绍杜威弟子卫特(Wirt)所创行的新教育方法，投登《京师教育报》，亦得一些稿费。 所以我以后即使以教书为职业，也常常想到著作，并每以之为副业。 这种种是我1925年夏决心从事教育著述的先天因素。

第二章 　教育著述的尝试

一、《心理原理实用教育学》

　　我过严格的教育著述生活的时期只有 1925 年夏至 1928 年夏的三年间，但在此以前，有一个时期专门写作，而写作的又以关于教育的文字为多，故我称此时期为教育著述生活之尝试的时期，其时间为 1919 年 11 月至 1920 年 8 月。 而 1919 年暑假，我曾编过一部《心理原理实用教育学》，为尝试期之尝试，亦即我教育著述之处女作，故先从此书说起。

　　我自 1917 年正式作教师后，忙于功课的预备，除了偶然兴到写点短文投寄当地报纸而外，很少写文章。 1918 年暑假脱离兑泽中学，因为年余以来事实上之教训，对于教育发生许多问题，乃立志研究教育，且要从事教育著述。 但购读了中文的所有教育学类书籍，却得不着一种合意的教育见解。 1918 年暑假借得桑戴克之《教育学》及杜威之《民治与教育》，心胸为之大开。 暑假后任福湘女学教育学教师后，得读该校所藏美国新教育书籍（该校为美国长老会所办），著述之念更强。 1919 年夏，杜威来华讲演，讲词逐日在《晨报》副刊发表，我读得很仔细，常想介绍一些美国教育家的学说。 可是"五四"而后，各种新杂志如雨后春笋般出来，刺激了我的求知欲，有暇即看杂志报纸，反而无暇写作。 同时立了一个自己衡量自己的标准， 即：

"看过他人的文章,自己想想,是否能写得出,倘若写不出,仍须努力读书;如果他人的著作不独自己写不出,甚至于有不能尽懂者,则更须努力。"在事实上,各种著作者都有其特殊的修养,而我所看的范围又极广,当然不能完全懂得,更不能完全写得出,因而不敢写。 这种"自衡"的标准,虽然使我少写许多文章,但对于学业之进修,却得着不少的益处。 这标准,是由我幼年所养成的反省习惯而来,我认为于写作是很有益的,所以至今还是保存着。

1919 年春,我任福湘女学教务主任,兼授教育学及心理学。 该校虽为教会所办,素重英文,但系中学程度,尚不能用英文书为教本,而我对于当时国内出版之教育学及心理学书籍又不满意,故就我平日阅览所及之美国教育学、心理学之书籍中编成纲要,于讲授时令学生笔记。 而该校校长凌孟坚女士(Mrs. W. K. Lingle)谓贺恩之《教育上的心理原理》(H. H. Home: *The Psychological Principle of Education*)很切实用,要我据以教授学生。 于是依其纲目编为教材,暑假稍暇,特为编纂成册,而名为《心理原理实用教育学》。 因有一部分成稿于"五四"以前,故全书仍用浅显文言。

此书虽说是以贺恩的原著为根据,但实只采取其关于心理原理之一部分,该书第五章专论宗教教育,在该校视为重要教材(*凌孟坚女士之主张以此书为教材者以此*),但我则弃而不用。 且采其心理原理之一部分,亦只取其纲目,内容则大半采之他书与个人的教学经验。 故在例言第一条中即说:"本书以心理原理叙述教育方法,注重实用,例证特多。"于第二条说:"本书学理趋重自然方面,以发展个性,适合于社会之要求为主。 近世教育学名家如杜威、桑戴克、詹姆士等之学说,均摘要采入,以期不背世界思潮。"第三条并举美国教育家如杜威、桑戴克、板特(Bett)、斯赖德(Snedden)、施菊野(Strayer)、墨克茂利(McMurry)、詹姆士(James)、毕斯伯利(Pillsbury)、克伯屈(Kirkpatrick)之著作十一种,以示此书于贺氏著作以外所用之参考书。

各书无一英人著作，是因为我在高师的教师为美人，那时又在美国教会所办之学校服务，平日所读均美国书也。

　　此书不过五万字，分四编二十五章。四编即第一编"绪论"，分教育学之概念、教育学之问题、教师之资格、心理学与教育之关系；第二编"知识"，分感觉、知觉、统觉、记忆、想象、概念、判断、推理等教育八章；第三编"感情教育"，分感情概念、感情教育之原则、原素感情、情绪之抑制法、博爱、美感等教育六章；第四编"意志教育"，分本能、冲动、模仿、暗示等教育，习惯养成法、思虑及抉择之教育、注意之教育七章。对"教育"两字之解释也从"教之为言效也，示之模范而使人效法也；育者养也，养之使成人也"说起。但对于教育所下的定义，则为"教育者，于一定场所集合未成年者，于其身心施以相当之训诲、指导而发展其固有本能，以适合社会之要求而促进人类进化之作用也"。于"教育学"则谓为"用科学的方法，研究教育之目的，与达此目的之方法也"。这种定义可称很平庸，仍不脱日本教育学之窠臼，不过加上适合社会要求的一个概念而已。对于教育学之功用则只限研究教育，尤不周延，斯其所以为处女作。

　　这书的内容自然是平庸粗疏，但当时的中国教育书籍，却未见有这种粗浅实用的东西。唯其如此，所以8月成稿后，寄到几家大书店都以"已有同类书籍"的理由而被退回。所谓同类者并不是有与此内容相同的一种书，只是已有"教育学"三字的书，因为那时的教育界尚是日本多少年前之目的论、方法论、教学论、训育论、管理论的教育学世界，阅稿者骤见此种体系相异的东西，自然不合胃口。适逢尚志学会登报征求稿件，乃于10月邮寄前高师伦理学教授当时任北京大学教授的杨怀中先生托其介绍。经一月余之审查，终获通过，于8年11月以稿费百五十元购去。那时我正辞去福湘职务而拟专心从事教育著述，得此稿费，可作我家半年开支，我的著述资本，算有着落，此书后由尚志学会以版税交商务印书馆于1920年5月初版发行。当年 9 月即再版。 我以第二编中有错误，且书中有讲及地理沙盘教学法（该法系当时美国教授地理的一种新方法，我为文介绍登于时报），亦拟加入，乃函该会请求毁版或修改。 该会以销售甚好，只允修改。 但 1920 年暑假而后，任教湘沪，忙于职务，至 1923 年 10 月始略为修订，并于每章之后加参考书若干，以便学生阅读。 而该会以此稿之版税颇有盈余，故又补送八十元。 不过此八十元之效用，较之 1919 年冬之百五十元者，相去不止蓓蒁。

我第一次得着这样大的稿费，自然是欢喜无量，除善为用作教育著述之资本外，对于杨先生之感激殊深，12 月我通函称谢时，尚得复函，嗣后数函未得复。 不料于 1920 年 1 月 17 日，他竟因肺病而逝世于北京德国医院。 得其噩耗，极为感悼。 其时我与高师同学宋焕达、杨国础、方扩军等在长沙办《湖南教育月刊》，我于 2 月号为文悼之，并请其旧友李肖聃先生作传，复与李等发起于 3 月 22 日在衡粹女校开追悼会以纪念之。

二、《湖南教育月刊》

我自 11 月辞去福湘女学职务之后，即与高师同学宋焕达、杨国础三人合租佘家塘一座三开间房屋合居，共同雇一男工烧饭。 三人之中除我有一小孩外，他俩都是所谓一夫一妻的小家庭。 而我的已殇的男孩子，那时尚不过一岁余，吃不了什么，所以我们的一切用费，都是平均分派。 不过房租方面，我稍多负担一点，但也不过四元（全屋租金十元）。 所以我们的用费每家不到二十元。 他们是从私立岳云中学毕业的，所以都在母校教课，虽然收入不多，但每月也有三十余元，足维持家庭而有余。 我虽失业，但有一百五十元的稿费再加上在福湘所积储下来的数十元，暂时可以维持生活；而况我还可以写文章寄交京（北京）沪各地换钱，所以毅然决然地要从事著作。 同时张敬尧在湘任督军，对于教育摧残甚力，经费积欠年余不发而外，教育界稍知名之士，亦被视为与南军通声气而不能安居。　我们茶余饭后谈及湖南教育界的情形，都有怒火中烧之概，乃商议发刊一种教育刊物，以讨论湖南教育问题为主题，兼介绍世界教育思潮、教育学说。　适岳麓高师博物部同学方扩军（彼毕业于私立修业中学，亦在母校教书）亦有此意，并谓印刷费方面彼可想法。　于是我们四人便于 11 月之某日决定创办《湖南教育月刊》，推我为总编辑，宋、杨两君为编辑，方为经理，并于 11 月底发行创刊号。　用二十四开报纸每册四十八页即报纸两张，以五号字为主体，每期五六万字。　定价一角，创刊号印三千份，费五十余元，以后每期印二千份，四十余元。　1920 年 3 月发行第五期，因张敬尧对南军战事失败，压迫愈力，我们自动宣告停刊。　但结算账目所亏不过数十元，概由方君负责筹措，我们不过费去一些写文章的时间而已。

　　为着避免政府注意起见，我们在发刊词中，不明白提出我们专重湖南教育问题的主张，只笼统揭橥四义曰："研究我国教育所应采之宗旨，介绍世界教育之思潮，批评旧教育之弊端，商榷新教育之建设"；而于内容则为评论、专论、世界教育、世界大事、讲演、调查、通讯、附录。　而专论栏以湖南教育问题为主题，调查栏专发表私立学校实况。　撰稿者除我们四人外，有高师同学吴起明、尹镇湘、向事成、邓典训、马文义、文亚及邓名诗、李肖聃、杨树达、张效敏、毛泽东、黄醒等十余人。

　　我虽为总编辑，但只负介绍学术责任，在该刊五期中我曾写过三篇文章介绍桑戴克的"教育学"，两篇"感情教育"，并略写教育杂谈短文，对于湖南教育问题则未着一字。　这里有两种原因：一是因为我比较多读些教育书籍，而又任过教育学科的教师，写起教育学术文章来比较便利；一是我在京沪不时发表文章，比较为政府所注意，大家不要我谈湖南教育问题，致被政府所注意，而有妨月刊的出版。　但当时政府对于出版物，施行严格检查，未经立案的不准出版，我们明知事实上无核准的可能，也就不呈请政府立案而私自发行。所以出版五个月而无社址，所有邮件都只写私人姓名。1920年春季，长沙学校大部分因经费无着而不能开学，但我们的月刊仍照常发行。到了3月，政府知道了，以为湖南教育界实情被我们宣布于外，于政府不利，先托人来向我们说，只要我们专谈教育学理不谈湖南教育的特殊问题愿给津贴，且愿请我们在省校任课。我们拒不接受，而且明知其第二步当采什么手段，所以编完第五期即自动停刊，我个人并打算离开长沙。

停刊的决定在全稿付印之后，因为时期的急促，特别加一篇停刊宣言，并将《杨怀中先生遗像遗事》（李肖聃著）及其遗著《斯宾塞尔感情论》加入，以示我们对于他的敬仰，所以这一期的月刊比前几期厚。而停刊宣言是我在极匆忙的时间写成的，但对于停刊的原因却也说得很明白。在宣言中我们明白表示我们创刊月刊的目的，是觉得湖南的教育非改造不可，我们本着良心的驱策，愿意贡献我们的意见。现在停刊则为着内外两种原因不得不然。所谓内部原因又分两项：一为自觉学力不够（实是门面话）；二则我们在湖南无容身之所。外部原因，亦分两项。此两项足以表示当时湖南教育界的情形，兹录如下：

一、湖南无教育可言：我们发行这月刊，是要研究湖南的教育问题，所以每期所讲的都偏重于湖南方面。现在湖南的教育完全死绝——目前湖南也有少数学校挂牌开学，但与我们所讲的教育无关。要研究问题，必要以事实为根据，现在湖南既无教育可言，讲些空话，又有什么用处？所以我们决计停刊。二、在积威之下，不能尽所欲言：湖南政治的大概，国人想有所闻，湖南的出版法，局外人绝不知道。这中间的详情，非数言能尽，也不是我们所要讲的。简单说：就是无论发行何种出版物，必得经政府的允许。所有稿件，都要检查——没立案及无地址的出版物，则派员在印刷所检稿。本刊既无被政府允许的资格，只得私地发行。故出版半年，竟无社址。至印稿的困难，更所难言。因之每期所发表的言论，大半含糊不清。我们自己看得非常惭愧，读者作何感想更可推知。与其这样吞吐嗫嚅讲不彻底的话，不如停止。

最末附了两种希望，足以表示我们当时的见解，也录在下面：

（一）我们以为要解除我国政治的暴戾，必得权操诸我，必得民众大联合，然后可收效果，仅仅请愿不是办法。所以希望国人切实从根本的事实上努力。（二）湖南人——我们也在内——从前年以来，所得的痛苦经验极多，此后要竭力求精神上的结合，共谋补救之道，再不要高谈阔论，各立门户。所以希望湖南人本着互助的精神，切实努力，永不要再发生互相倾轧的行为。

这里所谓"各立门户"，是指那时由筹安会遗留下来的一般政客，依附张敬尧，摧残教育——张氏下面教育科长施某助纣为虐，于1920年6月南军入长沙时被杀。

在"湖南的出版法"下，出版既那样困难，而我们竟能发刊者，是因为湖南的一般人都恨张氏，承印我们月刊的某印刷局主人也是恨张氏者之一，故为我们秘密排印。

在这几个月中由月刊交换而来的刊物不下百数十种。我们在新出版物方面，可称搜罗甚富。故虽为僻处一隅的刊物，内容尚不至怎样落后。同时我们的月刊，也推行至于全国，不过在数量上不能如以全国为对象之刊物之大耳。

1919年11月以后，我除编辑《湖南教育月刊》而外，并为长沙黄醒个人所办之《体育周报》写儿童学，为北京《新中国杂志》写美学，为《北洋时报》(高师同学杨亦曾任该报副刊编辑)写心理学，均系特约撰述。此外并与共学社约定译桑戴克之《大教育心理学》。偶有杂著，则投寄俞颂华、李石岑、左舜生所编辑之《解放与改造》《民铎》《中华教育界》，故收入反较教书之薪水为多。但3月而后，长沙不便再居，本拟立即赴沪，因妻待产，乃将家人移居友人谌伯畴君之家，自己则匿居北门外雅礼学校(该校为美国教会所办，张氏不敢搜查)附近，从事著述。直到6月下旬始去上海。仍为《解放与改造》及《中华教育界》写稿及译桑戴克《大教育心理学》。九月初受湖南第一师范之聘又回长沙。而以课务繁忙，桑氏之《大教育心理学》亦未译成。(《北洋时报》与《新中国》均不久停刊，故心理学与美学亦未写完。)

1919年11月而后，我本决心从事教育著述，收入上亦可过去，但终于不能坚持到底，一因自己读书不多，学力不够，写作翻译均感吃力，而《北洋时报》与《新中国》之停刊，固定收入较少，深恐难于持久，故愿就固定职业。二则因张敬尧于6月出走，谭延闿复任湘督，湖南反张之教育界中人均联袂返湘；而易培基以名流长第一师范，任用北高师毕业生熊仁安、匡互生等为教务训育主任，颇思有所作为。熊赴沪聘请外省教员而兼及我，且以待外省教员者待我(其时长沙纸币与银元之比价不过六七成，且常欠薪，对外省教员则付银元，且不欠薪)故我亦乐于返湘。所以教育著述生活也至9月而中断。这十个月虽然是我从事教育著述生活之一种尝试，但因为没有大失败，自信力也因而增加。此种自信对于我1925年正式从事教育著述之决意，却给予很大的助力。

第三章　副　业

一、生活的准备

副业是本职以外的生产业务。 我这里所说的是我作教师时期的教育著述工作。 称之为副业者，因为教师是我的本职，著述不过是辅助教书或工余消闲的工作。

"东涂西抹"本是我的习惯，且因出身农村幼受私塾书院之教育，对于新式学校教育制度以其太无"人"的关系常觉不满。 及后来亲作教师，眼见得教育界"不神圣""不独立"的事情，对于新教育制度不满之念日增，因而也常常想脱离教师生活。 但是事实上却不能不"生活"，要生活便得工作。 就个人能力讲，既然养成"肩不能挑，手不能提"的书生，既无一技之长可作工匠，也无万贯资财可作商贾，仔细思量，只有一点写作技能可以换取生活之资，且此技能曾使我在高师时及脱离福湘女学后赖以生活。 所以为准备脱离教师生活而另谋生活计便自然而然地想及著述。 而著述最便利的是编讲义、写论文。因而我教课之自编讲义，不只是为感觉我所担任的科目，在当时无相当教材，而思有以补充之，同时也是为未来生活的准备，而以之为鞭策自己的工具。 因此自 1920 年秋至 1925 年夏之五年间，共发表教育及其他论文数十篇，编译《教育心理纲要》《心理学初步》《公民课本》《人生哲学》《道尔顿制概观》《道尔顿制研究集》《道尔顿制讨论集》《道尔顿制浅说》《个性论》《现代心理学之趋势》，及由教育论文集成之《教育丛稿》与去川所写之书信《蜀游心影》十二部书，字数总计当在百万以上。 以下略为分别述之：

二、《教育心理学纲要》

1920年秋，我由沪返湘在省一师担任教育学及教育心理学的教师。 因为正在"五四"之后，所谓新思潮由世界各国涌入，而我又早不相信已往出版的教育学书籍，所以自编讲义；而教育心理学为新科目，那时根本无此类中文书，更不能不自己编辑。 因为在此以前曾阅过美国桑戴克的《教育学》及《教育心理学》，且曾介绍过，翻译过，故即以桑氏的著作为蓝本，再参以其他美国流行之师范学校教本而编辑讲义。 不过教育学因1921年春我去湘潭讲演归后而生病，未及完成，只将《教育心理学》编完。 于1921年暑假在沪加以整理，秋间由李石岑君介绍交商务印书馆以版税印行，于1922年6月出版。

这书既以桑氏的著作为蓝本，故亦分为三编，即第一编人之原始禀质，第二编学习心理学，第三编个性的差异，前加绪论一段。 但内容不仅较桑著的《教育心理学简编》为简略(全书约十二三万字)，且多采前一年及当年(桑氏原著出版于1914年出版)之美国教育学心理学、儿童学家之见解，更多举本国事例。 每章并附练习问题及课外参考书。 因师范学生之英文能力不能阅读英文参考书，且亦无力购英文书，故课外阅读之书目均以中文者为限，且当时无专门教育心理学专著，故又多采各种定期刊物中有关之著作。 此在当时，可谓为"诚不得已"之举，但定期刊物的时间性甚暂，三数年后即无法觅得。 此办法实不宜采用。

何以要采取桑氏的分编办法？我在该书绪论中曾经说及。 即"因为教育以是以'人'为对象，教育心理学是要将'人'的精神活动加以说明，使教育者了解，并据以为作教授的根据。要教育不背人性，则人的天性，不可不加以研究：要学生乐于受教，且愿意自动去研求学问，则学习的原则不可不加以研究。此外各人的性质也要明白：同一动作、同一课业，有宜于甲而不宜于乙，有宜于乙而不宜于丙的；甚至有宜于甲之今日此时，而不宜于甲之明日此时。这其中不仅只有个性关系，并且有环境变迁的关系。所以教育心理学于说明天性、学习心理之外，还要注意及于个性与环境。"

这书之粗疏虽然不下于处女作之《实用教育学》，但在一般年青的大学教授不愿写这样粗疏的书本时期，销售的数量还是相当的大。

三、《心理学初步》

这书是 1922 年下年在吴淞编成的。吴淞中国公学中学部旧学制上四年级下学期有心理学一科。我于 1921 年秋起任该部主任，四年级学生只有一班，心理学只有一学期的两小时，我本忙于事务不能兼课，但因钟点太少，不易得兼课教师，故 1921 年下学期四年生的心理学由我自己担任，采用的教本是商务出版吴康所编的《心理学原理》。这本书本非教科书，但以其比较的新颖、内容的丰富，远在当时一般师范教本的心理学之上，所以选用它。但是教起来非常吃力，因为它的内容较专门，文字较深奥，不是一般中学生所能理解。1922 年下年，中国公学中学部改名吴淞中学（更名原因见前），并改行新学制，初中三年有心理学选科两小时，又只得由我担任。最初本拟采用现成的著作为教本，但选择不着适合于十五六岁青年所能懂的心理学教科书，于是在处理行政事务之余暇编辑了这书。

这书名为《心理学初步》，并不是一部严格的心理学，而是一部以心理学说明日常生活的心理学常识。我在序言中曾说："我相信科学是改进人生的工具，并相信中学生——尤其是初中学生——所需要的是关于日常生活的科学常识，不是科学的系统。 所以本书的取材：（1）只以日常生活的精神现象为限；（2）说明精神现象的例证，多在一般青年所能发见的事实中拣取；（3）除第十一章详论心理与行为之关系外，自第一章至第十章说及精神现象都附带讲应用的方法，第十二章略讲现代心理学之趋势，并分类附以中英文参考书，意在指导欢喜研究心理学的学生一种研究的门径，并不是心理的系统。"因为那时的吴淞中学试行道尔顿制，道尔顿制之下的学习，是以学生自己阅读为主的，所以在文字上"我更注意于怎样才能使中学生自己看懂，每下笔时，总有十五六岁的青年的影子在我的脑中，故文字力求浅显，例证力求通俗。""但是这样做，自己还不相信，编完并请几位没有看过心理学的二、三、四年级的学生过细看一遍，并请他们各把不懂的地方记出来，结果又改去许多"。

此书共分绪论、精神现象之原始本质、本能、知觉、记忆及想象、习惯、感情、思想、行为、自我、心理学对于职业与其他科学及人生之关系、近代心理学的方法分类及派别各章。 并附译名表，共约十五万言。 1923 年 1 月交由中华书局出版，于当年五月初版发行。

四、《公民课本》

1922 年 11 月 1 日教育部公布学校系统改革案，是即所谓新学制。学年方面小学改为初级四年、高级二年，中学分初、高级各三年，大学四年至六年。 斯年 12 月 6 日至 8 日由各省教育联合会推定之袁希涛、黄炎培、胡适、经亨颐、金曾澄五人为课程标准起草委员会，在南京召集专家会议，商定大中小学的课程标准。 中学方面，陆步青、廖茂如、朱经农、段育华、朱君毅、顾珊臣与我七人被聘为专家。 讨论了三天，商定了初中必修科目名称、学分数、毕业最低限度标准三项，及高中公共、必修科目、分科选修科目、纯粹选修科目之名称、学分，及必修与选修及专修与选修之比例等。并议定另聘专家起草各科课程标准。在初级中学社会科中有公民一门计六学分(*历史、地理亦均入社会科，各八学分*)，其内容"包括法制、经济、家政、论理、公共卫生"，其毕业最低限度为"子、具有卫生、法制、经济及社会之常识而能应用者，丑、能明了人己关系，而实践公众生活之规律者"。1923年春各书店均准备出新教科书，我于2月应中华书局之请为之编辑第一部《公民课本》。

我于法律、政治、经济、卫生等等科本非素习，而且1923年2月，分科课程标准还未拟定，要编辑教科书也无所依据，而竟担任下来的是由于陆费伯鸿之鼓励。我于2月决计脱离吴淞将去南京之前，曾访陆费，告他以我欲去南京的大概情形，他欲我入局主持新中学教科书，我不愿住沪，未允其请。他亦不相强而请我编公民课本。我当时不肯答应，第三日陆费约我晤谈，我告以对于法律、政治、经济、卫生等非素习及无可依据之标准等等请其改约他人担任。他说："要这四种科目都是素习，中国恐无其人。初中学生所需要的是人生常识，而不是纯粹的科学，你的常识就我所读过你的著作及谈话看来，可称一部活的百科全书，只要把你的常识略加整理，即可成为一部好的公民课本。至于'依据'，则尽可以你的经验与学力从初中学生需要上假定一个标准。现在之所谓专家，对于某科诚然有其长处，但对于中学生的需要恐怕未必像你有了六七年中学教育经验者之明了。"这番话，打动了我的心，而且我去南京决定不专教书而欲以一部分时间从事著述，则因为要编辑非所素习科目之教本，强迫地多读一些参考书，于学业也未始无益。所以便毅然答应下来了！

此书不过六七万字，但因为无所依据且内容所包的科目又很广，所以拟定纲目，阅览参考书，竟费三四个月的时间。直至6月初始执笔，但6月底即已完毕，8月发行。

此书分为团体生活、政治组织、经济生活、社会问题、国家关系、道德问题六大单元，每一单元讲授一学期。因为"公民科的目的，在知行并进。关于知的方面，于正文材料外，并附有许多练习题目，引导学生自己研究，关于行的方面，不用消极的谆诫而用积极的暗示"（例言四）。又依课程标准委员会的规定，并无道德问题，而我独为加入者，是因"历年和中等学生相处，而感触有加入的必要，书中内容，也可以说是素日的理想"（例言九）。在文字方面，则以"照新学制所规定初中学生的年龄为十三岁至十五岁。此时的理解力还没十分发展，文字太严肃，容易流于干枯，足以使学生起厌恶之念，故本书用故事体"（例言三）；"编就后曾邀初中学生数人阅过一次，他们所不明了的，大概修改一过，故三本之中，文字深浅不同。"（例言五）。

"教科书不是'传之万世'的著作，其内容应以时代精神为转移，此书内容只是个人对于时代观察所及的一种结果。"（例言十）。但因当时没有这样浅显的同类著作，所以销售数在当时同名称的教本中要算最大。

五、《人生哲学》

人生哲学也是一种新科目，而且是我提出的。其经过我在《人生哲学》文中讲得很详，到现在应算是教育史料了。所以节录如下：

> 我脱离学校生活后，即在中等学校服务，任教职于男女师范、中学者历时七年，历地数省，历校及十，故对于青年男女常有机会与之为团体及个别的接触。而数年来所感于怀者，即多数青年对于人生无多方面之观察、考量，因而见解狭隘、生活烦闷。1922年冬，全国教育联合会新学制课程标准起草委员会在南京开会，我曾出席中学教育组。当讨论高中必修课程时，我将数年蕴蓄于怀的感想向大众

倾吐一番,主张加一种科目,讨究人生各方面的问题。当时首先赞成者为黄君任之,但名目如何,我们都无定见,后经几次讨论,始定名为"人生哲学",并规定为六学分。1923 年初沪宁委员分科审查,减为四学分,名称仍旧。何年教授则由各校自定。

科目定后,即由委员会延请李石岑君起草纲目,石岑转推常君乃德。尔时适与常君在吴淞共事,恭常君草就之纲目,特注重于哲学方面。当时虽有不敢苟同之处,而以职务忙碌,未曾参加意见,而委员会亦未加采用,卒改由黄任之君起草。

1923 年 2 月由吴淞迁南京,江苏第一中学高三已设此科目,由石岑教授,适石岑去沪,乃请我继续担任。当时参合石岑、任之、乃德之纲目,内容分为机体、活动、道德三部分,共十余万言,而特别注重于道德方面 1923。盖伦理学为人生哲学之本位的旧观念,犹深印于脑中也。

1923 年 8 月与刘伯明君赴湘暑校讲学,共居处者十余日,屡次谈及此问题,他以为人生哲学以道德哲学为重,范围未免太狭,因共商定另编一纲目,而将其内容分为五部分(绪论、机体、分析的活动、综合的活动、究竟),一中高二此科之教材即以此为纲,编印讲义。今年春东大附中亦加授此科,由我教授,乃更将去年在一中所用之稿增删付钞;又与任之及蒋竹庄君商,再加入修养一部分,于是成为现在之内容。此稿共计修改四次,历时一年半,试用三次。

人生哲学是一种新科目,到底要包括些什么,既无前例可遵,便不得不自行创造。此书虽系我一人执笔,一人试用教授,但其中的意思却不是我个人的。除上述诸人直接参加意见外,去年国内学术界所发生之科学与人生观论战的诸议论,间接亦有很大的影响。

这书虽名"人生哲学",但其中之大部分却是与人生最有关系的科学常识及哲学常识。所以如此取材的:一因年来许多青年的思想,颇有趋于空泛之倾向(如作浪漫的新诗及空谈主义之类),想设法引起他们研究科学的兴味;一则略为指出人生问题是多方面的,使青年由有此科而有较丰富的生活,努力前进,不因小不遂而烦闷。至于学者个人的人生问题,则待学者自身解决,此书目的只从各方面叙述人生的问题,而不希冀为个人解决人生问题。

全书除附录外, 计十四万余言, 分为六编。 第一编"绪论", 述人生哲学意义及研究之方法与目的。 第二编"人生的机体", 述生命的元素及其特征、生命的持续、人类在生物界的位置(是从生物学上立论的)。 第三编"人生活动的分析研究", 则从心理学上立论, 述人类活动的动因及其原始禀质与机械、感情、理智诸活动, 及个性与群性。 第四编"人生活动的综合研究", 则以伦理学及价值哲学为基点而分论自我及人格、道德、宗教、艺术、爱、自由、理想诸事与人生的关系。 第五编"人生的究竟", 述人生的意义、价值、目的及个人与宇宙的关系, 则系对于人生究竟问题为一般的探讨。 第六编"人生的修养", 分论身体、精神、行为、职业上各种修养问题, 意在鼓励青年从事一般德性之修养, 以创造其人生理想而实践之。

就体系讲, 本书不能算哲学, 也不能算科学, 只是我认为一般青年所当知道的关于人生之科学的与哲学的常识。 取材除一般生物、心理、伦理、美学、哲学等著作外, 关于科学及哲学常识方面, 颇多采取美国莫尔《现代心理学之基础》第二篇、第三篇的论据, 但对于人生哲学的特质、人生的意义及人生的目的等, 则发抒我自己的意见。这意见虽似平常, 然而很可表示我当时对于人生各方面的见解。 在我三十余种著述中, 专论人生问题及表示我的人生见解的只有此书。 故以下还得略为摘述。

我对于人生哲学的内容既规定为机体、活动(分析的与综合的)究竟、修养诸部分, 为自圆其说起见, 所以下人生哲学的定义为"人生哲学是以科学实证为根据, 研究人生的机体、活动、究竟、修养问题，而为意义与价值之探讨的学问"。 1933 年修订本改为"人生哲学是以科学实证的人生机体、活动为根据而讨论人生之意义、究竟、修养等问题的学问"。 而以生物的、心理的、社会的方法，为研究此项学问的工具，以辨生、明我、励行，为研究此项学问的目的。 蒋竹庄先生在此书序言中称此三项目的为有学说的价值。

就机体与活动讲，人类与其他动物比较，只有"量"的差异而无"质"的区别。 但我从生物、心理、社会学各方面，推论人类有一种特质为其他动物所不能具有的，即"无限的自觉创造性"。"所谓无限的自觉创造性者，是人类对于环境及自己的行动，不但自觉而已，并且时时感觉不满足、时时创造新事业，以满足精神上之要求。 从广义讲来，无论何种行动，只要不是袭取他人的，都可叫作创造的。 照这样解释，其他动物有特新的行动，也可谓之为创造的动作；所异者，动物有此行动，无整个的计划，预期的目的。 人类则不然， 对于环境及行动，不仅为盲目的创造而已，并于创造历程中，能自知其创造者为何物，所欲达的目的为何事。 所以无限的自觉创造性是人类于自己生活历程中，时时自觉不满足，而创造新生活，并能自知所欲创造之新生活的目的。 如此周而复始，永无止境，从个体讲，直至躯体消灭；从团体讲，直至绵延无限。 这种了解物我、创造不已的精神，就是我所认为人类精神上的特质。""所以对于人类之将来总是可以抱乐观的，并推论其发达无穷，进步不已。"

我并本此特质推论人生的意义说："我们从生物学上看来，知道生物有了机体，便要活动，而人类精神上有一种无限的自觉创造性的特质，一切活动都能影响于他人（因果观），故个体虽小，其有造于宇宙者却很大。 所以我们觉得人生是积极的、演进的、彻头彻尾有希望、可乐观的，人生的一切活动都是能创造的、有效果的。 我们的机体存在一刹那，便当本创造的精神为积极的活动，无所谓悲观，更无所谓虚幻。 至于儒家'就生言生'的态度，虽然也能使人乐生，但究非彻底的。 我们虽不排斥这种思想，但只能以之为追求人生意义的起点而不以之为终境。"

我本此特质，更规定人生的目的为"发展自我，延扩社会"。 因为"我们从各种科学上看来，都知道人生的活动是由于机体的存在，而人生的一切问题也都是由机体存在以后所发生的。 我们既是由物质的细胞所构成的'人'体，当然不能置生存的机体于不顾，而为虚幻的灵魂或超人说。 所以我们以为人生的第一目的，就是存'我'。'我'既有了存在的机体，便要时时活动，活动的方向虽然有种种，但其目的在于自存存人，故'我'是一切生活的根本，是生活中最有价值而最当看重的。 然而只注意于一'我'的活动，而不及于对方之他'我'则活动可以互相冲突而于'存我'的目的有妨碍。 所以当活动时，一面要努力发展自我，一面又要注意社会。 换句话说：当我们活动时，应当使个性与群性交融，使之均齐发展。 所以我们以为人生的第二目的，就是延扩社会。 所谓延扩社会有两种含义：一是使社会的机体继续存在于无穷，一是社会机体同时扩充于无边。 我们知道个人的机体是要消灭的，而社会的机体则能万古长存。'我'有机体，能活动：当活动时，就个人讲固然是在于发展自我，就社会讲则于社会机体的存在使之继续的绵延以外，并将其存在之内容增加。 故我们多一分活动，自我便充实一分，社会也悠久而扩大一分。 然而活动是自有机体以来所具的特质，并不假外求，只要我们顺其趋向，向前进行。这不假外求而时时向前的活动，便是无限自觉创造性的表现。 所以我们可以说：'人生最后的目的是发展自我，延扩社会，而其方法为无限的创造。'"人生所以要修养，是因为要达此项目的，而本能的活动不能统驭自然，不得不将固有的能力特别加以训练，使之尽量发展。

同时我读过桑戴克的著作较多，而很相信他的刺激反应说（下详），所以更采胡适不朽论的见解，而以为"'我'是平等的，有自由发展的权能，人人可以由自我的扩充而变更宇宙全体： 只要我们继续不断的活动，费一分努力，便有一分结果，社会的进步，大我的扩充，我们个人都有全权，只看我们个人的造因怎样。 我们不悲观，不苦恼，而抱无穷的希望，继续向前活动，就是为此！'

以上种种人生的见解，我尝自称之曰"科学的人生观"，是针对一般青年而发，同时也是我的夙见。 此见解我至今尚无大变更，对于现在的青年，似仍可适用。

六、四本关于道尔顿制的书

"道尔顿制"四字使我成名，使我侪于所谓"教育家"之列，使我在中国教育方法史中占一个姓名，使我借以生活若干时。 但关于道尔顿制的四本书，在我的教育著述以至于一般著述中都不占很重要的位置，所以只用较短的篇幅，把它们并在一起说说。

道尔顿制本是一种教育方法，并无很深的学理待研究。 1922 年秋我们在吴淞中学所以要试行道尔顿制的原因和什么是道尔顿制，在前篇中已经说过，这里不必再赘。 我编著关于道尔顿制的四本书，不过应《时势之要求》而已，并无何种深意。

我关于道尔顿制之第一本书——也是中国关于该制之第一本书——《道尔顿制概观》。 1922 年 10 月我们在吴淞中学试行道尔顿制，9 月间在《教育杂志》中出"道尔顿制"专号。 其中论文之执笔者大半为吴淞中学之同事，我则撰《什么是道尔顿制》一文。 同时因"感触到此制的理论及办法很有许多地方可以医我国中等教育的积病，应当有本专书供他人参考。 于是我一面为《教育杂志》道尔顿制专号撰文，一面搜集编辑《道尔顿制概观》的材料。 不过那时关于道尔顿制的出版物，只有杜威女士之《道尔顿实验室制》为最详。 一切材料，除《泰晤士报》教育增刊而外，都聚之于该书，所以在《教育杂志》上预告此书本年（1923 年）1 月底出版。《教育杂志》《什么是道尔顿制》一文寄去之后，柏克赫斯特女士的《道尔顿制之教育》寄到了。 过细一看，书中内容比杜威女士的《道尔顿实验室制》精确得多，并且道尔顿制是柏女士所创始的，她的话总要靠得住些，所以把从前的计划一变，根据她的见解重新编过"。 故全书分绪论、历史、原则、实际应用、作业室、功课指定、图表法、教授与学习、道尔顿制与小学教育、中等教育、设计教学、葛蕾学校制度及结论十三章，约十二万字。 材料之最大部分是取之于杜威女士及柏克赫司特女士的。 第十一章是朱光潜君作的，第十二章前半是常乃德君作的。 于1923年2月在南京编完，交由中华书局于是年5月初版发行。 因为当时教育界对于新教育方法都很欢迎，所以此书到7月即再版，就销售数量言，是比较的大。

第二本关于道尔顿制的书名《道尔顿制讨论集》。 1923年暑假我曾在"东大暑校、上海国语专修学校，及武进、宜兴、武昌、长沙各处讲演，讲演时间综计四十余日，听讲人数共一千有余。 每到一处均抽出一部分时间，请听者自由用书面提出问题，共同讨论，计前后共得问题一千三百十三则，提出问题之人数在二百以上"。 9月间请旧长沙第一师范毕业生当时在东大肄业之余盖君整理，去其重复而并其性质相同者，共得二百零四题。 再分为原则、设备、编制、课程、教学法、成绩、学校行政、效用、小学、中学及杂项之十一类，每类数题至数十题。 全书约六万字，文字由余君执笔，我为校阅。 其目的在"供边地或乡村教师研究道尔顿制的参考"。 于1923年12月编就，1924年3月由中华书局发行。

关于道尔顿制第三本书名《道尔顿制研究集》。 全集十四五万言，分学校组织问题、设备概况、成绩记录表、功课指定概说（上、中、下）、指导法（上、中、下）及小学教学法与道尔顿制之十章。 系整理1923年暑假在南京、上海、武昌、长沙等处之讲演稿而成，除指导法之三章外，均陆续在《教育杂志》《中华教育界》《中等教育》各杂志发表过。 于 1924 年 3 月编成，同年 6 月由中华书局发行。

在此书中，我曾表示我对于道尔顿制及中国教育方法的意见说："道尔顿制是近代教学法中一种特殊的产物，其特质为个别教学、团体组织。 此个别教学、团体组织八字是调和个性与群性的要素，差不多是热心改进的教育者所共同期望的。 道尔顿制的方法能否达此目的，我们虽不敢武断地断定，但据此以为研究改进的方针，却能引导我们入于坦途。 故我们对于道尔顿制之研究与实施，不要以道尔顿制的机械办法为限，更不当为适合于外国环境之方法所束缚，当本其精神，努力于创造更适宜于国情之方法。"

第四本关于道尔顿制的书名《道尔顿制浅说》，为中华书局"常识丛书"之一，全书三万余言，为应该书局之请而编辑者。 内分一般人对于道尔顿制的误解、教育者提倡道尔顿制的原因、道尔顿制之历史及其原则、道尔顿制之具体办法、道尔顿制之优点、研究道尔顿制之精神及方法六章。 因"此书为常识丛书之一，系备社会上普通人士阅读，故措辞立意，力求浅显，文体用故事体，但其中情形却不是完全杜撰的"。 又因当时有许多人以道尔顿制重个人自由学习及各科平均进行误会为私塾制及学年制，故第一章特为提醒，以免以讹传讹。 本书于 1923 年 11 月编就，1924 年 6 月发行。

七、《个性论》

在 1925 年夏以前，我只翻译过两本书，而且都是关于心理学的：一为桑戴克的《个性论》，一为莫尔的《现代心理学之趋势》——严格讲来，只有第一种可称翻译，第二种应称编译。

桑戴克的《个性论》，分量甚少，全书不过二万余言。 但我却用过很大的力量去翻译。 翻译完毕，自己校阅读三次并请刘建阳君校阅一次（也可说是我的唯一的翻译工作），并作一篇相当长的序言，说明我译此书的原因，并摘述其学说及他的生平与著作。 我在序言中说：
"我最欢喜读桑戴克先生的书， 先生的重要著作如《大教育心理学》
《教育心理学简编》《教育原理》《动物智慧》《心理学要义》以及与
Strayer 合著之《教育行政》等都购备得有，每得一卷即反复不舍。 前
年在湖南第一师范教书，曾根据先生的《教育学》及《教育心理学》，
编《教育心理学纲要》及《教育学》(此书未付印,后递嬗而为《教育通
论》)，并译其《大教育心理学》第一本(共三大本)之五分之四。 读先
生书，每觉精神怡然，头头是道，我近来之行动，亦很受其影响。"
"桑戴克先生是首以科学的方法研究动物心理学的，所以他的学说大概
都是从研究动物细绎而出。 他的最重要的著作是《教育心理学》， 此
书共三大本，千二百余面。 第一本《人之原始禀质》(The Original
Nature of Man)，第二本《学习心理》(The Psychology of Learning)。 第
二本又分两部： 第一部《精神工作与疲劳》(Mental Work and
Fatigue)，第二部《个性之差异及其原因》(Individual Diffirences and
Their Causes)。 这三本书中所讨论所研究的各有它自己的范围，彼此
不相混杂，但有一条基本原则，就是刺激反应说(Situation—Response
Theory)，他的教育理论与方法都是从此纳绎而出。 他以为一种反射动
作或本能，有感触刺激发生反应的能力，刺激与反应中间，并有一种
联结；而同样同一的刺激应产生同一的结果。 刺激与反应的联合，有
一定的因果，绝不是偶然的机会。 但刺激与反应除了基本势力外，还
有其他副势力协同动作。 所以同一的刺激可以产生不同的反应，而同
一的反应，也可反应不同的刺激。 人类的一切行动，都是由刺激与反
应的联结所产生的。 这种联结虽极复杂，但对于人类行动所生之反
应，可以三种定律解释， 即(一)准备律(The Law of Readiness)；(二)
练习律(The Law of Exercise)；(三)效果律(The Law of Effect)。 人为什
么要有行动？是因为有所需要(不论是由内部的要求或外部的刺激所产
生的)，有了需要，便要设法达其目的。 准备律就是联结刺激与反应

的传导点(Conduction Unit)，对于刺激有需要(广义的，不一定是有用的)准备传导，则传导使人满足，否则困恼。 所谓满足，是人对于某刺激不设法避免而保留其一些动作；所谓困恼是人对于某刺激不求保存而与之绝缘。 练习律又分二种：（一）运用律(The Law of Use)，即刺激与反应之间，经过一度联结，则此联结再遇此类似情形时，其力量增加，（二）不用律(The Law of Disuse)，即在相当的时期内，刺激与反应之间没有联结，则此联结的力量减少。 效果律是刺激与反应中间的联结有满足的事实相伴随则此联结的力量增加，反之伴以困恼的事实则其力量减少。 人类的行动，没有能逃出三种定律之外的。 这三种定律在教育上的效用很大： 自学辅导、适应个性、设计教学、道尔顿制等新理论与方法，大概都从这原则中细绎而出。 我并相信这原则可"应用于改造社会方面"。"桑戴克这本小册子虽只有五十二面，但把他《大教育心理学》第三本第二部的重要原则原理都简约在一起，所以文字含义甚富，译成中文很难明了，勉强可读原文者仍是读原文为好——并希望有多人研究他的学理。"以上所说，是我所以选择这小册而用很大的努力去译述它的原因。

此书除我的序文及原编者序言外，正文只个性差异之本质、原因、旨趣三段，不过两万字。 但我却费了一月余的时间去翻译。 书成于 1923 年 7 月，同年 12 月由中华书局加入"教育丛书"中发行。

八、《现代心理学之趋势》

这书是美国 Western Reserve 大学哲学副教授莫尔（J. S. Moore）著的，原名 *The Foundation of Psychology*，直译之当为《心理学基础》或《心理学要义》。 但其所讨论之心理学派别、心理学范围及心理学臆说三问题，都是现在心理学上所急要解决而未解决的重要问题。 且其所述特别注重于现代心理学说上之各方面，故易名为《现代心理学之趋势》。"现在各国心理学，大概都趋重于实验方面，莫尔此书则完全从理论上立言"，以为"从前的纯理心理学者固然视心理学为哲学的一支，现在的行动派、机能派、构造派、自我派也各有所偏，而不认心理学为一种独立而完全的科学；且各派的立论，彼此互相冲突。故发愤把现代心理学上的各派及各种说明心理现象的臆说作综合的研究，而思调和各方面之意见，构成一种一面脱离玄学，一面脱离生物科学而独立的完全心理学。""但他个人的立脚点，却偏重于机能观方面，故书中维护机能派的地方甚多；对于行动派与自我派的批评比较严格，而对于构造派的观点则仍视为心理学之正宗，不过不认其与机能派有同等的地位罢了。"因其第二编讲哲学与科学的关系，第三编讲臆说的问题，却大半是哲学及科学的常识，所以我 1923 年在江苏一中教人生哲学及在东大附中教心理学，均取其一部分为参考材料，而将其大意写出。后来因其可为一般人研究心理学哲学等之参考乃全部写出，但非逐句对译，只就其大意述之而已。其第三编之一部分，并系由我口述，余盖君代为写下。写毕又曾交友人杨效春君校阅一过。全书约十五万言，分心理学之派别、科学心理学的范围、心理学的臆说三大编，六章百二十四节，附表甚多，可称研究哲学及心理学者之通俗的良好读物。于 1923 年 12 月编译完竣，1924 年 10 月由中华书局加入"新文化丛书"中印行。

九、《教育丛稿》第一集

上面各书均成于 1924 年暑假以前。1924 年秋至 1925 年夏则以返湘赴川，旅途费去的时间很多，而在成都半年之中又为功课与讲演忙，虽曾为教学之便，编辑《教育通论》《现代教育方法》《中学教学法》《教育心理学》四种讲义，但以大学生所需的各科内

容，比中学生的要深详，而时间与参考书均不敷，故对于该四科之
讲义只拟定一些大纲，1925 年夏由川返宁而后，始陆续整理其前
三部，故此一年间未写成整册的教育书籍。 但我的写作已经养成
习惯，即在旅途只要有机会，仍照常执笔。 故于 1924 年 9 月由长
沙返里时，在途中写《小学教育问题杂谈》，于 10 月赴川，在轮
船上写成《收回教会中学问题》及《中学职业指导的先决问题》两
文(三文均甚长，合计当有四万余言)。 在成都则只以所经之交通
困难的经验写成交通与教育及因南开大学之"轮回教育"的风潮问
题而写过一篇愿全国教育家反省，此两文为杂感式的评论体，故均
不长。 在成都半年，只写两篇教育文章，除功课忙书报少的原因
而外，交通不便是其重大原因。 (上海北京的书报寄到成都常常
在二三月至半年以后，看过之后，写成文章，再寄出，又须一月，除去
纯粹学术性的文章而外，如系讨论教育问题，到发表出来，已成了历
史而无人要看了。)

　　在成高因为新书不易得，杂志亦不完全，而讲授现代教育方
法、教育通论等科目，每想引用自己的文章而不得。 成都第一女
子师范杂志较多，保存亦较多，乃将成高之所缺者，请该校毕业生
刘舫、林静贤两君代为查补抄录，汇成一册。 1925 年夏返宁，再
将 1921 年后散见于《教育杂志》《中华教育界》《中等教育》《新教
育》《教育与人生》五种刊物而未经编入其他书本的文章摘要重
编，略分为道尔顿制、中学教育问题、教育评论三大类，每类又附
与其性质相近之文若干，以便读者。 而名之曰《舒新城教育丛
稿》第一集。 全书计收教育论文二十篇，附录三篇，书前并加一
篇自传式的长序，共约二十万言，于 1925 年 10 月编就，同年 12
月由中华书局印行。

十、《蜀游心影》

此书为我由宁赴蓉及在蓉半年所写，为书信体，分宁蜀途中、渝蓉纪程、锦城杂拾三编，述当时生活情形。以其中有些话，在当时为避时讳不便发表，于 1927 年夏始交北新书局，不料两年未经排出，函催每至数月不得复。1929 年校对已毕，适为李劼人君的一部书稿与该局交涉，颇有不快之感，乃于 1929 年向该局购出纸版，交由开明书店印行。至 1934 年再改由中华书局发行。此书虽系副业的副业，但目的只在说自己要说的话，并不以"业"看待，而其内容又与教育无直接关系，故不详述。

自 1920 年秋至 1925 年夏之五年间之教育著述副业，大体如上述。其中尚有零碎文章虽在当时生活上也不无补助，但稿已无存，搜集不易，且亦无关紧要，便不再述及了。

第四章　正　业

一、理想与计划

我从 1919 年暑假毕业湖南高师而后，八年余之间，正式任过教职的学校有：湖南兑泽中学、湖南第一中学、福湘女学、湖南第一师范、吴淞中国公学中学部、南京东大附中、南京第一中学、四川成都高师八校，分布湖南、江苏、四川三省区。而讲演的地方则有江苏、浙江、安徽、湖北、湖南五省区数十学校 1921 年秋曾参观北京、天津各校，①，故我与国内教育界接触的范围比较广，因而对于各地的情形也比较的明了。而此八年余中，国家扰攘不宁，内而军阀互相混战，外而国际压迫日力，教育界对于国内与国际种种不良现象之感应，比较一般民众为强，而爱国救国之念，也比较一般民众为切。于是教育界与现实政治界常处于对敌地位。政府对于教育界，纵不取敌视态度而生死任意，亦每取敷衍态度而为消极的掣肘。各省及北京教育经费之积欠，即其最平和之消极办法。我在此八年余中，亲经湖南及四川之黑暗政治，在学校且为几次风潮的对象，对于其他政治黑暗、教育黑暗之见闻更不知凡几。于是对于当时的教育以及教育制度

---

① 1924 年 4 月至 11 月曾参观江、浙、皖、湘、川五省之中等学校五十一所二百余班，各校几均有讲演。

也因对现实之不满而有种种反感。 1921年在长沙时，即拟从近代中国教育史中，理出一个现代教育所以如此如彼之答案来。 1923年到南京，本拟从事研究近代中国教育史，以教课编讲义及讲演道尔顿制忙而未实行。 所以在川时即决心不再作教师，而欲专心致志于近代中国教育史的工作，同时并欲根据个人理想创造一种新的教育制度，以为立己达人救国之具。

我出身农村，对于经济的势力，自幼即略感知。 在高师四年，更感着经济支配人生的力量(我每念到，当时若无官费的高师，不论我如何努力，绝不至有今日)，所以对于"读书人不治家人生产"的名士，历来痛恨。 而在教育界生活八年余，更体验到要讲自由，在个人必得生活有办法，在学校必得经济能独立。 我是自由思想者，有生以来，虽在各政党党员中均有至友，但始终不曾加入任何一党，故在经济上，既不愿与政党方面发生关系，更不愿与政府发生关系，以免妨碍自由。 而1919年日本武者小路实笃的新村及国内的工读互助的思想又很给予我一些影响。 所以我当时的理想，要创造一种不恃外力专依劳工以自存的一种私人讲学学院，第一步办法是以个人人格的感召结合少数略有生活能力的青年，共同工作，互相砥砺，先解决个人生活，再进为团体之发展。 第二步俟个人生活有办法，团体基础巩固之后，再将办法宣传以引起国内有识之士之注意，希望有人从农工各方面结合同志，创立学院，蔚成风气，以改变师生买卖知识不问行为的关系，以影响商品化的正统教育制度，而为同家社会各方面培养一些有用之才，替国家担当一些艰苦的事业。

我的理想既要创立一种以劳力自活而与学者共同工作互相砺砥的私人学院，则第一问题是经济的筹划，第二问题是青年的结合。 我虽然出身农村，对于种植方面也有许多常识，但从事农业，要有基地，要有体力，自问不是专长。 在写作方面，自幼养成习惯，因而对于写作时时都感兴趣。 这是因为我的求知欲与发表欲均极强，而且历久不

渝，在写作中可得相当的满足；而数年来周历各省，积储的感想甚
多，也要得一段整个的时间整理发表；同时，因为在几家书店出版几
本书，与出版界有相当认识，著述比较容易换钱，所以决定以著述工
作为解决经济问题的工具。 在青年结合方面，则在成都有罗文汉、孙
承光两位云南学生，对于我的理想与计划很表同情，而且在文字工具
上也有相当的能力。 我的计划是要从小处做起，以植立基础，并不要
集合许多人。 有此两人，已经可以成立一个小团体，所以在人的方面
也算是具有微薄的根基。

著述的方针决定了，再拟定进行的办法。 办法分两部： 一是读
书，一是著述，而读书部分又分为自己学习及指导青年学习两项。 我
在高师本是学英语的，后来之研究教育，是由对于教育发生许多问题
得不着解决，而想从阅读教育书籍中求解决。 所以早有研究近代中国
教育史的倾向。 可是我的求知欲素来很盛，阅读兴趣素来是多方面
的，而于文学、音乐、美术等等尤具特殊的嗜好，所以在学问的基础
方面，是比较广博。 自高师毕业与社会实际接触而后，更常感知识不
敷应用，于社会科学及历史学识亦感缺乏。 同时，在当时的一般教育
专家，每每于教育以至于其所专治的教育部门如测验统计、教学法等
以外不问其他。 甚至不知其他。 有若干自国外归来专治教育的专
家，缺乏"此时此地"的治学精神，对于本地风光的教育资料，不愿
搜集研究，以至著述例证，都得采取其留学国的材料。 这些都引起我
很大的反感。 因此我当时虽决定以教育著述为达我教育理想的工具，
但对于自己所欲学习之科目，则绝不以教育为限。 故拟定自学计划，
除教育外，第一是时代知识，即注意于报纸杂志的阅览；第二是近代
史，包括国际、国内两部分；第三是社会科学，尤重经济学及社会
学；第四是哲学，尤重心理学及道德哲学；第五是工具学问，除随时
阅读英文书报，学习英文写作外，并重习法文（我在高师曾习过法文二
年，德、日文各一年），于教育则注重教育制度、教育哲学、教育方法

等。 对于指导青年学习，则当时只有孙、罗二人，除令其参与工作直接学习外，并为之指定书目，令其阅读，备其随时质疑问难，并于每晨抽出一部分时间教以英文，彼等并转学东大，在学校选课。

在著述方面，除决定先将历年积稿及在成高讲义整理成册外，亦拟定三部计划。 第一部是生活工作， 即编辑辞典与翻译英美教育书籍以期以稿费或版税的收入，维持生活。 第二部是研究工作。 我因幼受私塾与书院教育的影响，对于新的教育制度，在学生时代即觉有点格格不入，及作教职员经过几次风潮并看得当时教育界的种种不安与师生间的种种仇视的现象，对于教育制度与社会组织之关系发生种种疑问，更常想从近代中国教育史中求得答案。 而当时教育界，除去我们在吴淞的一群"浮薄少年"以及其他的少数青年①及非教育家②对于中国的教育有所怀疑、有所批评而外，大多数的教育家，似不感着当前的教育有问题，尤少有人感到教育制度与社会组织之关系的问题。我的疑问既不能向教育家求得解决，便只有自己努力。 所以我对教育研究的中心，乃根据多年来之意向，规定为近代中国教育史。 此中心又复分为两部分：一部分是整理自清同治元年设立同文馆以来中国改行新教育的史料，而写成一部较完备的近代中国教育通史及若干专史；又一部分则为保存现在的史料而每年编一部年鉴。 著述计划之第三部分为文艺工作。 我平日本欢喜读文艺著作，少年时，又曾写过几篇小说，"五四"运动而后，对于新文学的译著作品读得尤多，加上自身的经验有许多很可以取为小说戏剧的资料，故内心常思为文艺的创作。 且数年来限于环境，所见、所闻、所感不能尽情直说，而思用文学作品发舒之，以舒胸中郁积，所以把文艺创作也列为著作计划之一。 在事实上，则因为平素写惯了论文，文笔粗率，不能作深刻精细

---

① 1924 年南开大学《学生周刊》的"轮回教育论"其最著者，参阅《舒新城教育丛稿》第一集第 296—295 页。

② 1924—1925 年北京出版之《每周评论》不时有批评教育的文章。

之描写，在创作技术上的修养实在不够，所以只拟定了几部小说格局，写了几段"起讲"，终于不曾继续下去，故第三项计划完全未曾实现。 第二项计划关于保存现在中国教育史料，编成 1925 年、1926 年两部"教育指南"。 1927 年起，本约定由中华教育改进社继续，但以政局变动，社且无存，当然谈不到书的继续。 此两书遂成为中国私人教育史料著述之绝响。 关于整理自清同治元年以来的史料部分，则编有八十余万言的《近代中国教育史料》四册，《中国新教育概况》一册，而著近代中国教育专史的工作，只成十七万言的《近代中国留学史》及十五万言的《近代中国教育思想史》两部及若干篇教育小史；通史及其他专史均未完成。 关于第一项计划，虽然拟了一种三年计划，选定英美教育名著而为一般从事教育者所读的基本书籍八种，但结果只译成一部不在拟目之内的商品著作《个别作业与道尔顿制》。关于第一项计划则编成一部《中国教育辞典》（此书由余家菊负总纂之责），一部《中华百科辞典》，两册《常识丛书》。 就是积稿与讲义亦只整理完成一部《教育通论》，一部《现代教育方法》，而原有之《中学教学法》《教育心理学》亦均被搁置。 这原因一部分是由于工作计划太多，三年的时间本来不敷，一部分是被"教育家"的虚名所累，被许多好意过访者的谈话与许多教育刊物主编者的索稿而牺牲我许多著述时间。 而最大的原因，是 1927 年国民政府定都南京，为建马路，我的寓所被拆，在宁无法觅屋，不能安心工作下去；同时也是为一位朋友的交情使我改变职业。 ——这种种以后将再说。

二、一位朋友

我的著述计划与决心虽如上述，但在事实上如无出版家相助，这决心与计划也难实现。 因为在当时中国的教育界对于书籍之需要量不大，出版界对于教育书籍每以其非营业上的良好商品而不愿出版。 我在当时虽拥教育家的虚名，寻求承印书籍的地方比较容易，但所有稿件，要无条件地由出版家代为出版，在经济上且可于版税未到期以前预支或于必要时售稿以维经常开支，却是不大容易的事。 这帮助我的出版家是中华书局总经理陆费伯鸿先生。

陆费伯鸿姓陆费名逵，是浙江桐乡人，为商务印书馆《教育杂志》第一任编辑，于民国元年创办中华书局。 我在本县小学肄业时，亦曾偶阅《教育杂志》，但对于编者之姓名从不注意。 民国元年在常德第二师范之附设单级教员养成所，由教师指导阅读《教育杂志》及《中华教育界》始知教育界中有陆费逵其人。 1913 年男女平权的教育思想大倡，一般教育家主张女子须与男子受同样的教育、治同样的职务，他在《中华教育界》上发表一篇《女子教育问题》的文章，从女子的特质及其对于社会的责任上立论，主张施以特殊的教育，而力辩男女受同样教育、治同样职务之非。 我在高师肄业，学校的辩论会中，曾以男女平等为题，我曾参与辩论，因为搜集时贤议论，对于他这篇文章特别注意，因而对于陆费逵三字的印象也特别深。 此后《中华教育界》有他的文章，都特加阅览，更从中华书局之宣传物中，知道他就是中华书局的创办人兼总经理。 但对于他是"何如人也"，则始终未曾想象过。

1922 年的 9 月 29 日下午，吴淞中国公学商科请他讲演，其时我在中学做主任，虽然知道商科常常请上海"商业巨子"讲演，但以事不干己，平时也不注意他们请些什么人。 他那天到校讲演，我当然也是一样地不关心，而且他讲演时，我们中学正在开会，自无暇去听他的讲演。 他讲完了，已近天黑，学校在校请他晚餐，我以地位关系，被邀作陪。 席上一见，真所谓"神交已久"（他对于我的神交，是看过我在《中华教育界》及《教育杂志》的文章与我在商务出版的《实用教育学》《教育心理学纲要》两书），而我们又都健谈，遂致全桌的人的口，都只得闭着，而专用各人的两耳静听我俩的高谈阔论。 饭吃完了，我们的话仍未完，以致他返沪的车期(当时淞沪车每九十分钟开一次)延迟一班。 而他那"面白身中无须"(此为科举时闱场中填形貌的常用语)，头特大，声特宏，以及"谈得痛快，改日再谈"等等，却给我以很深的印象。 不久，他果函约我去沪再长谈一次，致我在旅馆过夜。 自此而后，我们见面的时间很多，畅谈的时间更长，有时甚至谈了终日。 ——我的稿件，也渐渐地移到中华书局出版。 1923 年春我离吴淞，中华书局正拟出一套新学制的中学教科书，他约我进局主持，我不愿管理事务，复他一封长信，说了一些关于教科书编辑理论和对于当时教育界的意见，并详述我个人生活的态度而毅然去宁。 他知道我不能相强，乃请我编辑《初中公民课本》，且按月预付稿费。 1925 年夏，我从四川返宁，去上海访他，他又将旧事重提，要我入局任职，我将我的理想与计划详细告之，而谢其厚意。 他不独不相强，且就他在出版界二十余年的经验——他十八岁(1904)即从事出版业——给我的计划以许多改正(最要者为编辑百科辞典)及搜集教育史料之种种方法，并愿以中华书局图书馆之藏书借阅；同时愿尽力代为出版，于必要时并允购稿及预支版税。 我 1925 年夏至 1928 年夏之三年间，能够安住南京，专事教育著述，我的决意而外，他对于我那决意的实现帮助很多。 所以我叙述我的教育著述生活，不能不说及他、感谢他。可是在另一方面，我的创设学院计划与教育著述生活，也因他而终止：那是他于 1928 年夏请我为中华书局主编《辞海》，再经几次坚约，终于 1930 年 1 月 1 日入中华书局做伙计了——《我和教育》也至1928 年夏而止。

三、生活工作问题

1925 年至 1928 年可称国内政治界与教育界变动最剧烈的时期。1925 年广东有刘震寰、杨希闵、陈炯明等之变，廖仲恺且牺牲于党争。 孙中山先生3月在北京逝世后，国民党内部复起争执，但国民政府于7月1日成立。 1926年春统一两广，6月6日出师北伐，1927年3月攻克南京，4月定都南京，不久又有宁汉分裂之事。 但未久复合，至1928年底而统一中国。 在北京方面，曹锟于1924年10月去职后，中枢有1924年10月段祺瑞之临时执政政府，1926年5月颜惠庆之摄政政府，1927年6月张作霖之大元帅政府。 在北政府所辖之省区，则1925年奉天有郭松龄的倒戈，江浙再战，1926年有奉派及国民军之战，四川则更无宁日。 在社会方面，1925年上海有五卅案，广东有省港大罢工，1927年有上海大罢工。 在教育方面，则自1925年起，国民政府实行党化教育，1927年改教育部为中华民国大学院，1928年复改为教育部，北京政府则1926年有"三一八"惨案，死伤学生达数十人，教育总长且月易一人(1926年3月至6月有马君武、胡仁源、王宠惠、任可澄四人任教长)，教育经费更少过问。 此外因政治思想之激动，教育界有国家主义与党化教育之争，收回教育权与教会教育之争，读经及禁用国语文与采用国语文及国语罗马字之争。 而军事教育、公民教育、科学教育、乡村教育、师范教育独立等等，复各有人提倡鼓吹。 学潮之澎湃，则可与"五四"运动相垺。 北政府之教育总长被殴，住宅被毁，学校宣布与教育部脱离关系(北大)，各省大中小学亦多有拒校长、拒教员之风潮，教会学校自"五卅"而后，风潮尤多，学生退学，学校停办者，比比皆是。 同时以政治问题而牵及教职员学生之思想问题，以致被逮捕杀戮者亦数见不鲜。 此数年的中国教育界，直可谓狂涛巨浪、动荡不宁的时期。

这种动荡不宁，对于我除去教育思潮以外，好像没有直接的关系，可是它与出版界却有极直接的关系。 而出版界对于我又有极直接的关系，所以这动荡不宁的时期对于我的计划与工作也产生重大的影响。

在那时，各地既属干戈扰攘，社会秩序不安，一切事业都受影响。 而出版界则与政治教育及文化界的关系太直接，所受的影响尤大。 出版界因为要适应各地的环境，非最与政治及教育思潮无关的书籍不能出；而因各地战乱不息，许多学校不能开学，营业的数额也自然随之减少。 出版业虽然是一种文化商业，但其本质究属商业，绝不能超出商业的营利法则而专作学术事业；即使出版界有人有志于此，其公司亦将因亏蚀而不能自存，结果仍是不能遂其志愿。 我的理想是要创立一种以劳力自存的私人讲学学院，要以劳力维持生活以达学术研究与传授的目的，则劳力于不能离开学术之外，还要顾到可以制作商品的条件。 我 1925 年夏初返南京的时候，虽然上海因"五卅"之事而罢课，但各地的战事尚属局部的，出版业所受的影响尚浅，所以我的劳力计划仍是偏重于学术的。 我曾选定英美教育名著八种，包括教育史、教育思想史、教育社会学、教育心理学、教学法、中等教育各部门，共约百五十万言，拟以三年时间完成之。 当时选书之目标有二： （一）各书为教育上之基本著作，著作者对于其著作之科目均可代表一种思潮，即十年、二十年之后亦尚有阅读之价值；（二）虽属教育一类，但各门均求有适当之分配，并力避国内已出版者之重复。 此计划我认为可以增进一般教育者之基本知识，很可有人购读，虽然偏重于学术方面，但在出版家亦不至大赔其本；即陆费伯鸿亦以为然。 可是 1925 年 8 月 29 日，临时执政府下令以杨宇霆继卢永祥苏督之任，双十节浙督孙传芳以秋操之名进兵上海、长兴，23 日孙以浙闽苏皖赣五省总司令名义进占南京，东南半壁又重陷入战事，出版业大受影响，我的译书计划也被破坏，而且永久不曾实现。

四、个别作业与道尔顿制

译书计划虽然被战事打破，但我的生活终得维持，于是转而求近利之商品。 1925 年 7 月道尔顿制的创始者柏克赫司特女士来华讲演月余，由美国带来几本书赠我。 我虽以道尔顿制"起家"，但1924年秋起，因鉴于国内教育界对于该方法之种种误解，即不谈道尔顿制。 可是柏女士来到中国，道尔顿制的书籍仍是一种良好的商品。 为使劳力可成商品而又不太离开学术计，便以一月余的时间将柏女士所赠的《个别作业与道尔顿制》(*Individual Work and the Dalton Plan*)译成中文。 换得稿费五百元，作我教育著述与创立学院的资本(1925年秋，有成高之云南学生马耀武来宁共学，但以性情不近写作，于冬初返滇)。

译此书的理由我在该书"译者短语"中曾经说及："论道尔顿制的中文书籍虽多，但除少数，大概为彼此互抄，量与质不为正比例之进步。 此书系英国西青学校(West Green School)校长林勤(A. J. Lynch)所著，虽然他的主旨在报告该校实施道尔顿制的经验，但前两章论历史背景，后一章论课程研究，实有其独到之处。其中所述之种种弊端，在英国虽说过去，在中国则正方兴未艾，而英国小学教育之特重本国文化，尤可从其课程中推证。 这些我们都有取来参证的必要。 至于叙述道尔顿制及其利弊之简要详明，更为热心道尔顿制者所当知。"

这书因为是"近利"的商品，所以9月交稿，10月即由中华书局出版。

五、《中国教育辞典》

在成都我曾有计划编辑教育辞典，而且搜集许多材料。 但返宁而后，以忙于近代中国教育史的研究与编辑百科辞典，无暇进行。 1926年秋，余家菊君来宁任东大教授，与我比邻而居，偶尔谈及教育辞典问题，彼愿合作。 乃由彼任总纂，我负教育史、教学法、教育心理学诸部门之责任，除利用助我编辑百科辞典之诸人外，并请古楳来宁相助，同时函请各友人撰稿。 以十余人之半年时间于 1927 年 1 月将六十余万字之《中国教育辞典》完稿。 但以时局变化，至 1928 年 5 月始由中华书局发行。

此书由余君任总纂，故一切计划及内容均由他负责主持。 他在凡例中曾说："本书之所搜罗除教育原理、教育行政、教育史传等当然尽量采入外，而于心理学、伦理学、论理学、社会学、生理学以及哲学、生物学等亦皆酌量抉择其要项而收纳之。"又谓："本书力求成为一册'中国'的教育辞典，而不愿为一纯粹抄译之作，故于本国固有之教育学说、教育史实、教育史家乃至于教育有密切关系之各项事例，莫不留意搜采，并于篇末附中国教育四千年大事表以便翻检。"并"采法国毕松（Busson)《新教育辞典》例将教育法令之重要者一律收入"。

六、《中华百科辞典》

这书系 1925 年夏由陆费伯鸿先生提议，但材料则系自 1919 年"五四"运动而后所搜集。 我读书素有写笔记的习惯，"五四"而后，各种新名词层出不穷，为自己参考便利计，随时摘录，积稿甚多。 自经伯鸿一提，乃想到这些东西可以利用。 同时鉴于一般青年常识之缺乏，于教科书外每不能阅览普通书报，因想整理出来，于青年不无裨益。 1926 年春罗文汉、孙承光两人来宁，不能从事著述，乃从编辑上予以训练，以期逐渐养成其独立生活之能力。 此外则旧时湖南一师学生刘炳藜，中国公学中学学生杨若海亦在宁，乃集在一起共同工作。 1926 年冬岳麓高师同学刘范猷君厌恶案牍，弃其在湘之某军秘书长而来宁与我共过文字生活，1927 年中华书局南京副经理吴廉铭君亦不愿过持筹握算之生活，而欲加入我们的团体。 再在宁延请书记二人，帮同缮写。 我则于董理大纲校阅稿件而外，仍从事近代中国教育史之研究工作。 经过 1926—1927 两年之整个时间，于 1928 年 1 月将二百余万言之辞典完稿。当工作时，各人因参考之便，随时记下许多条文，搜集许多材料，为百科辞典篇幅及体例所不能容者，本拟另编一部简明的《文学辞典》及《中外人名辞典》，后以主编《辞海》，无暇兼顾，而将其可用之材料并入《辞海》（人名辞典仍单独成书，唯由公司完成，版权移归公司）。

1926 年而后，工作人员逐渐增加，至 1927 年有七八人，生活费用加大，而辞典既非短时所能完工，亦非短期所能出版，要以版税来做资金，非先垫相当的资本下去不可。1926 年人数不多，我出售两部书稿，预支一些版税，并将人寿保险单及万国储蓄会单抵押出去，尚可维持。1927 年人数加多，每月开销要三四百元，而时局又是变乱相随，版税收入减少，售稿亦较困难，颇感不易维持。斯年 4 月因为作"政治难民"而赴沪，与伯鸿谈及，他允自 6 月起，每月垫付三百元，同时《现代教育方法》出售于商务印书馆，又得稿费八百元，所以这部书竟能在政局变动之下而能安然完成。这是不能不感谢当时的出版家的。

这书之编辑虽经多人之手，但内容体例均由我拟订，且曾商量过许多朋友（最要者为赵叔愚、李儒勉、汪桂荣、宗白华、徐悲鸿、吴俊升等），全稿亦由我校阅。我的目的是要于辞典之外，兼备常识教科书之功用。故体式上虽为辞典，性质上则兼顾各科系统知识，所以在每条条文之下，依其性质照学科项目分为各类，于题目之下系以单字或二字标明之。在凡例中，我曾说明我编辑此书之由来及编辑时所采用之方法。此书虽不能称为佳作，但在我却颇费心力。以其为我辞典工作之处女作，且含有补充教育之意义，故将凡例之前两条摘录于后：

　　我国自清末改行新教育制度以来，全国教育已逐渐资本主义化，中等以上之教育至有中产子弟不能享受之势；而世界文化，互相激荡,欧战以后,变化更大。既不能使国人不与接触,亦无相当辞书足以解释其日常见闻之名;即使得入中等学校,而学校教育每倾重于课内的系统知识之灌注,忽略实际社会之需要,常致毕业后对于报章上习见之文字而不能了解,甚至一事之来,辄因误解名词而盲从附会,使社会多所扰攘。本书即以最经济之方法,将青年及一般社会应具之知识,分门别类,用浅显文言为客观之说明。收集通用名词万余条,一以中等学校之各种科目为标准,一以一般社会所需要之基本知识为根据,而尤注意于教科书或专业训练中所不易见之常识事项。以冀其对于在校者之修学,在职者之治事,均有相当助益。

本书系采分科编辑法,即根据主编者十余年来从事中等教育及服务社会之经验,从各面估量青年及一般社会应具之常识,厘定纲目,再请各科专家参订之,然后分门编撰;其不属于学校科目与专门业务范围以内者,则从历年所阅关于各方面之中西报纸杂志中搜集其最流行之名词,依其性质,参考各种书籍,分别选辑。编纂后始按笔画排比。故本书科目虽多,尚少倾欹之弊,各科分量则依需要而定。

此书虽于1928年1月完稿,但以时局不定及排校不易,至1930年3月始由中华书局出版。 1931年5月重版略有增订,1934年再行增订。 以事务繁忙,无暇执笔,请刘范猷、陈润泉、周颂棣、徐嗣同诸君增加新条目二千余条,并请刘济群(舫)女士增补大事记。 为减轻青年负担计,发行普及本,将定价由八元减至五元。

七、两册常识丛书

中华书局于1923年编辑"常识丛书"若干种,其目的在增进一般人的科学常识,故每册分量只限定三四万字,而书的内容及文字则规定力求平易通俗。 1923 年曾应该局之约，写一本《道尔顿制浅说》。1925 年秋并蒙其约编《心理学大意》。 此书要旨"在灌输心理学上的常识，故所取材料以日常生活的精神现象为主；说明精神现象的例证，以一般青年所常见的事实为主"。 其"排列参用心理的与论理的程序，分上下两篇，上篇述心理学的意义方法及范围，下篇述心理学上的普通问题"。 并将潜意识加以说明，以见变态心理之一斑。 于1926 年 9 月出版。

在《心理学大意》中说及梦，但以篇幅关系，不能详说；而我当时对于佛洛德（Frued）之精神解析（Psychoanalysis）颇有兴趣，在成都讲授现代教育方法，亦曾述精神解析与教育之关系。 1926 年夏，偶与同人讲梦的问题，因长夏炎热，不能作繁重的工作，遂将所讲者整理成《梦》二册，付之中华书局刊为"常识丛书"之一。 此书第一段假托唱道情者编了一段中国人"梦的人生观"的俚词，而从科学上分析之以证明其不合理。 正文分为道情说梦、梦与睡眠、梦的现象、梦的原因、梦的学说、梦与预兆、梦与人生七段，并附录周礼、列子、潜夫论、无能子、朱子大全、灵枢经、法苑珠林诸旧籍中论梦的文字。

这书虽是一本小册子，但却有些关于我个人的人生见解，而道情一曲，是我数十年仅有的韵文（少年时也曾写过旧诗，但均无存）。 所以我不惜篇幅把它录在下面。

> 人生若梦，为欢几何；有酒且饮，有曲且歌；
> 说什么，夫妻恩爱，儿女情长；
> 说什么，子孙绕膝，福寿双享；
> 说什么，高车驷马，冠冕堂皇；
> 说什么，金银财帛，用了又藏；
> 说什么，高官厚禄，夸耀乡党；
> 说什么，生死予夺，权操我掌。

君不见：山前黄土，埋没了多少英豪；

又不见：山后孤坟，有谁来辨贤不肖。

什么威风凛凛，声名赫赫；

什么妻娇妾美，子肖孙贤；

都不过是过眼云烟。

大限到时，还不是狂风过耳，谁能系牵。

要知道：数十寒暑的荣华富贵，故不过邯郸一梦；

我劝你：有酒且饮，有曲且歌，切不要将梦作真，把真当梦！

这是文章中的所谓"反衬法"。紧接这段之后，便说这种观念的不对，而从科学上说明梦的种种。最末则推断梦能调剂生活，创造事物，增高人格。劝读者把它当作一种自然现象，用分析综合的方法研究之，用常识或哲学的眼光解释之，寻求它的因果，以为进德修业的反省资料，或再进而研究精神解析的析梦方法去治疗精神病。最末并说："朋友！大家努力运用科学的常识、科学的方法，打破迷信，创造新生活罢！"此书于 1926 年 8 月完稿，1927 年 1 月发行。

以上属生活工作。

八、《教育通论》

1919 暑假，我第一次为教育学讲师，那年下学期在福湘女学正式担任《教育学》功课，但系采用坊间出版之《教育学》作课本，1920 年在湖南第一师范讲授教育学，曾依桑戴克的《教育学》自编讲义，但因病中辍。1925 年在成都高师为教育系预科设教育通论学程，乃改为以灌输学生之教育常识为目的，而将旧日教育学之藩篱打破，自行拟定一种新纲目。不过当时只依照纲目讲授，未曾编辑讲义。1925 年返宁而后，虽然以全力从事研究近代中国教育史及编辑辞典，翻译教育书籍的工作，但觉此项纲目，仍有整理成册之需要，乃于1926年春抽暇为之，经数月之时间，卒底于成。

我编辑此书的目的有三："(1)给学生以相当的教育常识，即希望读者读完此书，知道'教育'是什么，(2)启发学生研究教育的思想与兴趣，即希望读者读完此书知道教育界有什么重大问题——尤其是中国的教育问题——值得大家努力；(3)指示学生研究教育的门径，即希望读者读完此书后为进一步之研究，亦可依据书中所指示之途径而不致误入歧途。 因之本书的取材涉及与教育有关之各方面，尤注意于中国教育现状及研究的方法。"全书分为何谓教育、教育与学校、教育与学制、教育与学生、教育与教师、教育与课程、教育与教学、教育与训育、教育通论、研究教育的途径十章。 每章复分若干节，章末并有提要、问题、名词释义及参考书等。 完全为初学教育之便利而编辑。

此书虽为教育常识，但对于教育的定义，却不采取陈说，而自行厘定为："教育是改进人生的活动：其目的在为社会创造自立的个人，为个人创造互相的社会；其方法在利用环境(自然环境及社会环境)的刺激，使受教育者自动地解决问题、创造生活。"这定义一部分是基于桑戴克《教育学》的见解，一部分则由我的人生哲学中"人类有无限的自觉创造性"的概念绅绎而来。

我在学问上，素日主张先通人而后专家，并以为如果从"通人"着手，以"专家"为的，纵不能成为"专家"，亦尚可以成"人"，倘若以"专家"为的，从"专家"着手，则即使成为"专家"，亦不过一种活的机械。 而当时一般的所谓教育专家，又大多"专"得有点近于像活的机械，所以我对于学习教育之学生极力主张发展其人生常识及与教育有关之基本知识。 故在"研究教育的途径"里面说："因为教育一面为理论的学问，一面为实际的事业，所以研究的范围也可以分为理论的与实际的两种： 前者在扩充知识，用演绎的原则厘定实施方针，后者以经验证明原理，用归纳的方法创造新原则。 但教育科学完全植根于他种自然科学及社会科学之上，教育事业与其他事业息息相关，所以理论的研究要研究其他基本科学，实际的研究应注意教育以外之社会活动。"在理论方面我将教育学者应具之知识分为人生常识、基本常识、教育常识、专科研究四类。人生常识依照斯宾塞尔（Spencer）的意见，分为生理学、数学、物理、化学、儿童学、政治学、经济学、历史、艺术等科；基本常识分为生物学、心理学、社会学、论理学、伦理学、美学；教育常识分为教育哲学、教育科学；专科研究则以各人所任之科目及职务而定。实际方面则分为专业修养（如教学技能，行政管理等）、观察调查、实验及社会服务等。我之有此意见不独希望养成"通人"的教育家，且希望从广博的知识与修养中造就一些教育政治家。

九、《现代教育方法》

积稿整理完成的第二部书是《现代教育方法》。这书我曾于1924年在长沙暑期学校讲过一次，在成高再列为二年生的正式学程。长沙的讲稿由某君笔记，在《湖南教育杂志》发表过，在成高讲授时虽曾自编讲义，但未完毕，而川、湘两地自1924年起，即有未经校阅过之笔记单行本发售，乃于1926年冬屏绝一切，奋力为之，5月阅而毕。全书分何谓教育方法、现代教育方法的背景、蒙台梭利教育法、葛蕾制、设计教学法、道尔顿制、呋沃特制、德可乐利教育法、学级编制法、测验法、教育统计法、最近英德美三国之教育方法，结论——创造中国新教育方法之途径等十三章，并附精神解析与教育。全书约二十五万言。于1927年3月完成，于斯年4月上海大罢工时期售于商务印书馆，至1930年9月始印行。

此书系就欧美各种流行之教育方法编纂而成，但在当时以至现在的中国，对于教育方法尚无如此综合研究的著作。我所以涉猎如此之广,初意并非要写成专书,只是对于当时学校所用之方法怀疑,而欲在各种新方法中求得一种慰藉。 这一层我在本书的序文及结论中说得很详细,因其可以表现我对于新旧教育的根本意见,兹摘录如下:

> 我自清宣统元年从书院改入新式学校以来,对于现行的教育制度即感不满足。虽然在过去的十八年中有十六年是为时势所迫,而不得不在现行教育制度之下作学生、作教师,但不满的情感并不因之减少,而反与时俱增。我初进高等小学的第一日,就觉得一大群人听铃声上课下课的办法不合我的脾胃,只因大家如此,无法抵抗,便在那里虚耗了几年光阴。可是到毕业的前一年,终为着闹什么"革命"而不容于学校。后来因社会与家庭的种种压迫,仍然跑到自己不愿意进去的所谓学校里混文凭,更跑到社会上所谓学校里做教师,办现在的所谓学校。在此十六年中,我几乎无时不是过思想与行为互相矛盾的生活。但因为社会成训的压迫,虽然怀疑新式学校的办法,虽然常常回想书院讲学的风味,然而绝不敢倡言打破现教育制度,更不敢倡言回复书院式讲学方法,只想在西洋的新方法中求得想象的天堂。故当学生时,对于各种教育方法,即感兴趣。凡有什么新方法,只要我有机会知道,便要涉猎涉猎,希冀于无意之中,遇着合意的新东西,以作精神的慰藉。所以我对于现代各种教育方法之研究,初无何种高远的目的、系统的计划,只是为调剂自己精神的苦闷,随便阅览而已。

1923年暑假在各地讲演道尔顿制与各地教育界人士为多方接触之后感到提倡新教育方法者门户之见太深,因想及综合研究的必要。"于是将平日阅览所及的各种教育方法重为系统的研究。 虽然因为怀疑现行的教育制度,对于各种方法均有未满之处,可是西洋工商业社会所产生的教育方法不尽合中国的需要,与中国小农社会所需要的特殊教育方法之因果已略有所窥。"故"1924 年在长沙暑校设现代教育方法学程。 其目的有三： (1)使听讲的小学教师明白现代教育方法在思想上有共通之点，不必自立门户，示人不广；(2)使他们对于各种方法有系统的了解，以便随时采取其优点，以改进现行之呆板的年级制与注入的讲演法；(3)使他们知道中国社会组织根本与西洋文明国者不同，决不能全盘模仿西洋已成之办法，只可以之为参考，而努力自创适于国情之方法。"

　　新教育方法要怎样创造，我曾就新旧教育方法之利弊加以比较而提出几项原则。 我以为"中国旧教育制度在组织上虽未曾注意团体活动，在教学上虽有极不合情理之处——如私塾之体罚及教数岁儿童读'四书''五经'之类——然其制度之全体，固有为现在新教育制度所最缺乏的三种要素， 即：(1)学费以各人之能力为准则， 学校且有恒产；非如现在之同等纳费与无恒产；(2)师生的关系为'人'的，非如现在之为'制度'的；(3)教学重个人努力，不如现在以团体为单位，互相牵制。 此三种精神之有无，实系新旧学校最大之差别，亦即我们研究中国教育所当特别注意的问题。

　　　　旧学校之有此三种精神，与新学校制度之缺此三种精神，我想凡经过私塾书院及现在学校生活的人，若留意将其已往的经验详为反省而比较之，便会有完全肯定的答案。我国在历史上是小农的社会，且有家庭制度——中国旧家庭制度之良否为另一问题，此处只就其过去之事实言之——为维系社会的中心，故政府虽不以法规厉行强迫教育，只以考试为诱导人才之工具。但人民对于子弟之教育并不漠视。中等以上之家庭，固然为科名而遣其子弟受较高之教育，即平民亦因社会上的需要与习惯，而在乡延师或附学，受生活必须之知识教育(现在的私塾学生，据安徽全省及广州、南京等处之调查，亦远超过小学学生)。唯当时之教育事业，几完全为人民自动处理(各州县之学官只空有其名,并不实际管理学校事情),政府又不知道统计,遂致教育上表面之报告不及人;实则那种自动的精神,即在教育普及之西洋文明国,亦不易办到。我们同忆学堂未兴以前,无论何种穷乡僻壤,有数十户或数户住民,便有一私塾,与各镇各县书院林立的情形,便可知道。这多数的私塾书院,除表示人民对于教育的信仰及其自动经营教育事业之精神而外,其组织如义学之免费、私塾之自由纳费、书院之供给山长、奖励勤勉学生之膏火等事,实是最合理的办法。因为人的能力与境遇决难一致,倘必如现在贫无立锥与富埒王侯之学生纳同等之费用,则富者既嫌其过微,贫者只有永远不入学校之门,而让教育(尤其是高等教育)为资产阶级所独占;而富而无能之子弟,更不知因境遇之侥幸,白费多少教育者的精力。私塾与书院制之办法,能使可造之士均有受高等教育之机会,所以贫苦子弟只要自己努力,上进之途不绝,非如现在学校制度之将贫苦子弟一律挥之门外也。

其次,私塾之教师与书院之山长,可由家长及地方长官选择聘请,并以宾礼相待(决不如现在之教职员被视为长官员属),社会上更因历史的传衍,而将"师"与"亲"并列。教师亦因位尊责重,不肯敷衍,而师生之关系更非泛常。因学生年幼者可由家长代为择师,年长者则可自己择师,均以信仰为结合的根蒂。故师生情感常有如家人父子之浃洽。学生既为信仰教师而受教,对于教师的言行,自易受其感化。教师亦因其志在传道讲学,而忠于其职,爱护学生,故当时未闻有师生取对立阶级的形式,而发生学潮者。虽有门生控座师之事,但居极少数。现在的制度如何? 教师之来,系学校校长聘之而来,他只对校长负责任。他忠于其职,有校长奖励之,不忠于其职,有校长惩戒之。而校长对于官厅负责,故教师直接对校长负责,间接对官厅负责。家长于其子弟入学,或学生欲自入学,最多只能选择学校,决不能选择教师:因为照现在法规的规定,校长有任免教员的全权。某人为其教师，不远千里而来投某校，也许他还未到校，那位教师已被校长辞退，或被他校以重金聘去。而且学额有定，现在中学以上，甚至于小学，都须受竞争试验，投考者常至超过学额数倍或数十倍。某人所择之学校，学校未必就能收某人，所以就是择校，也无把握。即幸而择校如愿，亦只对学校负责任，教师之一切奖惩，均须假学校之名以行之。故教师与学生之间，都只在媒介的学校上发生关系，人与人之间完全不生关系。近年来风潮不绝，论者归罪于教师或学生或校外之鼓动者，殊不知制度也是最重的原因。

第三，旧日之教学虽不良，但其方式固为个别的。就教学原则上，个别教授与团体教授各有其优劣，若就学习的本质讲，一切须经个人的独立努力，始有效用。《学记》上之"虽有嘉肴，弗食不知其旨也；虽有至道，弗学不知其善也"的话，最足以表示此义。而现在的学校，则以团体教学为本位（道尔顿制除外，故亦最与中国旧教学方法之精神相合），集贤不肖于一堂，而以同一的方式讲解、讨论之，其弊端已早显示于人，毋庸再述。此种方法，在受业时，固不能使个性自由发展，出校后，更因毕业之自满，而缺乏追踪的精神，遂致虚矫自喜，不事努力。

以上于述新旧教育方法之利弊，均只就其常者言之，并非谓旧方法全无劣点，新方法全无优点，亦非谓旧者决不能发生新者之劣点，新者决不能有旧者之优点。只是从二者之本身言，旧者之精神，系中国历史数千年遗传下来的产物，确与社会之要求相符。虽其枝节上待增减的地方甚多，但其根本却不应推翻；而新者因为其具体方案为科学研究之结果，足以救中国旧日主观武断之弊，亦当斟酌采用，唯不可完全移植而已。因之，我对于中国教育方法未来途径之答案如下：

（一）教育经费须采自给主义：学校应有恒产，纳费应有等差。

（二）师生之间，应将制度的关系打破，恢复"人"的关系。

（三）教学方面，应保持历史相传之个人独立研究精神，而发挥光大之。

本此三原则，根本将现在中国学校制度改造，则本书所述的各种方法，均可用以为助；否则，再依样葫芦地将世界各国的一切教育方法一一移植于中国，仍与中国教育改进无与。至改造的形式如何，著者虽亦略有拟议，但自信尚不完备，未达发表时期。不过本此原则，在实际上进行亦已有口，如有成就自当公诸社会。

这里所谓未达发表时期的改造形式，即是我创立私人讲学学院的理想及 1928 年 5 月向全国教育会议三个提案的办法。

此外在成高讲授过的学程尚有教育心理学、中学教育法，并有一部分初稿，均以无暇整理而废弃。 我之教育著述生活期之整理积稿工作，只完成上述的两书。

十、研究工作的计划

我对于研究工作的计划，第一是整理清同治元年设同文馆以来的新教育史料而著近代中国教育通史及专史，二是为保存当时史料而每年编一部年鉴式之教育指南。 第二项的材料是现成的，只要肯花费时间留意搜集，好好整理，是很容易办得到的。 第一项工作则因当时无人作过同类的工作，只有从故纸堆中去搜集材料，加以选择与鉴别，其工作便有点像"沙里淘金"，费力多而成功少，是一种比较艰难的事情。 在未着手以前，对于史料问题曾经详细考虑。 除采用一般历史的方法而外，我以为近代史有几个特殊的困难问题： 第一是史实正在进行， 其结果不能预断，遂不得不将有关之各种材料多为保存，以待事实之演变与时间之淘汰；第二是政治上的忌讳， 治史者欲求得多方面之材料为公平之论断，往往限于现实政治之势力，不易得反对方面之材料，即得之亦不能自由发表，公平论断；第三是人的忌讳，因为社会碍于"人情"或囿于成见，对于史实之主人公，常有过誉或掩恶之笔，不易得其事实之真相，若采其敌对者所发表之资料，又恐蹈挟嫌攻击之弊；第四是教育者的本身问题，即教育者历来被视为人间师表，为维持其尊严计，对于社会往往不能相见以诚，因而其所表现之事实比较的不可靠，史实的论断也不能不受其影响。为解除此种困难，故在史料搜集方面规定六个注意点：第一是立定目的，即以某种史料为中心，而搜集其有关之直接及间接的材料；第二注意各种史实的背景，如现实政治及社会思想、社会组织对于教育之影响等；第三是求平衡，即要目光四射，将与教育有关之各问题顾到分别搜集，不可以一概全；第四是旁证，即于表面的事实上，再注意其里面的"内幕"；第五是求正确，即一切史料均要追溯来源，记载时日；第六是要有科学的态度，即以客观事实为立论的中心，不掺主观的偏见，不以感情抹杀事实。

近代中国教育史料的特殊问题及其应注意之点经过考虑之后，再进而研究史料的来源与搜集的方法及鉴别、审定史料诸问题。为指导孙、罗诸人从事研究，对于史料来源及搜集鉴别等事，曾写有简要纲目，兹录于下：

甲、史料的来源

近代中国教育史料的来源约可分为三大类：（一）文字记录，（二）实物记录，（三）耆旧记忆。属于文字记录者：（1）正史：如《清朝全史》《清史纪事本末》《民国十周纪事本末》等是。（2）公牍：如创设同文馆之呈文批录、《光绪政要》《大清教育新法令》《学部奏咨辑要》《教育法规汇编》等是；（3）规章：如前清之学生总会章程及现在各学校章程等是；（4）杂志：如清末《学部官报》《教育世界》及现在《教育杂志》《中华教育界》等是；(5)报纸：如清代之《时务报》《新民丛报》及现在设有教育新闻栏之各报；(6)专著：如郭秉文之《中国教育制度沿革史》、殷芝龄之《现代中国教育行政》等是；(7)个人文集：如《李文忠公全集》《蔡孑民先生言行录》等是；(8)杂著：即非教育之著述而间有关于教育上之重要材料者，如容闳之《西学东渐记》、柳贻征之《中国文化史》等是；(9)轶闻：如《清代轶闻》《清稗类钞》《梵天庐丛录》等是；(10)文艺：如《留东外史》《留西外史》《人境庐诗钞》(黄公度)及各时期社会上流行的歌曲、戏剧等是(此类材料素为治正史者所不重视，但其价值最大，盖其所表现者最为真实也)；(11)金石文：如各校之碑文及印章等是；(12)外国人著述；如推士之《中国之科学与教育》、杜威之《旅行中日札存》(*Letters from China and Japan*)等是。属于实物记录者：(1)建筑物如南京之南洋劝业会旧址、北京之北京大学第一院；(2)纪念物：如上海澄衷中学之叶澄衷铜像，浦东中学之杨斯盛铜像等是；(3)图片模型：如湖南清末省教育会之模型、南京高师之照片等；(4)先民遗迹：如北京大学图书馆所藏之学部档案原稿，"三一八"惨案之死难者的遗物等是。属于耆旧记忆者，如民国元年教育部设立之种种情形，我们无从于文字中求得之，然而蔡元培、蒋维乔能历历记忆；其他如吴稚晖、李石曾之于留法勤工俭学，许崇清之于国民政府教育情形，范源濂之于学部情形，陈宝泉之于教育部情形，袁希涛之于义务教育情形，黄炎培之于职业教育情形，张菊生、陆费逵之于教科书情形，黎锦熙之于国语运动情形等是。

乙、搜集史料的方法

搜集史料的方法可分三大类：(一)发见，(二)访问，(三)汇存。发见即在漫无系统的事实中求得史料。此方法又可分三项：(一)于通行之旧籍中求之，如读《清史纪事本末》或《中国文化史》《留东外史》等书将其与教育有关系的事实摘录之。(二)访求绝作：如清末之《教育世界旬刊》及《学部奏咨辑要》等。(三)注意当时报纸杂志，将有关系者剪藏之。访问则就与教育史实有关之人，询其亲身经历而保留之。汇集的方法，第一步是归类，即将性质相近的事实划为若干类，遇有各种史料，皆以类为归；第二步是剪存与编目，即将重要材料剪集之后，依图书馆或特定方法编目以备检查。

丙、审定史料的方法

除去注意一般审定史料之正诬、辨伪两种共同方法以外，并须注意五事。(一)史实之创造性：如清光绪二十三年上海南洋公学之师范院的规程，光绪二十八年钦定学堂章程应当重视，是因其为创例。(二)史实之冲突性：如清末至 1926 年之读经问题、1919 年以后之小学国语问题、中学男女同学问题等，正反两面均有其时代背景。(三)史实之真实性：如学校风潮之双方言论均有所蔽，史家就各方有关之材料据以判断外，并应用精神解析的方法去研究其真实因果，于一般教育问题则当注意文艺作品。(四)史实之普遍性，如 1924 年南开大学之《轮回教育》一文，把中国教育上之一般弱点暴露无遗，应视为极有价值的材料。(五)政制及社会思潮对于教育之影响，如清末之科名奖励为推行新教育制度的手段，1924 年中国国民党之视学生联合会为公民团体允其参加政治行动，1920 年上海《民国日报》与《时事新报》"学校犹政府，学生犹公民"，与"学校犹商店，学生犹顾客"之争，1923 年后中国共产党出版之《中国学生》《中国青年》之鼓吹学生参与政治等之种种理论，均与教育有重大影响。(以上所述，曾于十六年六月在《中华教育界》发表一篇万余言的文章题为《近代中国教育史问题》，讨论颇详，现收入《近代中国教育史稿选存》专辑中。)

十一、研究工作的难题

　　研究的计划与搜集史料的方法决定了，入手的工作是从事搜集史料。 但以自己平日不是专治教育史的人，虽然自 1921 年后，有研究近代中国教育史的意向，在各地讲学时搜集一些材料，但都是很近的；有许多东西虽知其极其重要，而以手头未备，亦不得不向他处寻求。 可是一般刊物尤其是关于教育纪事的东西，非专治教育史者，不愿意保存，而极重要的东西，每每因无人注意保存而不易得。 加以自民国以来内乱频仍，教育部差不多等于“告朔的饩羊”，至 1919 年而后部员索薪不得，安有人去干有关全国教育的统计及法规整理的工作。 又一方面则因南北分裂，因政治见解之不同，而互相检查邮件，往往有许多刊物明知其极有关系，费了许多精力，用尽一切方法，向原出版处购得，但寄到南京往往被检查员扣去①，结果仍等于零。 所以在那时从事近代中国教育史之研究的工作，真可谓困难重重，事倍功半。

　　在南京有东南大学、金陵大学及江苏省立之三大图书馆，而东大承南京高师之后，又以教育科著闻全国，依理想，应该可以供给参考书。 但省立图书馆专藏古书，虽其中有极不易得之旧籍，但新书则购藏极少，关于近代教育史料的书报可称绝无。 东大图书馆藏书虽不少，但以西文书籍为多，虽然教育科名闻全国，但并不以教育史尤其近代中国教育史著称，故无人注意于此项史料之搜集，即《教育公报》《教育杂志》亦不完备（美国教育杂志反有全份者），自不能供给我所需要的材料。 金大图书馆藏书颇富，尤以购藏志书著闻，近代中国

---

① 1925 年广东所刊行之党化教育资料，1927 年之上海《中国青年》《向导》及北京之《晨报》《国闻周报》等常被扣留。

教育史料当然非其搜集的目标，但以其历史较长，藏置颇佳，对于一般刊物，又从图书馆之立场而选购之，故所藏杂志报章及各处赠送刊物较富，虽不足以供研究专史之参考，但可以得着许多基本材料。所以南京三图书馆之中，于我的工作最有帮助者要算金大图书馆。三年之间，我消磨于该馆的时日，有好几个月。

金陵大学之图书馆对我极优待，允我自由入库查阅各种书报杂志，并允我带书记入库抄录材料。但因其为普通图书馆，除普通书报杂志而外，关于近代中国教育专史之重要材料如《钦定学堂章程》《学部咨奏辑要》《光绪政要》《光绪谕折汇存》《光绪宣统新法令》《约章成案汇览》等书以及各校章程及报告，各种教科书等均以不在普通图书馆范围之内，未曾购藏。此外中华书局图书馆亦藏有关于近代史料的一些书籍，但以历史甚短（该局创于民国元年），较早之出版物亦极少购藏。我在搜集史料方法的计划中，本有访问一项，在民国初年与教育行政或教育事业、教育思潮有关之人如蔡元培、梁启超、袁希涛、蒋维乔、黄炎培、陆费逵、黎锦熙诸先生均相识，与他们有关的事情每亲访或通函询问，且请他们指示史料，但所得不多。因为他们也都不是专治近代中国教育史的，除凭记忆开示若干事迹而外，对于教育有关之原始史料亦少收藏；有时指出几种书名，市上亦无法寻觅。为着同文馆的创设年月问题，我曾问过多少人，查过许多书，均无结果。因想到教育部必有档案，乃于1925年12月函达黎锦熙（时彼任教育部国语统一筹备委员会委员）请他代为托人向教育部查抄，并请其代购《学部咨奏辑要》一部。他回信说："现在的教部未免太悲哀了，欠薪年余，部员罢工；托人在部中搜《学部咨奏辑要》，则以档案无存，无人知有此书。"因此引出我一段牢骚，当复他说："悲哀的笑话太多了！（一）通南京城没有一部二分之一以上的'教育公报'；（二）1919年的《教育法令汇编》，竟找不着民1917年中学添设二部与采用中学校长会议的文章；（三）费去我两星期的时间找不着京师同文馆是那年设立的(《清史纪事本末》与《通鉴辑要》说是同治二年，《辞源》说是十年，《通商始末记》说是六年，偏查《东华录》则绝无其事)。 近来因北京的朋友们大谈读经，买得一部《读经救国论》，而一字一字地读过，我觉得而且极盼望此时有位不客气的秦始皇把今日以前之一切古书与古儒焚而坑之才愉快！"最末则请他代向部中找一份最近的留学生统计(时正著《中国留学史》)，结果仍是无有。 而他的回信有一句话说："在中国研究学问，最少亦不比富人进天国容易。"这句话在当时确属实情。 ——京师同文馆设立年期，后经袁希涛先生向吴景濂先生处借得一本《京师同文馆学友会报告》，始悉其创于同治元年八月。

教育部与教育界前辈既不能供给许多材料，而有若干刊物又非有不可，于是乃分函上海之陈启天、向达、武堉干，北京之刘炳藜、刘舫女士，四川之陈岳安、李劼人，长沙之刘范猷，昆明之马耀武及南京之蒋维乔、李儒勉、周慧专女士等分途向各地市上及私家收购清末有关教育之各种出版物，并请陆费逵转函中华书局各省分局代为收购，但结果所得仍少。 这中间有一个不易为一般人所理解的经济原因： 即是出版物成为商品之后，出版家与贩卖家对于某种书籍之出版物囤积与否，当视其商品价值之大小(即行销多少)而定。 清末出版的法令教科书等，到 1925—1926 年之间，早已失去时效，当然无人重印。 而这些专门的东西，除去某种人因某种需要偶有购买外，一般人绝不过问，则出版家或贩卖家纵有积存，亦因其滞销而长期占去许多地方，房租栈租负担太重，亦把它们当废纸出卖。 我记得《光绪、宣统新法令》，均为商务印书馆出版，但 1925 年我函达向达、武堉干(时均任商务编辑)向该馆购求不得，向其栈房及有分馆搜求亦不得，也是这个理由。

十二、红眼睛刘先生

1925 年的半年费了许多精力，除去在金陵大学图书馆查抄报纸及《教育杂志》，向中华书局图书馆借到《光绪政要》《学部咨奏辑要》等几部书而外，其他重要史料如《钦定学堂章程》及兴学之初的教科书等均一无所有。 1926 年春《中华教育界》预备出留学教育问题专号，该杂志编者陈启天约我写近代中国留学小史，我费了两月余的时间搜集材料，但因为德国留学始期得不着证据，竟至写不下去。 1925年 12 月 14 日去花牌楼商务印书馆购书，偶然经过一家所谓国学图书馆的旧书店，白纸裱在木板的招牌很新，虽然只有一间门面、一个柜台，但书架上堆满了所谓经史子集中最流行的木刻书，柜台外摆设一个书摊，放置许多旧教科书、旧杂志等。 只有一位红眼睛的老者在那里经管。 我驻足随便翻阅书摊上的旧教科书，选定民国元年商务、中华出版的几种，和他讲价钱。 他所索甚微，每本均取三十文（当时值二分余），我照所索付之。 他以为是一笔好生意，临行时，告我内室尚有许多旧书，要我入内看看。 这一来，我成了他的大主顾，他对于我的研究工作的帮助，也远在一切朋友与几个图书馆之上。 ——同时他对近代中国教育史料之保存，也间接地尽了很大的责任。

这间门面大概长约二丈，宽约一丈，中间一层板壁，隔作前后两间。 前面的一间是柜台和书架，所谓内室就是后间。 这间一丈见方的内室，除去一张木床，占去三尺，床前有尺余宽空地，床头一张小桌，桌上一个火油炉，一盏美孚灯而外，三面都是书架，连同地上都堆积是书。 地上的书固然杂乱无章，架上的书也大不如外面架上的整齐。 据他说，这内室的书都是属于旧教科书、旧杂志和过时的书，不过架上的是整部，地上的则属零册。 零册都是三十文一本，任凭选购，整部的则有定价。 这间屋因为是内室，所以光线很不充足，而各书又无书根。 架上的也无签条，若要选购，必得一本一本或一部一部地自己去翻，所以选起来很费力。 我问他有无光绪和宣统《新法令》《光绪政要》《钦定学堂章程》，他也不知道，要我自己寻觅。 我因为光线太暗，只就靠门边之乱书堆中查阅，无意之中，发见一本《约章成案汇览》第二十三卷，收宣统以前之留学文献最多，我留学小史所急要之材料已载其中，乃立即购归，将该文完成。 第二日起几于每日都到他的内室去垦荒，我所需要的材料，大概都从那里购得，而使我最高兴的是得一部《学部咨奏辑要》、两部《钦定学堂章程》(此书最少，后来知道袁希涛先生有一本抄本)、几百本戊戌政变以后及光宣之交的教科书(南洋公学第一次印行之《蒙学课本》亦在那里购得)，及我所不曾想到的杂志书籍如清末发行之《教育世界》《江宁学务杂志》《中国新妇女杂志》《皇朝畜艾文编》《变法自强奏议》与各种会议报告等等。

这些书都不值钱，最贵的也不到一角一册，但从故纸堆中去选择却是一件很麻烦的事。 这不独是光线太暗的问题，每次选完之后，若有人继续来购，或无人来购，而老板看到翻得一塌糊涂加以整理，都得把已选和未选者混在一起，第二次去选，又得从头做起，每每弄得费去一天工夫而得不着一本书。 我去的次数多了，和老板渐渐相熟，答应把选过的书好好放在一旁，请他不要混合，但有他人继续来购，仍是无办法。 我从谈话中知道他这些东西，是从收荒者当废纸收来的，所费本极有限，他以三十文一本售给我已算厚利，起初和他交涉允许他加价一倍，要他暂时停止售给他人。 但他要赶快出清存货而不答应。 有一天，我看见他独自喝酒，忽然计上心来，于第二日上午即去，到午餐时，到对门饮食店购得一些荤菜，买了一斤黄酒、一个面包，拿到他店里，邀他共食。 我本素不饮酒，为着要结识他，破例举杯相陪。 一斤黄酒灌进肚里之后，他认我可以做朋友，告诉我他姓刘，是本地人，无亲无故；并允许我把室内的书暂时停止售给他人，让我先行选择。 这允许，对于我是一种快乐；为要返还他的快乐计，对于书价仍践言加他一倍，并不时带点酒菜和他共饮。 经过两三个月的时间，我选购了千余册，以后他还继续代我搜集，一直到 1928 年我离南京时为止。 1934 年我将近代中国教育史料七千余册移归中华书局图书馆，总有二分之一以上是从他那里得来的。 每逢讲到我的近代中国教育史的研究工作，便想到这位红眼睛的刘老先生。 他对于近代中国教育史料的保存，无意地作了超过教育前辈和几个图书馆的工作，可以称为无名英雄，所以特别把这件事记出来。

十三、《近代中国教育史料》

1925 年秋至 1926 年夏之一年间，对于近代中国教育史的原始材料，搜购得大小书本几千册，堆满了一间屋子，虽然于搜得时随即阅览，将其中之可用者加以标志，以便著《近代中国教育史》时随时取用。 但"因各种材料在旧籍书籡中杂乱无章，翻阅极感困难，因分类抄录，借便参阅。 继思此类材料，在中国新教育历程上，要为不可埋没之事实。 但一般研究教育者或师范生，欲于漫无头绪之书报中逐一搜集，其事至难，盖经济与时间既非人人所能胜任，而可遇不可求之材料更难必得"。 因从抄就之底稿中择其重要而为一般教育者所当参阅之记载，先辑成一部《近代中国教育史料》。 我当时搜集的材料本来很多，但为顾及读者的购买力计，只先印四册，共约八十余万言，于 1926 年冬交中华书局印行。 后以政局变乱，至 1927 年 8 月始发排，于是再辑补编，将 1927 年 8 月以前关于"党化教育"之材料加入，至 1928 年 3 月方始发行。

此书虽系辑他人之作，但所费时间比自己写作还要多。 第一是因为材料搜集不易，第二从散乱无章的旧籍中绅绎其可用之篇章，并须将不必要者加以删节，空耗的光阴不少；第三为求信实计，每篇均须详查其来源，考核其时日(这层在史料上极为重要)。 常见许多编辑者编辑史料对其所辑之文章不注来源与时期，竟至全无用处：以史实之时间关系极大，同一事件，在前一月甚至前一日发生重大意义，后一月或一日发生则全无价值；而发表的地方应该注明，不独便人核对，且可从发表之刊物中推论作者与当时社会之关系，并可指示读者以寻求他种材料之途径。甚望青年学者注意及之。——亦得费了许多时间。所以我对于这部史料之重视，并不亚于我的其他重要著作。

本书所以称为《近代中国教育史料》，系指我国仿行西洋教育制度之全体而言，时间断自清同治元年设立京师同文馆至 1929 年 8 月。此六十余年间经过之教育事迹甚多，势不能一一追溯原委，罗列无遗，故只择其较重大者录入，并假定"（甲）记述事实现象者；（乙）叙述事变因果者；（丙）言论之代表时代思潮者；（丁）言论之于实施上发生影响者四个标准，以为去取之的。因为史实最重时间性，所以各篇除原文载有时期或由其来源之出版物中可以推断其发表时期者，余均详为考核揭于篇首。又因为史料在示信于人，故书中采取之篇章，均详注来源，有删节者并为注明；一事与他事有关，而他事在教育史上无重大影响或未尽属教育范围之内，为节省篇幅计常用按语简要叙述之，但只以叙述事件为主，不加批评，以免影响读者之判断力"。这种治史的谨严方法，是幼年得之于张浣泉先生的讲解《了凡纲鉴》，我应当感谢张先生。

这书全部四册，除补编的党化教育外，共为三十大类；第一册有兴学创议、学制系统未建立前之学堂、戊戌政变前之新教育、维新教育（戊戌至设学部前）、京师大学堂、游学六类；第二册有学制、教育宗旨、教育行政、义务教育、女子教育、华侨教育、职业教育、教科书八类；第三册有大学改制、海外大学、男女同学、国语、文学革命、学潮、教会会议、教育人物八类；第四册有教育意见、庚子赔款、学堂奖励、改科举、废科举、贵族教育、翻译、杂纂八类（外附补编）。各种材料均系从六十余年来之公私文书及各种刊物中选集而来。　而教科书中有陆费逵致我《论中国教科书史略》及清光绪二十四年南洋公学《蒙学课本》、清光绪二十七年无锡三等公学《蒙学课本》之几课课文，杂纂中有蒋维乔为应我之请从其日记中抄录《民国教育部初设时之状况》诸文，尤足珍贵。

十四、《中国新教育概况》

　　清同治以来的重要教育史料，既已编成上书，当时又想六十余年来在教育理论上当有许多有价值之作，拟另辑一册以见中国新教育思想发展之进程。"嗣因清末教育幼稚，学者论著除供史料上之参考外，而有永久价值者殊尟，是以取材断自民国，拟名《现代中国教育论文集》，而选文结果，代表时代思潮之创见的论文过少，叙述史实之状况者较多，遂变更初意，专辑记叙改行新教育制度以来之各种概况者，定名为《中国新教育概况》。"因"以使一般教育者了解中国近代史实及现况为目的，为节省篇幅计，不录重复之作。　凡一事或一人对于某事有数文可选者，仅取其一；其一事而无系统之适当专著，则集数文以成之"。"在内容上注重于各问题之代表著作，在形式上注重于文字之优美。　其内容完善而著者于行文时未加修饰者，则稍为整理；或文字完善而内容因时间上之关系不甚完备者，亦略为增减。"全书十五六万字，除我之《民国十四年教育思潮》《幼稚教育》《留学教育》三文外，录陶知行之《新学制史》，陈启天之《教育思潮史》，陈宝泉、袁希涛之《义务教育》，孙世庆、郑朝熙、韩定生之《初等教育》，林砺儒、程时煌之《中等教育》，郭秉文之《高等教育》，邓萃英之《师范教育》，邹恩润、秦翰才、潘文安之《职业教育》，陈东原、俞庆棠之《女子教育》，杨廷铨、陶知行、汤茂如之《平民教育》，庄泽宣之《成人教育》，张准之《科学教育》。　于 1927 年 5 月编成，交由中华书局于 1928 年 4 月发行。

十五、两部教育指南

我在研究计划中本有保存现代教育史料而每年编辑一部《教育年鉴》的一项。 1925 年、1926 年之间对于搜集教育史料感着许多困难，同时要训练马耀武、罗文汉、孙承光诸人从事编辑工作，所以对于《教育年鉴》更拟以最大的努力，使其继续地年出一册，为我事业上同时替国家社会——此等事本不当由个人负责——尽其最大的责任。 所以每年费去他们的大部时间与我个人的几个月时间，从事于教育论文书籍之搜集，并一一为之选提要与内容概略，同时并搜集教育法令，与教育史料，摘要录入，并编辑教育大事记，以供一般从事教育者之参考。 为读者便利计，并于书前述当年之教育概况，以为纲领，便读者于明了当年教育情状外，并可为研究问题、搜集资料之根据。 因年鉴要注重统计，而当时统计无法觅得，且恐个人事业中途有变不能继续，故改名为《教育指南》。 只因 1926 年冬，陶行知等主持之中华教育改进社，亦有意于整理近代中国教育史料，该社编辑王西征知我正从事于此，特远道相访，共商分工合作办法，决定自 1927 年起，由该社继续年鉴工作，我则专理清同治以来之教育史料。 不料 1927 年政局发生变动，该社无形解散，年鉴不曾继续出版，而我以将该项工作交给该社不曾准备，同时自 1928 年起，个人生活亦发生变动，而此 1925 年、1926 年的两部年鉴式的《教育指南》，遂在教育出版界中成为绝响了（现在书亦绝版，即购亦无处购起）。 但当时若有续稿，印行亦非易事。

这两部书虽是编辑工作，但在我却费去许多心力，且以为如能继续下去，于中国教育史料之保存于治教育史以至一般从事教育者，不无益处。 而我编辑该两书，是不计工本、不计生活（两书共得之版税不过数十元，若以编辑薪工材料计算所费当在二千元以上），全凭一股热忱，专门从教育学术着想，所以我常视此两书为我对于教育最纯洁的工作。我之为此，是对于当时教育界不满的一种反感(此反感可由序文中之字里行间见之)。现在此两书已经绝版，但在我个人生活上却是一种重要事迹，且可以见当时教育学术界之荒芜情形，故将两书之叙述摘录于下。

我在1925年《教育指南》序文中说：

我固不以教育者自期，但以十年来职业上之关系，阅读国内教育出版物之数量却不少。在此广泛阅读之中，固然增进了许多知识，感受了多少兴趣，然而使我最不满足者也有好几种。第一，是各种论文以至于书籍多空泛的议论，少实际的材料；第二，书籍论文中间有采用统计资料者，但多取材他国，尤以美国为最；第三，重复的著作很多；第四，目录学不发达，致学者空耗许多不必耗的时间；第五，史事无人梳理，无由明各种问题之源渊；第六，法令无人辑录，遵法毁法均无从着手。前四项为著作者之责任，后二项则教育官厅之责；但当政治紊乱达于极点的此时，中央教育行政机关尚有不暇自存之概，还说其他！故1919年以后，无正式的全国统计发表，教育法令亦只有1919年编辑取材至1928年为止之《教育法规汇编》，且遗漏不少(1917年中学添设二部之令文为中学教育史上之一大变动，该集且未录入)即传达教育公文《教育公报》，至1925年亦且刊不及半。至于史事之梳理，当然更说不到了。然而国家一日存在，国法应当尊重，人类一日未灭，历史终当保留，这种责任既不能由应负责任之教育官厅担负，只得由国民中之个人勉尽其力之所能，分工努力。此我编辑此书之动机一。上述前四项现象，诚然当由著作者负责，但著作者之发表某种著作，或因人事上、经济上种种关系，而不能对于该类著作品为广泛的研究，有些实际材料，当其初次发现时，著作者亦未尝不觉其重要而思采取，但因当时汇集或保存之不便，竟不曾积留，及至事后要用，便又茫然无处寻求，亦是著作上常有之事；各种作品中少实际材料或多采外国资料者，此为其一大原因；而且各种类似性质之作品常散见于各地及各种出版物中，一人势难全备，即或全备，因平日不专心于其问题而不注意其作品者，亦属极平常之事。及至因事所迫，或为兴趣所驱，欲研究某问题而思取材，又渺无头绪，于是凭一己意见发为论断。在著作者个人固以为别有新义，可以资人研究，殊不知有时所谓新义者，已早为他人说过，因此便多重复的著作。至于目录学之研究，与各类书籍论文目录之编辑，本是图书馆之责任，中国虽在1925年间有国立图书馆之名目，但愿负此种责任与否，现在还无从断定。要于著作者、研究者、业务者有所扶助，亦不能不由国民个人分工合作。此为我编辑此书之动机二。

年来泛游长江流域各省，不时与内地教育者接触，常感他们为交通所阻、环境所束，不能明了全国教育思潮趋势与教育实况之苦，而个人不时在教育言论界有所发表，亦苦于参考资料之缺乏。近来注意于中国近代教育史问题，更苦史料之难于搜集。因就平日搜集的参考资料略为整理，编辑此书，以供中小学教师、师范生及教育研究者之参考，同时并为保存史料，以备现在及将来研究教育问题、教育历史者推溯鉴戒之资。虽然此册之材料不算十分完备，但我个人在业务上、研究上得益于此者不少，亦望此种助益能普被一切读者。

编辑此书之目的既在供中小学教师、师范生与教育研究者之参考，故一面注意于书籍论文及出版物之提要介绍与教育大事记、教育法令之分类汇集；同时并注意于书中所见之书籍论文、出版物、著作者等之统计。《民国十四年教育状况》与《民国十四年教育思潮》两篇在使读者对于十四年教育现状及其趋势有相当之了解，以便进而分类研究。后面之书目篇目索引及人名索引则完全为读者翻阅便利而作。

此书所录之论文虽只五百九十一篇,出版物三十二种,但因带有选择性质,编者个人阅过的出版物在八十种以上,论文在千篇以上。各种出版物,除个人专备之教育专刊及普通刊物五十余种外,余均向南京东大图书馆、东大教育科、金陵大学图书馆借阅者(有许多出版物完全不载教育论文,但又不得不阅,故所费时间甚多)。此当向上述各机关之主持者致谢。……至于教育书籍除各学校单独发行不易搜集者外,通行之物已搜罗无遗。商务、中华出版之书籍则完全向该馆等借阅者,谨在此致谢商务总编辑王岫庐先生与中华编辑所所长现在已故之戴懋哉先生。此外供给材料者有友人李儒勉先生及其夫人周慧专女士及赵叔愚、马客谈两先生,亦在此致谢。

在编辑上相助者为云南马耀武、罗文汉两君:10 月以前马君为董理大概,11 月他因事返滇,于今年 1 月由罗君续为之。三个月来,他的时间完全费于此事。除书籍、论文、出版物之选目提要与法令,大事记之分类及教育概述、教育思潮两论文由我执笔外,其他如校雠、统计与次序之排列、索引之编制等均由他代为负责,我不过在旁指导而已。

编辑最感困难者,在于教育法令之搜集;教育法令唯一来源之《教育公报》既不按时出版,各省《教育公报》亦如之,有些能按期出版者,竟完全不录中央法令(如安徽、河南)。虽经在东大教育科假阅各省《教育公报》十余种,并参以报章杂志之记载,但犹未能搜齐。此种困难在编辑上固算不了什么,但国人对于法制的观念却可从此见之。政治紊乱,中央政令不出都门,现在各种法令在实际上的效力固属有限,然共和国家绝不能不要法律,人民更不能不遵守法律。法律之不良者,可根据民意用正当手续修改之,但不可有便利或妨害时极力维护或攻击。中国自"五四"以后,学风日敝,风潮时闻,学校教职员或学生于风潮时,恃平日漠不关心之法令为护符或攻击资料者,更所在皆有;这种反法制与利用法制的行为,实非教育界所宜有,而养成国民尊重法制的精神,更为教育者当负的责任。本书辑录法令,不独在予中小学教师或教育研究者以业务上、学术上之参考,并望国人注意法制以养成遵守法制的精神。

又在1926年《中国教育指南》序文中说:

编者在此二年中泛阅全国教育家之著作,除学校刊物及私家刊物之极不易寻得者外,凡通行全国之教育论文书籍大概均经过目。其最大之感想,就是教育者本身缺乏独立之研究的精神;两年来虽选辑论文目录一千三百五十五篇(1925年五百九十一篇,1926年七百四十四篇,教育杂志社之教育丛著除外),但以编者个人之判断,真正可供学人之参考者至为有限。虽不无永久价值之著作及译述,如陈鹤琴之《儿童心理之研究》,陆志韦之桑戴克《教育心理学概论》,唯其量至少。而且美国化之风气特盛,教育论文与书籍中之理论几无一不从美国少数教育者之学说递演而来。从学者以国内教育出版物之浩繁难于遍读为苦,而询编者以阅览之方。编者则谓:"读书当先求纲领,然后触类旁通,若能切实读过美国杜威之《平民主义与教育》(至今无人译出)、桑戴克之《教育心理学》(陆译为其简本)、麦柯之教育测验法、克伯屈之设计教学法,现在中国理论上的教育论文大可不读,教育书籍,只可选读。"此虽概括言之,未必尽合实际,然而将每年各教育出版物泛泛读完,即有此种感想横于脑中;读者若遍读两年来所有教育刊物,或亦当同此会心。至于他国教育学术之介绍虽间亦有之,但均非重要而无系统。若专门从事于本国教育学术之研究而为系统之发表,在此二年中实所仅见。此实我国教育上之一重要问题,愿与读者共同反省而切实努力!

良好著作之产生,自然非一日之功,而且与环境有重大的关系。当此内乱频仍,教育者生活且不能维持之时,而欲责其专事研究,本为事实之难能。故两年来论文之执笔者大半为习教育之大学生与师范生，中小学教师次之；至于所谓最高学府负学术重责之大学教育教授则发表甚少，且发表者亦多随便讨论问题之作，即求如日本《教育杂志》中之较有系统的某某讲坛亦不可得。然而以此两年之教育出版界与清末之稗贩日本教科书为著作，"五四"时之专门讨论问题为时尚之现象，则又进步多多。不过此种进步未免迟慢委靡，而且颇似无根之浮萍，经不起风浪，所以兴学三十年来，政府对于教育状况无详细的报告，著作者无系统的著述。中国的往迹如何，来轸当如何，谁也无客观的标准以资判断。如学制上之六三三、六四二，教学法之道尔顿制、设计教学，训育上之学生自治、军事训练，莫不兴焉勃然，亡焉忽然。然而若干年来之所谓某某制、某某法，固非自能奔驰，须有人负之而行。倘使教育者于负之而行之前，取往迹以为审慎周详之根据，于决定进程之后，以坚毅不断之精神赴之，则所得之结果最少当不至如现在之紊乱，而后三十年之教育当亦大异于今三十年。换言之，编者于此两年从泛览全国教育著作中，求得现代中国教育者缺乏独立研究精神的一个结论，敢郑重献于国人：望教育者对于本国之历史往迹、社会现状多多留意，将随便仿袭之精力移用于独立创造之上；更望民众竭力扶植教育者，使之"能"安于其业，"能"努力于创造。

两书内容均分为教育状况概述、教育书籍提要、教育论文提要、本书所见各出版物提要①、教育大事、教育法令、书目篇目索引、人名索引各目。1925 年者法令后有教育思潮概述，1926 年者无之。1926 年者有教育史料辑要，教育调查及统计，1925 年者无之。

---

① 1925 年者本栏后有书籍论文出版物种类统计、论文作者、书籍著者、及出版家统计，1926 年者无之。

此两书在我可称很费心力的纯洁工作，但以其商品之价值太小（即销路太少），出版颇费周折。以陆费伯鸿先生和我的交谊，在个人友情上讲，出版应无问题，但中华书局是有限公司，而且那时的经济很不充裕，就公司立场言，自不能多赔钱（两书都有四百余页，出版费每册要千余元）出这种时间性极暂而范围又极狭的书籍。商务当时的力量较大，但亦难于为教育作永久赔钱的买卖。所以 1925 年之稿，虽以李石岑之力，由商务于 1926 年 10 月印出；1926 年者脱稿于 1927 年 3 月，正是国民军克复南京的时候，四月上海即发生大罢工，此类书籍在营业与事实上均无办法。经与王云五先生通函几次且得蒋竹庄先生之力，同时此书又止一册而止，幸得承印，于 1928 年发行。——这周折，不知者以为是出版家太不顾教育事业，实际上是中国当时教育界对于教育研究的兴趣太少，图书馆不发达，少人购买，出版家为其先天的商业性所限制，不能负责。

十六、《近代中国留学史》

我研究近代中国教育史的目的，本在完成一部近代中国教育通史及若干专史，为研究的便利计，拟先从专史入手，而我于中学教育经验比较得多，所以拟先从中学教育专史作起。但 1926 年国家主义的教育思潮与收回教育权、取缔教会学校问题盛极一时，其根本思想则积极提倡以国家为前提之教育，消极反对外国化教育。而留学教育问题，亦因上述之两事而连带被教育界重视。自《中华教育界》于 3 月出留学教育问题专号而后，留学教育问题乃成为当时教育言论界的主题。我在岳麓高师及在吴淞中学接触几位留学生，而不满其不明国情，对于留学教育早感不满，曾于 1924 年春用"怡怡"的笔名发表两篇论留学生问题的文章（原定五篇，后因事中止）。《中华教育界》出留学教育问题专号，我被指定撰近代中国留学史，搜集许多材料。1926

年被教育界思潮所激动而感到"现在的中国，留学问题几乎为一切教育问题或政治问题的根本：因从近来言论发表的意见看来，固然足以表示此问题之重要，从国内政治教育实业诸事业无不直接、间接为留学生所主持所影响的事实看来，更足见留学问题关系之重大"。所以就已有的材料编成一部《近代中国留学史》。

这书分为留学创议、留美初期、欧洲留学之始、日本留学之始、西洋留学之再兴、留日极盛期、庚子赔款与留美、勤工俭学与留法、日本对华文化事业与留日及各部特送留学生、官绅游历、贵胄游学、女子游学、留学资格与经费、留学管理、留学奖励、留学思想之变迁及结论——历史告诉我们的留学问题等十五章。并附录六十年留学大事记及参考书籍目录。共约十五万字，于 1926 年 5 月完稿，交由中华书局于 1927 年 9 月出版。

我对于几十年的留学教育方针本来不满，自 1921 年而后，清华学生闹着留国——当时该校毕业生，例须送美留学，但学生由中学至大学，均在该校受美国式教育，致由美回国之学生对于国情格格不入，故在校学生，有先在国内服务一年再行赴美之运动，而称此项运动为"留国运动"——问题，引起我对于该校之注意。而该校经费由美国退还之庚子赔款支付，仍采留美初期变相的幼童留学政策，我尤认为不满。故在全书中对于该校留学办法之责难独多。我从历史上理出关于留学政策的许多问题，而最后下一结论，即："中国六十年之留学政策，均把受教育当作研究学术。"——即将幼童及中学毕业生送到外国进学校，受其中学、大学之教育，而不是派遣学有根底或事有经验之人，去外国研究其本人或国家所需要之学问。留学生回国后之留学国化，不能如日本留学生之对于国家有重大贡献，是事之当然。要改正这种弊端，应规定"以后的留学政策，当以研究学术改进本国文化为唯一目的"。我并举改进的六种方法说：

  1. 国家应调查国内学术界之需要,通盘筹算,预定每年应派出国研究某种学术的名额,公开向全国招集此项专门人材;留学生研究期满回国后,应严格试验以验其所学,及格者予以适当的事业使之办理,俾能展其所长,以免空耗国家经济、个人精力。

  2. 个人应有为学术而学术的自动决心,并对该学术有适当的基础、特殊的兴趣;出国不是为博留学的头衔,以谋自己禄位,只是忠于所学为国家效力。

  3. 清华学校留美预备式的教育与高等科毕业生一律派遣赴美的办法,当根本取消,应首在国内办理大学,施以中国的教育,其留学计划如仍保存,应划归国家留学教育事务中办理。

  4. 官僚的游学生监督与具文的游学管理规程均当完全取消,另订若干考成规条,执法以绳。

  5. 自费生名额应无限制(从国家政策上讲,学科分配应有限制,但人民对于某种学术有特殊的热忱,愿出国为进一步的研究,备他日国家之用,自当听其自由)。不过仍须经严格考试,以验是否有专门研究某种学术之能力与改进本国文化之志愿而免冒滥。

  6. 派遣大批青年去国外受外国教育的政策与在国外自办大学专招国内学生入学(此系指当时中国在法国所办的里昂大学)的教育方法应完全取消,但为华侨自办大学施以中国教育者不在此例。

此项建议,虽系从历史上研求而出,似于留学政策,不无裨益,但事实上却未发生多大影响。

十七、《近代中国教育思想史》

  "1928 年(《思想史》印为 1927 年,误)1 月某日,赵叔愚君介绍某君来谈中国近代教育史问题,来意固在研究教育政策,将有大欲于中国教育改造者；但谈数小时，而所谈问题都是些极不相干的琐细事情，始终不曾注意到现在中国教育所以如此的历史，更不曾注意到所以构成此历史的原因。他去后，我思所以助之者累日，结果遂费两个月的时日写成此书。"这是我在序文中述此书著作之原因：

> 此书并无何种创见，不过将中国教育上六十年的往事，为回忆式的思考，而寻出若干支配的动力而已。但是在现在我还相信，对于教育政治家或"中国教育"研究者尚不无裨益。
>
> 此书成后，我自己对于改革中国现教育的意见亦因而较为确定。这种意见曾在本书末章略为提及："要定今后中国教育思想的倾向，第一要知道教育是人类活动的一部分，绝不能离其他活动而独立；社会、政治、经济各方面的理想与事实，都足以支配教育，故教育的改造，绝不只是一个教育的问题，而是社会、政治、经济各方面的问题。我们在此处虽然以研究教育问题为中心，但万不可相信教育万能，也不可相信教育无效。我们所当注意的，只是教育是人类活动中的一部分的事实，它虽然不能离他种活动而独立；但它的改造，却也有影响及于他种活动。因此，我们要指示今后教育的途径，应当看清社会、政治、经济各方面的情形，建立一个可以达到目的的康庄。
>
> 其次，中国现在的社会情形很特别，世界潮流既然从各方面逼她向工商业制度的路上走，而她的旧组织又从各方面——交通阻滞，兵匪横行等——牵制着不许她向那方面走。在这过渡时代，既不能保留旧的，也不能全用新的，应得斟酌于二者之间另辟一新路。
>
> 现在中国政治不上轨道，社会兵匪横行，无秩序，无组织，经济濒于破产，而两橛的社会生活现象仍然如故。中国所以弄到这样地步，有两个总因：第一是列强的压迫，第二是国民对于国事中了"不在其位，不谋其政"的儒家政治思想的毒。要脱离列强的压迫，非在

经济上能独立,军事上能自卫不可;要民众对于国事有"天下兴亡,匹夫有责"的态度,则非加以民治的政治训练不可;而要使教育普及于现在交通不便的乡村,须首将集中都市现行教育制度打破,除特殊学术教育机关择地设立外,应在乡村设立有指导员的图书馆、科学馆、体育馆,使乡民有自由受教育的机会;次则通行考试制度,使在校读书与受三馆指导在家自修者均受同等考试,以为国家各方用人的标准。这种教育,我暂名之为导师考试制的教育。

因此我们对于今后的教育的途径,可得下列的结论:

第一、要经济独立,应提倡生产教育(不是职业教育,职业教育重个人生计,生产教育重国家富力)。

第二、要对国际能自卫,应提倡军事教育。

第三、要民众对于国事负责,应提倡民治教育。

第四、要使现在中国的教育普及乡村,应提倡导师考试制的教育。

这种见解,确是我当时比较确定的教育意见,1928 年我在《教育杂志》上所发表的中国教育建设方针,及向大学院第一次全国教育会议所提出议案,均以此意为本。

此书共二十一章,分为导论、鸟瞰、方言、军备、西学、西艺、西政、军国民与军事、实利与实用、美感、大同、职业、民治、独立、科学、非宗教、国家、公民、党化等教育思想及女子教育思想变迁史与结论——六十年来中国教育思想总评及今后的途径。全书共十八万言,于 1928 年 3 月完成,由中华书局于 1929 年 4 月发行。

《留学史》与《教育思想史》在我的教育著作中,算是尽心之作,但论者病其"就事论事",而责其对于六十年来的社会组织,尤其是经济制度、国际势力均未能深入。这责难我不独承受,而且在当时即已觉得。其所以不能深入的原因:第一是由于我平日不是专治经济学、社会学的人，识见有限；第二是当时的环境，正是唯物与唯心争执最烈的时期，有种种不便。但在未有更佳之同类著作出现以前，这"就事论事"的两部书，似尚可供一般教育者研究近代中国教育史的参考，所以还是让它们印行下去。

十八、一些教育史论文

自我专心从事教育著述与研究近代中国教育史的消息传播出去而后，国内教育界的许多人常来过访（以东大教育科之教师与学生为最多，其次为江浙教育界人，黄任之、蒋竹庄、袁观澜诸先生也常来访，过往最多的为赵叔愚先生），各教育刊物之编辑人也常来函索稿。朋友的聚谈，本是佳事，但各地参观教育者之便道见访，因其事前并无何种目的，只是"随便谈谈"，每使我感到时间可惜。教育刊物编辑人索稿而指定题目，虽然为着"情面"与生活而写过一些文章，但事后往往感到有妨我的研究工作而不快。但在事实上，1925 年 7 月、8 月因为柏克赫斯特女士来华讲演道尔顿制，我为应付"情面"，写了许多关于道尔顿制的文章，1926 年、1927 年两年亦曾写了一些应制——应编辑者之制——文，牺牲许多时间。某次与赵叔愚谈及此种苦恼，他谓你何不"兼祧"，意思是要我将《教育史》中篇章，抽出寄交各教育刊物发表。我极然其说，于是常把各专著中可以独立成篇的文章，寄交各教育刊物，先换一些稿费，然后再印成书；同时并告各编辑友人，如有试题，最好以近代中国教育史中之问题为范围。因而在这三年中，除去从留学史、思想史、教育方法中抽出一部分先行发表及其他不在教育史范围以内之文章二十余篇外，并于 1925 年写《中学教育史》《留学小史》，1926 年写《幼稚教育小史》《师范教育小史》《中学教育之分期》，1927 年写《教育史问题》《三十年来之中国教育》，1928 年写关于中国教育建设方针及教育行政制度改革、学校制度改革、免费问题诸文。 关于教育史之部分，于 1936 年由刘舫女士代为搜集连同 1930 至 1932 年之论文集为《近代中国教育史稿选存》，关于中国教育建设部分，于 1931 年自行搜集连同从《留学史》《教育方法》《教育思想史》之结论共计十篇集为《中国教育建设方针》。 其他可用之稿则于 1931 年连同 1931 年写给青年关于求学、治事、恋爱的杂文，自行集为《致青年书》。

十九、两部应时书

1924 年后，国家教育思想盛极一时，收回教育权运动已成为当时教育界的重大问题，1926 年"五卅"事件发生，民族独立思潮激动了许多青年，教会学校的风潮接踵而起。 我因为在教会学校任过职，对于教会学校的情形，比较熟悉，1924 年在苏浙皖各省参观中等教育，又收集一些教会学校的材料，而于 1924 年 10 月在宁蜀途中写成一篇《收回教会中学问题》的长文，交《中华教育界》于十四卷八期发表。 1926 年因看得许多关于收回教育权的文章，觉得材料不甚充实，乃将历年所得之材料加以整理，而成四万余言之《收回教育权运动》。除去教会学校外，对于日本在中国的殖民地教育概况，也曾述及，而且均附有统计。 全书分何谓教育权、中国丧失教育权的由来、外人设学的用意、外人设学的现状、收回教育权运动及其现状、收回教育权运动的影响、结论——今后的问题七章，并附关于此问题正反两面之参考资料二百余篇。 于 1926 年 7 月完稿，1926 年 11 月由中华书局发行。

第二部应时书名《宣传术与群众运动》。 1927 年秋，刘炳藜在杭州党部任事，兼任政治训练班的讲师讲授宣传术。 开学前他因事到南京与我谈及，谓苦无暇编辑讲义，我一时心血来潮，答应为他写讲义。 他去杭后，几次来函索稿，我乃费三星期的时间，写成六万余字的《宣传术与群众运动》。 我肯牺牲时间写这种书，却有我的理由。
这理由我在序文中说得很详细。 简单地讲，"是因为人类是群性的动
物，自初生以至老死，均不能离群索居，人与人之间，便不能不有交
往，也便不能不利用语言、文字及艺术品等以为传达思想的工具；而
人群的幸福、社会的安宁，也就建筑在这人群思想互了解之上，所以
为人群生活进步计，一切人均当本其所信而努力宣传"。"近年来，每
一种重大问题发生，不问其范围是属于外交的、内政的、地方的、学
校的，若有所活动，其组织中必有所谓宣传组，有专人司其事。 然而
宣传的目的何在？ 宣传之方法如何？ 被宣传之群众其心理如何？ 应如
何领导控制？ 恐很少有人为精密之研究。 本书作者固然不曾从事于政
治的宣传，但鉴于一般青年之不明群众心理，不明宣传要点，以致发
生许多无谓的纠纷，心实有所不安，因本其十余年来从事广义宣传各
方面之经验写成此册。"

在内容方面，全书八章，可"分为三大部分： 前三章论宣传术与
群众心理之关系，可称为应用的群众心理学；第四至第七之四章，论
发表技能及其原理，可称为文艺概论；最末一章，论宣传者之修养，
可称为修养要义"。 我对于编辑此书之目的说："倘若一般民众都具有
一些关于宣传的常识，一旦出而任宣传职务，固可以之应用以增进宣
传之效率，即为被宣传者，亦可不受不合理的宣传之蒙蔽。 果此书而
能减少一分社会扰攘，增进一分国家力量，岂独作者之幸，抑亦民族
之福——至于分编用为心理学与青年修养之参考，或用为文学艺术之
入门教本，以增进各该学科之基本知识，犹其余事。"

此书寄交刘君应用后亦即置之。 1932年整理旧稿，觉得其中颇有
可供青年参考之处(1933年刘英士在国立编译馆出版之《图书评论》中
评为难得之作，彼固不知为我所著)，乃用"徐怡"笔名，由中华书局
发行。

三年来我在教育著述生活中所编辑、翻译、著述的书本已如上

述。 在质上虽无什么特别佳作，但在量上共成大、小书籍十七种二十册四百余万言。 虽然在编辑方面，是取助于他人，但大部分却是我的力量(《教育辞典》由余家菊负总纂之责应作例外)，就著述生产量言，恐怕要算我一生的最多的时期了——1928 年秋，至 1940 年春之十二年间，只在 1929 年编辑一小册《西湖博览会指南》，与陆费执合编一部《西湖游览指南》(均绝版)，写成一部《摄影初步》，摄得一本《西湖百景》，三册艺术照片(《习作集》《美的西湖》《晨曦》，每册均收照片二十张，用玻璃版精印，后两册收有少数 1930、1931、1932 年之照片)，1931年写成一部《故乡》，与孙承光合编一册以法令为主的《中华民国之教育》(绝版)，1932 年与刘舫合编两册《淞沪御日战史》，1936 年集合杂文成一册《狂顾录》(大半为十八年前旧作，未发表者只一小部分)。

此外在生活上与教育意见上还得说几件事，兹分述如下：

二十、政治难民

我因自幼受了私塾和书院教育的影响，养成一种自由思想者的生活态度。 辛亥因受当时《黄帝魂》《安徽俗话报》的鼓吹，一度闹"革命"，但所得的结果是与预期相反。 民国元年在常德所谓选举事务所中帮了两星期的忙，使我对于政治发生不良之感，因而决心不进政界，不入政党。 可是又一方面我对于人生又是素持多元论的。 这是说：人生的活动是多方面的，人类的个性也是至不齐一的。 社会上的种种事业，都有其本身的价值，只有各种不同的人物，行其心之所安，去自由选择其所愿做的事情，以相反相成，社会始能于公平竞争中谋进步，人生始能于多态统一中感安舒。 倘若一切人都"一条鞭"地干一种事业，一个人自始即过着完美无缺憾的生活，则社会成为机械，而人生亦无乐趣。 所以我在人生态度上重视"缺憾的美"，在社会活动中重视"相反相成"。 因之我自己有所"不为"，但不无故反对他人之"为"。

我对人生既持这样的见解，所以对于朋友，只要是"可与言"的，都愿结识，绝不因其为政治界或政党中人而拒绝，也不因朋友中有政治界或政党中人而影响我的多元观。当时的少年中国学会既有各色各样的人物，1924 年而后，国家主义与共产主义争执最烈，1925 年秋南京大会，竟至决议改组，我则以自由思想者被推为改组委员之一。但我在两派之中，都有私交很厚的朋友，我们的往来仍和平时无异。他们以我对于他们的政治主张都有信有不信，从其党的立场，也常常向我宣传，要我加入他们所在之党（宣传我最力者要算共产党之恽代英和中国青年党之陈启天），但我却始终保持自由思想者的精神只允从朋友立场上效劳，而不允入党。不过我是教育者，与教育界之往来，自比与其他各界之往来为多，加以 1920 年在长沙一师与陈启天、余家菊同过事，以出版上之关系，又常与左舜生往来，而那时国家主义派，在江南尚容许公开活动，所以我与陈、左、余及李璜等之往来也较多。1923 年左等在沪创刊《醒狮周报》邀我为社员①，1925 年李、陈等发起国家教育协会并邀我为发起人，我又常在陈肩天主编之《中华教育界》中发表文章，虽然因我对于任何政治主义，都无很深的信仰而不曾为国家教育协会之刊物及《中华教育界》国家主义教育专号作文，但在一般人看来，总以为我应当是国家主义派的人物。不料我这从未加入任何政党的自由思想者竟因此嫌疑而一度做政治难民。

自 1924 年孙中山先生允许共产党员以个人资格加入中国国民党而后，党内固有左右之争，党外则共产党与国家主义派之争辩最烈。1925 年 3 月孙先生逝世于北京之后，国民党左右的争执渐显，1926 年

① 那时我不知其为政党刊物，1926 年 12 月他们公开宣布为青年党之机关刊物，我即函请退出。

5月广东统一而后，7月9日蒋中正以总司令率国民革命军北伐，于8月克复长沙，10月克武汉，即以之为首都而有容共驱共之争。 1927年3月克复南京，4月18定南京为首都，因容共清共问题而致宁汉分裂，我的政治难民的生活也就在这时期。

1927年2月，孙传芳之五省联军在赣、闽、浙三省失败而后，乃与张作霖联络，以江苏交与直鲁军，2月22日夜7时，褚玉璞率北军入城助孙，而国民党之活动甚力；26日街上遍贴南京市党部之传单，除攻击军阀而外，并极力攻击共产党。 3月初，国民革命军克宜兴以后，南京谣言甚大，东大于14日晨3时被围，且捕去学生四人，学校亦无形停顿；我住所隔壁之暨南学校亦停止上课而由刘虚舟办救济会，并邀我相助。 18日夜孙传芳离宁，由褚负责维持治安。 20日褚遣俄兵与国民革命军战于雨花台，炮声彻夜不绝，城门关闭，救济会有人满之患。 至23日夜而形势更紧，救济会全体人员值夜，我亦加入。 24日晨6时闻军马之声，启门视之，则青天白日满地红之旗帜飘扬于市，所遇军队，概属湘音，而前敌指挥官程潜、鲁涤平之布告亦贴遍通衢。 褚则于23夜间退往浦口，在这混乱时期而有全城抢劫之事，且波及领事馆及外人，致24日下午4时有下关外国军舰炮轰城内之事，而酿成历史上之"南京事件"。 25日市面即渐平静，26日蒋总司令入城，一切秩序均恢复。 而中央银行之钞票，亦一律通行。 救济会于26日结束。

自13日至26日之两星期间，南京城内虽曾混乱几时，但我在生活上，除去沪宁火车不通，无报可看，数日夜为救济会服务，身体上感疲劳，上海稿费不到，经济上感拮据而外，精神上甚为平静。 每日除去救济会数小时外，仍照常工作，即我家及什物亦不曾移动，家人更不曾进救济会。 且于4月初在所谓黑市——地在头道高井，于天未明时开市，天明收市，平时出售赃物或富家欲保持体面之物，那时则多劫来之物——中购得几部不易得的英文书。 我的心情之所以如此平静，是认为自此而后，时局可以平静几时，我可以安心从事工作。　不料 4 月 6 日竟至以"政治难民"的资格而逃沪。

　　当时首先入城的军队为程潜所部的第六军，而指挥官又为程及鲁涤平。　他们都属湘人，故军中的湘人自多。　我虽不会在湖南军政界任过职，又离湖南甚久，但以不时发表文章，湖南人之知我姓名者比较得多。　而刘范猷则曾在湖南军界任过职，他的旧同事及僚属此次随军来宁的颇不少，故秩序稍定之后，即有人来访他。　4 月 5 日早 7 时，第六军的政治部要人喻寄浑君约范猷去晤谈，要他为之办报。　同时告以武汉政府有令通缉我，谓我系国家主义派要人。　这命令交他执行，他因知我专治教育，不问政治，且认为是湖南不可多得之人才，故迟不执行。　但日子久了，终究掩不过去，所以要他转告我从速暂避。　范猷归来，谓我除立即离宁外，且应登报声明，我谓离宁可照办，因交通阻塞，沪款不到，经济甚困，即无此问题亦要去沪；至登报则无必要，因我本未加入任何政党，无从声明。　当即决定于翌日携带稿件书籍，起行赴沪，再设法去日本——孙俍工其时在日本，早有信约我去日。　对于著述工作则暂时停止，范猷暂去办报，但仍与罗、孙诸人暂住我处，自行研究。

　　沪宁车因战事影响，每日只开两次，且无定时，我于 6 日早 6 时上车，9 时开行，至夜 12 时方达上海北站，而上海戒严，不能出站，乃在站内坐至天明。　初至新惠中，继至振华旅馆，均以客满见拒，卒在三马路汇中旅馆得一小房间。　当日即访蒋竹庄先生于其新大沽路之寓所，请其代向商务交涉《现代教育方法》之稿费（该稿于 3 月初寄去，商务曾复信愿以八百元收稿，唯我不愿出售，故未定局）。　商务此时因战事影响，本不购稿，只以有约在前，只得履行，我亦不再持不售之议。　唯以战事期中，各稿均经停收，稿费无法支付，乃由蒋与该馆高梦旦先生商，由其个人垫付。　下午电寻陆费伯鸿不得（其时政局扰攘，公司重要人均不到厂店办公），乃以函达，直至 11 日始由其来电约于下午去其家晤谈。 我如约前去，得悉上海当时之种种情形，我亦将我之一切详细告之。 彼谓时局日内即有变动，依理不久即可返宁，唯政局变化无常，最好是迁家至沪，并将罗、孙二人带来，继续工作；在经济方面，他当尽力。 并谓《百科辞典》工作完毕，可以入局任职。 我依其劝告，于翌日以每月二十四元租定蒋先生隔壁之屋三间，即行迁入，准备迁家室及罗、孙等至沪。 去日本之计划即打销。 入中华书局之事则俟将来再说。

12 日我在各马路找寻房屋之时，看见许多反共产党的标语，13 日晨，见报载南市闸北、浦东等处均因缴工会纠察队之械而有流血之事，各报的言论亦大变，而总工会则下令总罢工，是所谓上海清共之始。

清共问题发生之后，上海劳动界虽有一番骚动，但不到三日即平静下去。 18 日蒋来谈，谓现在时局已静，彼之家室，要返南京，我迁家之举，尽可中止。 商之伯鸿亦以为然，20 日又得南京刘虚舟及范猷函，亦主张返宁。 范猷之函并谓喻君亦以为时间性已过，尽可返宁：因 18 日蒋中正与一部分中央委员以"南京为总理选定之首都，国民政府应即迁宁"而定南京为首都，宁汉实行分裂矣。 我经数日犹豫，卒于 26 日由沪返宁。

在三星期的"政治难民"生活之中，虽然时局的变化很大，个人的生活不安，但我的工作仍未停止，除将所带的《百科辞典》稿件随时校阅外，并写一篇新刊介绍的文章寄《教育杂志》。 而在此短短的时期之中，朋友中如李石岑、吴廉铭等之代为关心，代为照料，高梦旦之代为垫款，以及商务印书馆之收稿，固然使我感激，而尤使我感念不忘者为蒋竹庄、陆费伯鸿、刘虚舟三人。

我 6 日离南京时，家里只存六十元，除我拿三十元作旅费外，只余三十元；而一家五口①连同范猷及罗、孙两人与女工，共有九人，区

---

① 1927 年 1 月 11 日新产一男孩泽湖，连同泽湘、泽淞、泽宁共有二男二女。

区三十元，不敷十日开销(另有书记两人,临时停职)，而上海之款，在起行赴沪时，不能预断必可得到，家中用费，概由刘虚舟担负，虽然我去沪未半月即有款汇宁，刘君不过借贷三十元，但他那一口承当与随时代为照料家室的友情是很可感的。 蒋先生的年龄长我二十余岁，他在南京任教育厅长及东大校长时，我们虽有往还，但只有论学的交谊。 我此时到沪，他除代向商务及高梦旦先生交涉外，以我孤居，饮食不便，而坚约在其家寄食。 这似小事，但其古道热肠，却不易得。而最特殊有趣的是陆费伯鸿先生： 我在 1927 年 5 月以前，全恃版税及稿费维持我的事业，而且不预支，1927 年 3 月 17 日，他看得上海的情形不对，公司收稿有种种困难，特致我一函，谓时局不靖，不能照常收稿，愿代借千元，俾我完成《百科辞典》及《教育史》工作，我复函拒之。 4 月 13 日我将《现代教育方法》之稿费交他，请其代为划宁，而同日得南京家中 10 日所发之信，谓中华总厂函嘱分局送三百元于我，14 日相见询其何以早为划款，他称不知道，我也不再追问，但函嘱家中不收。 此款我虽然未曾取用，但其友情之真挚，是超乎一般朋友之外的。

我 26 日返宁之后，整理数日，于 5 月 1 日起即实行恢复旧日工作，范猷亦将报馆之事辞去，而与我共同过著述生活。 因在沪与伯鸿商定自 5 月起，每月由中华预支版税三百元至 1928 年 6 月止，经济上已安定，时局亦平静，工作亦很顺利。 不过南京自改为首都以后，人口激增，物价陡高，生活不如从前之舒服，而湖南人随军政界而来者太多，同乡之见访与借钱者，大有应接不暇之势。 1928 年夏改建马路，寓所被拆去三分之一，无法安居，不得已而迁居杭州。

二十一、《中国教育建设方针》

1927 年 5 月而后，我一面督率罗、孙等编辑《百科辞典》，一面整理教育史料，选《中国教育论文集》(后因无材料而中止)，补编《近代中国教育史料》，整理《教育思想史》，写教育史论文。 至1928年3月完成《近代中国教育思想史》。 虽以编辞典及会客费去之时间甚多，致《近代中国教育通史》未曾着手，但《思想史》完成之后，我对于中国教育改革的意见逐渐确定，在《思想史》末章中曾略为说及，1928年3月再将其写成一篇论文，详述改革意见，题为"中国教育建设方针"，交《教育杂志》发表。 这篇文章是我对于中国教育改革根本意见，兹摘录如下：

中华民国的教育建设：第一，认定中国应当独立存在在世界上；第二，认定教育是建设中国的工具之一种；第三，认定要谋中国独立，非先从经济上着手不可；第四，认定中国历史上是小农制度的国家，现在的社会组织固然如此，而且将来亦不能推翻此农业制度，故教育设施的一切要素，均当以此为根本。本此认识，故对于中国的教育建设有下列的根本主张。

第一，中国自鸦片战争而后，无时不受国际经济势力的压迫，近年军匪横行，民不聊生，大半是这种经济压迫的结果，中国此时要求经济独立，对于外交上之取消不平等条约与内政上之关税自主等等，固然都是很重要的事情。然而仅止于此，还是不能独立，因为从近年海关统计看来，中国历史上所自豪的家给人足的饮食品如五谷类、衣服原料如棉花等，进口率均年有增加(详见《新生命》创刊号，武堉干：《中国进出口贸易之比较观》)很足以表示中国农业的衰败。衰败的原因自然有许多是属于内政不良，但农业保守故常，既不从积极方面以改进生产率，又不能在消极方面抵抗天灾，以致供求不给，实为主因。我国在工商业上固当利用保护政策，以求制造发达与原料品输出之减少，然而中国人民百分之九十以上为农民，我们不能而且不当将此大多数的农民尽使之变为工人、商人，即使将来工商业发达,也不能将地大物博的农业本位制度推翻。所以要求中国经济独立,无论何时都当以改进农业为主,改良工商业为辅。教育方针亦不能外此。

第二,中国以农立国固有深长的历史,即在将来亦不能推翻此种农业社会的根基,故社会上一切文物制度均有其特殊的精神,最显著者是家族观念与均产思想之发达。此种观念与思想之发达,其缺点在保守依赖,乏竞争心,其优点则能维持社会上各个分子均齐发展,无阶级的斗争。在教育上则以正心诚意推而至于治国平天下的人本主义为主潮,所以师生的关系亦以家族关系衡之而称之曰"师父""弟子",朋友则列为五伦之一;而顾念亲戚、体恤邻里更为日常生活中之当然德目。以与西洋工商业国家以自然主义为教育上之主潮而重视个人竞争的情形相较,完全立于反对方面。现在我们自然不当专守历史传衍下来的人本主义的教育,而演那"庭前格竹子"的笑话,应当采到科学的精神与方法制驭自然;然而也不可专重外力发展,置内心修养于不顾。所以今后的教育在哲学上应当注意于人本主义与自然主义的调和。

第三,农业国家的礼会,一般人的生活目的都在于求家给人足,所以不向外发展。这种生活态度,一面维持着家族制度,一面使物质上交通不发达。清末改行新教育制以来,一般教育家、政治家不明此种情形,只努力于模仿工商业国家的教育制度,一面将学校教育工厂化,而以整批生产的方法出之;一面将中等以上学校集中都市,而使乡村青年不能不向都市求学。此种整批制造的学校教育制度,原是欧洲工业革命后社会环境所造成的。我国社会至今还是小农制度,社会环境本无此驱策,而贸然行之数十年,以至弊端百出。现在则此种不合人性的教育的制度,在欧美日趋衰败(美国教育家组织之 *Progressive Education* 与世界教育家组织之 *The New Era* 两种季刊,抨击现教育制度与提倡个别教学的文章极多),中国仍然竭力提倡,而将中国旧日书院制、私塾制的师生的"人"的关系与独力自学的精神完全抛弃,已算失策。至于欧美交通便利,乡村与都市的生活程度相去甚少,学校集中都市,学生就学,在负担与交通上均无困难,中国则都市生活程度常超过内地乡村者数倍,交通尤极困难;内地学生常有费数十日时间而不能达求学之学校所在地者。在经济负担上既加重甚多,而远适异地又与家族观念相冲突。所以三十年来新教育在数量上可言成绩者只有都市的教育,内地乡村则反而日趋日下,长此畸形发展,不独教育无由普及,而且因都市与乡村生活的差异,在思想上要发生冲突,以致国内人民发生战争,亦属常事(中国之连年内乱,此亦其一原因)。故现在中国的教育,在学校制度上须一面提倡独力自学与师生的"人"的关系的精神,力挽工厂式整批生活与商业行为的颓风;一面须仿书院制的办法,在乡村设立图书馆、科学馆、体育馆,延请指导员负指导责任,使农民子弟于不增加生活上的负担而能自由求学;其学业标准完全以考试制度行之。各级教育完全免费,并用奖学制度补助贫苦学生的直接生活费,以发展其天才。

第四,中国因交通不便,各地风土人情差异之处甚多,生活需要亦彼此不同,教育行政上决不能采用中央集权制度。从历史上看来,清末改行新教育制度以来,教育行政均为中央集权,不过中央的权力只在1919年以前能行使,"五四"以后,便因政治问题而逐渐丧失。但集权制最占势力的时候——光绪三十一年设学部至1916年洪宪改元——学校在数量虽较有进步,而其内容则机械地遵守部章,乃至东三省无橘子、广东无雪等地方的初小亦完全照审定教科书于10月教橘子,广东12月教雪,于社会需要、学生经济全不顾及。1919年以来,中央集权制丧失效力,各地对于课程教学以至于教育宗旨,均自由试验,自由厘定,而全国教育究无一种公共的目标,致国民意识日趋分裂,所以就中国的情形论,教育行政院既不可专采中央集权制,亦不可专采地方分权制,应将二者调和。在立法与行政方面均当严格规定中央与地方的关系及其权限,尤应组织教育立法、教育监察的独立机关;在经费方面更应当将中央、地方及特殊(如不属于二者之学术机关)三方面确立预算,行使独立会计制以保障之。

第五,因为中国数千年以农立国,历史背景、社会环境,自然异于其他各国。故各级教育的科目,绝不当模仿他人,如从前规定小学亦须有外国语与中学以外国语为主科;亦不当如某种教会学校对于所谓汉文课程仍令儿童熟读"四书""五经"。教育的功用在于继往开来,中国有数千年的历史,自有其特殊的文化;不过因为是农业的国家,人本主义特别发达,而侧重于正心诚意的内修工夫。此种特质在追踪欲望不及而自怨自艾的物质压迫时代,自然有其功用;唯因重视内修过甚,对于自然不加抵抗,甚至自信为落伍民族,对于国家独立的自信力亦无之,则为害甚烈。故在课程上,一面要从固有的历史中寻求先烈丰功伟烈的事迹以坚定国人对于国家的自信力,一面要特别注重科学精神、科学方法,养成力能遂志的国民,以创造未来的文化。

以上五事,只是一个大纲,然这个大纲,系从过去数十年教育失败的经验中寻出来的道路,在历史背景、社会环境中均有相当的根据。要建设中华民国的教育,在最近的数十年中,非走此路不可。"

此意见中最大的缺点是未看清世界大势,未提倡重工业。

二十二、三个提案

国民政府最初成立于广州时,行政机关多采委员制,故 1926 年 2 月有教育行政委员会之设立,但该会委员蔡元培、李石曾、吴稚晖等以不愿重蹈北京教育部以官僚支配教育之覆辙,欲学术与教育并重,院长制与委员制并用,计划与实行并进(见 1928 年 4 月 12 上海各报蔡元培之《大学院组织谈》)而主张设立大学院,1927 年 6 月由政治会议议决设立中华民国大学院以代教育行政委员会,于同年 10 月 1 日正式成立于南京,由蔡子民(元培)先生任院长。 ——1928 年 10 月由中央执行委员经亨颐等提议改为教育部,大学院之时期不过一年。

大学院"为三民主义教育之实施,教育行政之统一,学制系统之整理,教育经费之独立,教育效率之增进"于 1928 年 5 月 15 日召集第一次全国教育会议于南京。 其会员为大学区或省区代表二人,特别市代表一人,中央党部代表五人,其他机关代表若干人,大学院选聘专家十人,及大学院正副院长、秘书长等。 我既非省区、党部或机关代表,也不在专家之列,对于该会议本无关系。 3 月应陶知行先生之约,去南京城外参观其主持的晓庄师范,偶然谈及我的教育意见,他谓蔡院长很想将教育制度为彻底之改革,何不告之。 我依其言,将大要写寄蔡,当得复函,请制成提案,交全国教育会议讨论。 我乃拟定教育行政制度改革、学校制度改革、各级学校一律免费三案寄彼代为提出。 ——后以教育行政制度改革案与大学院本身制度冲突中途撤回,实际提出大会者只后两案。

这三个提案的根本意见,大体已见于《中国教育建设方针》的论文之中,但关于教育行政制度改革、学校制度改革、学校免费的理由则详述于各该案之中,且有具体方法(第一案仅有原则)。 这种种是我从事教育、研究近代中国教育史所得的结论,在我个人教育生活史固属重要,对于现代中国教育之改革似亦尚有可供参阅之处,故为摘述如下。

我在教育行政制度改革案中举出改革的方针说:

一、教育行政上的中央集权制固然不适宜于地大物博的中国,但是专采地方分权制也不行。因为中国是数千年历史传衍下来的小农社会，一般人民对于国家的观念向来薄弱，倘若任地方自由发展，则各地风俗习惯差异极大，若为漫无系统的进行，走到极端，现在形式上统一的全国，恐怕会演成四分五裂的现状；就使能保持一个中心思想循序进行，而各地文化程度悬殊甚远，结果上所生之差异也难以道里计。而且现在的中国，在教育与文化上兼程并进，尚恐赶不上欧美的文明国家，更何能有如许的时间，从容听其自由发展。所以我们一面要顾及适应地方的需要，一面又要集中政权，用国家的力量规定全国教育行政的基本要项，督促实行，以提高行政的效率。故教育行政制度改革的第一方针为中央集权与地方分权的调和。

二、我固不把教育当作纯粹的职业而主张业治，也不把教育看作与政治无关的东西而主张教育离政治而独立。可是教育是一种有关国计民生而需要长久时间的建设，却是一种事实。负责的人员，固然非相当的"教育专家"不能胜任愉快，其在事务上之进行也应当不受一般政潮的牵制而保持相当的独立。所以教育行政制度改革的第二方针是采用"专家政治"的原则，而使教育事务独立于一般行政之外。

三、所谓专家政治的"专家"，不仅是一个教育总长懂得若干教育原理、人生原理、政治原理，而是集合全国懂得教育与政治及社会各方的人共同努力于教育的设施；所谓教育事务独立于一般行政之外，不是教育政策不受一般行政的支配，更不是不受它的影响，乃是根据全国施政方针所决定的教育设施，非全国施政方针有根本的变更，不因他种政务之有变动而更张或中止。要达到这种目的，所以教育在全国政制不相抵触之下，应独立组织立法、行政、监察及学术四种机关，分工合作，去负发展全国教育之责。

根据上面的方针，对于教育政制在组织上有下列的几条原则。

一、教育立法机关

分全国的及地方的两种。全国的可称中央教育会议,为全国常设之教育立法机关,与教育行政、教育监察及全国学术机关处于对立地位;其本身之组织法由国家最高立法机关议决之。其职权有四：(1)献议关于全国教育根本大计的意见——此项根本大计的决议权应属之全国的行政会议,非教育机关所能独决;(2)议定关于全国教育之重要法规及经费预算;(3)推荐及同意全国元首所提出之教育行政首长及教育监察首长;(4)选举教育监察员。其本身组织应健全,会员应集合各方面有实力之代表人员。会员人选约为教育部总次长、国家学会代表、国立大学校长、私立大学及专门学校校长代表、全国中小学校长代表、全国学术团体代表、全国职业团体代表、全国教育专家等;每年开常会二次。会员任期若干年,每年改选一部分。常会闭会期内,组织常务委员会,设常务委员若干人,由各会员选举之,执行会务,并于必要时召集常会。其属地方者称某某省地方教育会议及某某县地方教育会议,其组织及权限均如全国教育会议而缩小其范围。本会议若有失职得由教育监察机关检举或教育行政机关、人民团体依法控告,由国家法定机关纠正之。

此项组织在形式上虽似议会政治的各级议会,但实质上则大不相同：因为教育立法的目的,在集合专家共谋教育设施的改进,所以规定行政长官亦为议员。其次,为谋教育能继续而顺利的发展,有借重熟练会员的必要,故规定每年改选一部分。第三,各会议所议者为根据于全国教育方针下的法规及经费,对于全国的教育大政方针只能有意见的贡献,不能为直接的决议,与国会、省议会、县议会的性质不同。至于会员除教育界人员外,并规定学术团体、职业团体代表者,是因教育为有关全国国计民生及社会文化的设施,处处与他种学术及事业有关,非有各门专家贡献意见不可。此种机关,即可以现在的各级教育会为基础而更张扩充之。

二、教育行政机关

分全国的及地方的两种,全国的称教育部,地方的在省称教育厅,县称教育局,一如向例,不改名称。唯职务及行政官之产生则大异于现在。现在的教育行政机关与教育行政人员可以说是教育界的"万应如意油",不论行政上本身事务、学校中的种种设施、学术界的种种事业,都可照通常的行政手续以一纸命令或一个员司处理之。实则所谓教育长官,不过普通的政客,所谓教育员司,不过普通的官吏,有若干学术上的研究或学校中的专门业务,他们甚至于连梦都不曾梦到,更何能说到处理。所以我以为名义上既称为行政,便当名副其实专门限定其处理行政事务。凡关教育法规及经费支配上责任划归教育立法机关去担负;关于学业考试及行政人员本身职守上的监督,则由教育监察机关办理;其属于学术建设者则由国家学会办理。这样,则教育行政人员可专心致志于行政效率的增进,而收效较易。不过教育行政事务之持续性甚长,教育政策之推行尤要长久的时间,绝不是普通政务官所能胜任。所以教育部虽为内阁之一部分,但应保持相当的独立,教育总长应由中央教育会议推荐,由全国元首任命,或由元首提出于中央教育会议得其同意然后任命之。其去留应以教育行政本身为标准,不当与其他之国务员负连带责任,教育厅长或教育局长之产生则以经省或县教育会议之推荐或同意由教育总长任命之。

三、教育监察机关

分全国及地方两种,属于全国者称中央教育监察院,属于地方者称某某省或某某县教育监察所。其职权有四:(1)监察教育行政人员职守;(2)审核教育经费收支;(3)视察并指导各种教育;(4)考试教职员及学生。各种教育监察机关设首长一人,主持全部事务,由教育立法会议推荐或同意由元首或教育监察院长任命之。其内部组织应分三部、一委员会:即监察部、审核部、督学部及考试委员会。监察部之监察员由教育立法会议选举之，各员独立行使监察职权，教育行政人员及学校行政人员有背职守（这里所谓职守，特别重在推行教育法规与行政效率），由监察员自由独立检举于国家监察机关依法办理；其检举不受首长之干涉。审核部之职员，由首长聘请熟悉教育事务及富于财政经验者任之，以其审核结果报告于国家审计院依法办理。督学部由首长聘请退职而有专长之各级教员任之，长期轮流视察各级教育并指导之。考试委员会则依临时需要由首长指定监察员、督学及审核员任之，于必要时并得聘请专门人员充任专员。所有各级学校之毕业考试、入学考试及教职员检定等，均由本委员会主持，遇必要时，并得设常务机关办理考试事务。各级学校毕业文凭之发给及各级学校教职员的任用，均以本委员考试之结果为标准。教育监察机关之本身则受全国法定监察机关之监察。

四、全国学术最高机关

教育立法、行政、监察等机关只能办理教育上之普通事务，其属于全国学术上问题之判定，与学术上发明、发现之鉴定与奖励，则非此种机关所能办。所以应当另有全国最高的学术机关。此项机关无中央与地方之分。全国只有一个，可定名为中国国家学会。其根本组织法应由国家立法机关议定。内部组织应分为文学、科学、哲学、艺术等若干门，每门更分为若干类，每类设会员若干人。会员由全国学术团体推荐或自请，再经严格之调查与审核然后将去取之理由公告全国，任人讨论，以最后之结果交由全国学术团体联合会通过始正式列为会员；以后有补缺者，即由本门会员及其有关系之学术团体推选，交由全体会员通过之。凡关于学术上的种种问题，均以国家学会为最高的决定机关。教育上有关于学术上之兴废，非经国家学会之同意不能单独进行。

在学校制度改革案中说："现行学校制度改革的目的，在积极谋中国的独立自强。 中国近百年来无日不受列强的侵略，现已成为半殖民地的国家，要谋独立，首当注意于经济问题。 但因地大物博、交通不便，社会的生产情形还在手工业时代，并且以农业为主。 目前既不能将现社会的经济制度一律推翻，而效日本之由封建制度一步跨到资本主义，即在将来，亦不当追踪资本主义的后尘，自寻苦恼。 故就世界经济趋势与中国立国本源上着眼，均当以发展小农制度的农业为主。"要发展社会经济能力，外而不平等条约之解放，内而各种事业之建设，都属重要。 但教育为建设的重要工具，更当追随着社会经济制度与历史特质进行，以期收效迅速。"故改革现行学校的目的，分析起来，有下列各项：

(1) 使都市教育与乡村教育平均发达，在乡村注重改进农业生产，在都市注重工业之发展，以谋国家经济的独立。

(2) 使乡村农民子弟于不增加生活负担之情况内，能自由入学，以普及农民教育。

(3) 使教育与生活打成一片，以发展个人职业。

(4) 使师生之间的关系建立在人格之上，以增进教育效率。

根据上述的理由与目的，拟订改革纲目如下：

(一) 基本原则：

(1) 一切改革，均取进化主义，不取革命手段，以期社会秩序安稳进展。

(2) 一切设施，以根据历史背景、适合社会需要为主，不徒事模仿，炫奇立异。

(3) 一切进行，力求经济，以期轻而易举。

(二) 实施方法：

(1) 学校系统仍照 1922 年教育部所公布者，唯在学年龄，只定

338 | 三十五年教育生活史(1893—1928)——舒新城自述

为一种标准,不必严绳以法。

（2）全国各级学校,现在均用二重制:（一）即已有之学校,听其继续存在,唯中等以下之学校,注重个别指导,专门以上学校,厉行导师制。（二）在乡村增设图书馆、科学馆、体育馆,延请指导员指导不能入学校之儿童与青年,辅助其自修各级教育。

（3）全国公立之教育与学术机关一律免费,除在学程上须受考试外,不受经济及性别之限制（免费在事实上易办到,另有免费案说明之）。对于贫苦子弟更采奖学制,以辅助其直接生活上的费用,使之上进。

（4）各级教育的标准,由总持全国之教育行政机关,据教育立法机关之决定公布之。但只以国民所应具的基本常识及各级教育的公共要素为限;其适应各地方特殊需要之课程由当地教育立法机关根据全国教育方针拟订,交由地方教育行政机关执行,由全国总教育行政机关监督之。

（5）各种课程,在国民基本常识方面,以唤起其对于国家之自信力（数十年来,因外侮相逼,国人每自居劣等民族而不疑,此不良概念之影响于国家前途者甚大）为原则。其他以改进农业生产为主,发展工商业为辅。

（6）严照各级教育标准,厉行考试制,不论校内校外生,凡欲得某级学校毕业或某种专科研究文凭者,一律须受试验。国家用人,即以考试结果为取舍标准。

（7）图书馆、科学馆、体育馆的设备及运用,仿美国葛蕾学校制度（The Gary School System）的办法,以实事求是、终日应用为目的。各省之有省立大学者,即就其已有之三馆扩充,指定一部分教授为导师,指导校外学生研究专门学科。各县之有中学者如之,以中等教育程度为限。再以镇为单位,添设三馆,以初中以下之程度为限,延请专人负指导之责,以期普及。更就各地方特殊情形设特殊的图书馆(如上海之商业)、科学馆(如汉冶萍之煤铁),指导青年实地研究,以谋特殊事业之发展。

(8) 在学校以外自修各级课程者,不限定年龄与时间,以考试及格为标准。他们自修各级课程时,除可在规程内自由请求三馆导师指导外,并可由家庭延请教师指导。

(9) 乡村之科学馆附设农事试验场,负改良该地农业之责,图书馆附设通俗讲演所,负开通该地民智之责;体育馆附设卫生处,负当地公众卫生之责;其他各特殊地方之科学馆,一律设特殊事业试验所,以谋改良各种产业。

(10) 导师俸给、三馆用费,完全以间接的税收方法供给之。除自愿捐赠者外,无论学生或其保护人均不与导师发生直接的经济行为(此即师书院制与义塾制之遗意,打破现制的商业行为,以期增加教育效率)。导师指导应以知识启发、工作参加为主,不重空疏的讲演。

(11) 平时由教育行政机关分派督学,巡视各地。一面考察学生成绩,一面指导导师(办法略见《教育丛稿》中《书报指导员与地方教育调查研究专员刍议》)。每学期由督学互换视察地方主持考试,非有最特殊事情,不调集学生会考。

(12) 三馆的添设,逐渐进行。先用艺友制的方法(即陶知行现在晓庄乡村试验师范学校所试行者,略与徒弟制相类),培植导师。次由政府公布各级教育的考试规程,先使不曾受学校教育而有相当智能者与考,以移转民众“视学校为教育的唯一途径”之视线。次择适中地方,先设立三馆,用科学的方法诊察比较三馆与学校之效率,依次逐渐推及乡村(清末改行新教育制度,将书院私塾认为与现行学校制度不能并立的东西,所以倡此必得去彼,以致实际上毫无预备,唯在形式上改换名目,结果演成换汤不换药的滑稽剧;现在三馆之添设,只视为学校教育的补救与辅助,性质上并无冲突,所以不必如前此之急急,但收效则可断言)。

(13)三馆经费之来源有二:(一)移用他项不必用之经费,(二)增加教育税收。第一项以军费为最多。据1919年之国家预算,军费达支出之百分之四十二,教育费不及百分之一。1926年,广东全省共收一万万余元,军费达百分之七十二,教育费只百分之一。若照文明国通例,教育经费达百分之二十,则一切教育推广费均不成问题。其次为寺产。寺产兴学,倡于张之洞(光绪二十四年,他所发表之《劝学篇·兴学章》,即详言及此)。全国庙产,每年收入不下数万万元,提拨一部分充三馆经费,即有余裕。第二项若每县以十镇计算,每镇三馆,计三十馆,每馆平均以三千元计算,不过九万元。举行遗产累进税,与调查荒地作为教育基金,亦有盈无绌(此不过略为估计,实施时当详为规划)。

此种改革之特点,第一,能使社会秩序不发生丝毫紊乱,而可增加教育之效率。第二,农民之子弟,不必专门划出若干年之时间,亦不必增加生活上之负担去求学,即可于农隙或辅助家庭作业之余,在家庭中受教育,教育极易普及。第三,父母可以就近或延专人教导子女,国家无形中增加许多教师。第四,教育与生活打成一片,农产工商业既可以改良,个人生计可以解决,现在都市教育畸形发展之弊,亦可免去。第五,师生之间,无直接的经济行为,学生之受教,教师之教学,均由国家直接负监督之责,现在的商业关系、寇仇行为,可以打破,而可收人格陶冶之效。第六,利用三馆既可以养成青年独立潜修的学风,并可以发展产业、促进社会教育。第七,三馆经费,既有不病民的确定来源,支出方面,又无学校之种种靡费,甚合经济原则;分设座位,交互利用,既无空置的教室,更无无用的宿舍,房屋亦极经济;学生就近入学于不增加负担可以求学外,并能助理家务,国民经济上所得更多。第八,三馆制系集书院制、私塾制的长处,融合班级制、考试制的优点,与民众生活习惯、社会意识相应,进行当无阻碍,既可以发展社会经济能力,又与现社会经济制度不相冲突。此种轻而易举的方法,实是纠正现在学校制度弊端的要图。只要政府有决心,厉行考试制度,培植导师,便可实行。

这三馆制的办法,陆费伯鸿以为实施于小学颇有困难,我有很详细的说明,均见《中国建设方针》序中。

在各级学校一律免费案中,我提出应免费之理由四项说:

(一) 正在求学时代之青年,其一切生活费用均须由其家长负担。从教育发展史上看来,仅为维持人类的素朴生活,并无需乎读书识字的教育,只要儿童于长者生活历程中直接参与已足。现在的种种教育,原以造就良好国民为目的,国家对于在学者成年后所课的责任很重(平时纳税,战时服兵役),当其受教育时,在理应为之负生活上之一切责任。现在既不能负其生活上的全部责任,责其父母负直接生活上的费用之责,国家负教育费之责,于情于理,均极平允。

(二) 我国当书院制盛行,学生入学不独不纳学费,并有膏火可得。清光绪二十八年张百熙奏订学堂章程,二十九年张之洞等改订学堂章程亦不征收学费。至三十二年学部因两江总督周馥咨称'学堂收取学费为东西各国通例'的理由,始定各学堂征收学费章程。在全国教育经费上所得无几,而教育上之效率从此减少,二十余年来师生寇仇的现象亦于此植其基础。盖东西各国虽大半征收学费,但其社会经济制度为资本主义的,一切行为标准均商业化,政府又以法制精神运用之,故权利义务界限分明,社会意识足以制裁一切,而青年无越轨行动。中国数千年来为小农制度的国家,行为标准,一以宗法观念为主,故将师生关系列入伦常范围之中,而以师与亲并称;即私塾朋馆之须纳束修者,亦以伦常观念出之,由父母量力致敬;学生本信仰父母之心以信仰教师,教师本长者之责任以教导学生,故教育易于收效。自平等纳费制实行而后,不论学生家境之贫富、才能之优劣,非照额缴费,则一律挥之门外。学校对于学生所暗示者既为公平交易的商业关系,则学生之视学校为商场,视教师为知识贩卖者,自属理之正常。师生之关系既为商业的,无怪乎无事如路人,遇事如寇仇。此时固不当恢复宗法社会的师生观念,但欲求师生间发生人格的影响而增进教育效率,此种商业关系应当以友谊替代之,则学生不直接与学校发生商业的经济关系实为要图。

(三) 我国因交通不便,城市生活程度与乡村者较常超出四五倍(如上海之与湘西僻县),而中等以上之学校又均集中都市。科举时代,乡村农民子弟求学不必增加生活负担,有时还可以帮助父母料理农事的情况中自由求学(有时亦须略备束修,但系量家之有无而定多寡),现在非离去乡里专门读书不可;在经济上,于学费外,并要负担乡间一文不要之宿费、茶水费、旅费等等;即衣服与饮食亦因生活程度之悬殊而增加数倍。但就三十余年之国民经济状况考察,乡村农民的生产能力,不独无进步,且反退步。因之国民教育既不能普及,而中等以上之教育机会则为都市人民及富庶子弟所独占。这种畸形的发展既足以使都市与乡村文化程度日趋日远,更足以破坏国民意识之统一而发生变乱,实非国家前途之福。要根本解决此种问题,自当改造现行学校制度,但能各学校一律免费,亦可减轻人民负担而增加多数学生。

(四) 根据中华教育改进社 1925—1926 年之统计(全国学生学费共计九三六七九元,占教育费总支出额约百分之五),级愈高者,其学生学费对于该级教育经费总支出额所负担者愈少,愈低者愈多,实为不平之至。"

故主张由裁减军费、提拨寺产、施行遗产税、调查荒地拨为教育基金以弥补之——关于教育经费独立及免费问题我当时主张甚力，并有较详之计算，1928 年 5 月曾在《教育杂志》发表两文。

免费之办法如下：

(1) 设免费委员会专司全国教育经费统计及规划进行之责。

(2) 由大学院省教育行政院或教育厅、县教育局切实调查国立、省立、县立私立各级学校之经费，将收入支出各项细目分别汇列，汇送免费委员会统计。

(3) 以统计上正确之学费数目分别筹定抵补之数。筹款先注意军政等费之移用，后注意寺产提拨及遗产税。

(4) 免费先从初级小学起，逐渐及于高小、初中、高中、专门大学，斟酌经费状况，务一年免去一级，于六年内全部免去。

(5) 各级学校免费后，现在师范学校之特殊待遇取消之，以其经费用考试的方法奖与贫苦子弟，供给其直接生活费，使之上进(师范学校之供给膳费原出于优待负国家重任之教师之意，但实际上习师范者固不尽志在教育——而且用竞争考试制，亦不容志在教育者一律习师范——毕业后国家亦无法安插之；此时师范学校之功用只有维持贫困子弟求学之一事；但以经济压迫之故而使贫苦子弟趋于师范之一途，学者既有不能遂其素志之苦，毕业后，仍不能安心教育事业而社会上亦受一番损失——此种情形，凡有师范教育经验者类能言之——实不经济之至。各级学校既全免费，则不如将此项经费，公之于全国贫苦子弟，使其分途上进。于学者个人、于国家建设均有利益) 。"

这提出去的两案，在我认为是很温和的，但有些人则认为太急进，实行起来，亦太麻烦(尤其学校制度方面)。 而此次会议，以讨论关于三民主义教育之实施为主题(废弃党化教育名称以三民主义教育代之,定中华民国教育宗旨为三民主义的教育,均于此次议决),又"鉴于现行学制实施未久,尚无若何显著的利弊,教育事业重在精神,也不必徒在制度形式上多所变更"(该会宣言中语)。 所以结果是将学校制度改革案归入教育行政组,免费案归教育经费组合并讨论而石沉大海了。 ——学校制度尚于宣言中有不必变更的交代,免费则一字未提及, 盖教育经费所议者,是关于教育经费独立与开源问题,不及学生学费问题。

二十三、一颗炸弹

1928 年 3 月至 5 月，连续发表几篇关于中国教育建设的文章而后，我个人对于改革中国教育的意见，大体已经说过，加以 1928 年 5 月为中华书局主编《辞海》以后，编辑事务的工作很繁忙，对于近代中国教育通史及专史亦无暇执笔，更无暇写教育论文。 1928 年秋《教育杂志》的主编者周予同来函索稿，我乃就教育及教育家的阴暗方面用很富感情、富煽动性之书信体写成一篇致青年教育家的长文，说明教育非神圣、非清高、非万能、非独立，以及教育为庸人的佣工，及先天规定其应过虚伪庸常生活，与不革命亦不反革命的种种。 兹录数段如下：

> 清高与污浊,神圣与卑贱,是对待的名词。说教育是清高、神圣的人,虽然不曾下一个全称断定,说教育以外的事业都是污浊卑贱的,但至少总认定教育是社会一切事业的鸡群之鹤,足以压倒一切。他们的意思大概以为教育是立国之本,国家是神圣,国本当然更神圣;而从事神圣事业的教育家,纵然降一级不以神圣自居,总不可以不自称清高以保持尊严。至于其他的一切社会事业,虽然也有其存在的价值,但都非根本的,当然不能与国本攸关的事业受同样的尊

号了。这当是他们清高神圣教育事业的第一个重大理由。

其次，他们从事实上立论，说教育是指导人的活动，教师是人的模范，不若政治之替人民做事，实业之替社会创业，而有同党竞争、同行嫉妒的污浊行为、卑贱勾当。教育界既无污浊卑贱的事情，当然可以清高而神圣之。

这些理由，骤然看来，似乎是正大的，所以许多自命为教育专家的以此倡，而无数的有为的青年也以此应。但是，过细考察一番，便会发见他们的谬误。

在现在的世界，国家的性质如何，我们且不必细论；假定它是神圣，教育事业是否也因着它的神圣而神圣之，教育是否也因着它的清高而清高之。从事教育的人为保持他们的尊严起见，自然要说教育是有关国本的神圣事业。但是红枪会的首领、耶稣教的牧师，也说他们的供奉真神、服侍上帝都是保国福民的根本要务；若是没有他们，好像人心不古，国将立亡。在他们看来，世界上的事业没有比他们的更重要的，当然可以称作神圣。而且在中世纪，教育确曾作过宗教的奴隶几世纪；就是现在的中国，信敬神为神圣的人，恐怕比信教育为神圣的人还要多若干，教育又安得独霸一切？

你们或者说，这是主观的神圣观，不可以拿来衡客观的教育事业；这话当然不错。但从客观方面说，教育在人生、在国家的地位中，也不过如其他各种社会事业与农工商等相当，教师也不过等于厨子、粪夫而已，更找不出什么高贵的元素在那里。我说这话，自命神圣的教育专家听得，或者要怒发冲冠地不高兴；你们读此，也会要说声"岂有此理"。但事实如此，怒也无用。只要平心静气地想一番便会知道。"许子若不惮其烦"，我还可以略举一些证据。

讲教育是有关国本事业的人，无非是说教育以灌输知识、培养德性为目的，人民的知识高了，德性好了，国家便会因之而强。人的知识与德性是否是现在的所谓教育能灌输能培养，我们姑且不谈，即使能之，也并不是什么根本事业。因为世界上的一切，都是从人生出发的，人若不能"维持"其生命，无所谓知识与德性，更根本说不到灌输与培养，所以世界最根本的事情是吃饭。能解决吃饭问题第一是农业，第二是工业，第三是商业，倘若中国先没有这三种人，教育家除了实行神仙的绝食、野人的裸体而外，连生命都不能保持，更何有于神圣与清高！再就实际的需要讲，现在的社会固然需要现在的教育，但是现在教育所制造出来的双料少爷，大概四体不勤、五谷不分，倘若没有厨子替他们烧饭，粪夫替他们挑粪，就是有农工商人替他们作了种种的事情，还是生活不了。以厨子粪夫与教师并列，教育家或者以为有渎尊严，实则现在的学生们，离开教师，有厨子与粪夫还可以生活下去，倘若仅有教师而无厨子与粪夫，恐怕大家都会无办法。

再就事实上讲，教育界果真比其他各界清高吗？果真无钻营奔竞的事实吗？你们即使不能亲身经历过，至少也当在报纸上看见过倾轧排挤的纪事。倘若你们在学校曾经过几次风潮，作教师曾碰过几次钉子，便知道教育界的钻营奔竞、倾轧排挤的种种污浊行为、卑贱勾当，并不亚于其他各界，也不弱于大众所深恶痛绝的政治界，甚至于足资他人仿效，则所谓神圣清高者又在那里？

因此我劝你们千万不要如迷信上帝和真神的人们迷信教育家的狂言。你们如在人生的许多活动之中，而欢喜干教育事业，只可把教育当作平淡无奇的东西而效厨子、粪夫们的各尽所能、努力干去就行了。不必幻想着什么神圣、清高的安琪儿，而自高其身价，更不必不自侪于百工之列，讲些什么"只问工作不问收获"的傻话，等他人把你们劳力所应得的报酬骗去，而犹效四五年前北京某校校长某先生说教育是清高的事业，应当枵腹从公的谰言。

你们神圣与清高的梦，也许因我这番话叫醒来。可是，我想，你们还有一个大梦，就是从"教育是立国之本"一语中推演出的又一个意义,说教育是改造社会的唯一工具。这种意义,自然是由来已久"教育万能",现在虽然不尽为人所信,但在教育史上确曾有它的地位。就是政治家、军事家也常常将他们苦心经营所获得的政绩,枪林弹雨中所得的战功,都要加到教育上去。日本的伊藤博文首相、德国的毛奇将军,是大家所知道的好例。教育家为求精神的安慰,既然效阿Q精神胜利法的方法屡唱教育万能,而政治家、军事家又从而和之,无怪世界上成千成万的青年志士怀抱着改造国家社会的宏愿,都投向教育的旗帜之下,以求实现理想的天国。虽然也有若干志士,以追求不遂而灰心、而短气,然而大都是自怨自艾,恨自己的力量不够,总不闻有"教育叛徒"直接怀疑教育的本身。我对于教育不过是借其名生活十余年而已,无"艺术叛徒"对于艺术那般精深的修养,不敢自称"叛徒",但对它的功用,却也不时以直觉估量估量。所得的结论,或许可以供你们参考,也未可知!

在教育是神圣清高的概念中,教育家已经假定它是超越其他各种社会事业的;在教育是改造国家社会的唯一工具的概念中,又假定它是能支配其他各种事业的。这第二种假定,在"五四"以前,教育家大概不曾发生疑问。"五四"而后,为着经费问题,而有教育独立之说,已渐觉得社会上的他种活动如经济、政治之类足以牵动教育,但犹不认教育是受政治、经济的支配的,故倡教育独立。实则社会上各种事业的关系,彻底追研起来,本是"鸡生蛋,蛋生鸡"的循环问题,永久不能得着一个最痛快的解决。可是从大体看来,总有点先后的次序。把教育和人生可有可无的宗教比,它们可以两不相涉,也可以彼此互相支配,但把教育和政治及经济比,它便根本是附属品。教育家自然希望教育独立,而且希望其他的一切都得受它的支配,可是在事实上,教育是内政之一部,要它离政治而独立,理论上固然不通,即在实际上又何曾有丝毫效果。中国、俄国、意大利的党政且不说,试问世界上也有君主专制国而行德谟克拉西的教育政策,共和国而有以尊君为教育宗旨的吗?教育的设施都要根据国家政治的变迁而变迁。在经济方面,教育更是它的奴隶,它对于教育也有生杀予夺之权。别的且不讲,何以廓美纽斯、劳沙尔的班级教学先后倡了百余年而无人问,一到英国工业革命后,兰凯斯德一倡便风行世界?何以日本维新与中国变法同时采用西洋教育制度,而日本以强,中国至今还在迷津里面兜圈子?倘若我们把廓美纽斯、劳沙尔、兰凯斯德时代和中国与日本的社会经济制度详细分析一下,便会知道教育所以有如此如彼原因,便会知道经济对于教育的势力之大。教育在一切社会活动中,也是剧场中不可缺的一个角色,若硬派它以鼓手的威权,要它支配全场面的活动,却未免把它看得太重。

自然赋予人类的生活机能太坏:坠地而后,不能如鸡鸭等可以自寻食物,而有赖于父母的养育;又因为人类太聪明,把原始的社会一代一代的造成现在这样花团锦簇的世界,后生小子要在社会上生存,更不能不仰仗前辈的指教。人类受着这两种原因的限制,不能不要教育,教育便成为一件与人类共终始、谁也不能否认的事实。不过这种事实,原是本着本来需要自然而然发展的,初无所谓教育家,更无所谓教育科学。后生小子在生活上有问题时,与老前辈共同生活,模仿他们的办法去办就是了,用不着专司教育的人,更用不着什么教育的科学或科学的教育。自从有些阔人仗着他们的权力与财力,威迫或雇佣他人教育自己的儿女,而自己则腾出时间来作别样的事情,于是有所谓教师。教师的目的既在以教书为职业,自然要迎合雇主的心理,而创造出许多的学理,牢笼主雇,如牧师之借上帝之名以牢笼教徒的一般。于是所谓"师者人之模范","一日为师,终身为父"的格言产生出来了,尊长的架子摆出来了,赏罚的威权也拿出来了。于是教师是永久站在严父的方面作威作福,而同时又借教导后生的名义领薪俸。于是所谓教育家的生活便永远堕入虚伪地狱中,而以种种的假面具示人了。

　　"师者人之模范也"这句话确有势力,小学校的孩子们,他们洁白的心中什么都没有,便受了这句话的暗示(是由于社会暗示他们的)而尊崇他们的教师如天神一般。教师,在小孩子们看来,无异全知全能的上帝;教师所讲的话,他们都奉为金科玉律;而教师们为欲维持其尊严与实践为人模范的格言计,也不惜常常假造许多的论证欺骗天真的孩子们,而掩饰他们的无知。中学生年龄渐大,知识渐多,对于教师的言行,不尽视若天神了,但教师之为人模范的观念仍然如故,知道学生不大易受欺骗,则以去而远之为法门;大学教授之与大学学生,更如孔二先生之见鬼神,去之唯恐不速矣。

　　为着要实践"师者人之模范也"的格言,教师们不得不以假面具示人,不得不过虚伪的生活,更不得不窒息感情。所以他们的言行都是些庸人之言、庸德之行;他们不敢破坏风俗习惯,尤不敢不服从风俗习惯。不能有什么大创造,更不能有什么大破坏。不革命的,然而也不是反革命的:他们只是随波逐流的庸人。所以我劝有特殊创造能力的不必一定要从事教育,幻想清高神圣生活的不必一定要作教师,要想改革社会国家的不必一定要学教育。教育是庸碌的事业,教师是庸人干的。

　　你们是青年,你们有沸腾的血、赤灼的心,我望你们能继续着沸腾、炎热,但同时也望你们将平日对于教育的幻梦打破一点,而切切实实认定现在的教育只是广泛的职业之一,教师只是庸人的佣工之一,无所谓清高与神圣,更不能独立改造社会国家。

　　这封信的内容本很平常。 但以我立意要打破当时一般教育家幻梦,所以特别采取煽动性书信体,故意从阴暗方面说得矫枉过正,以冀引起注意。 ——我的真正的教育观已见先期发表之《建设教育方针》及《学校行政制度改革案》等诸文中。 这文在《教育杂志》1929

年 2 月号发表时，编者即附一段按语，说明他的工具观，以免读者误会。 发表之后，各地来信表示赞同或反对者很多，《教育杂志》上 7 月号有金海观、叶公朴两人的长文(编者并谓尚有多人之文，以意见大体相似未发表)讨论此问题。 李石岑看到了，给我一封信，说这样地大胆说话，是无异向教育及教育界投一颗炸弹。 这比喻有点近似，因为炸弹效力的时间性极短，这文在当时虽然也引起一些波浪，但不久立即平静了。 我写此文本已由教育著述而改任编辑，此后忙于所司，更少谈教育，这炸弹也可称在我的教育生活史中最后所放的一颗。

二十四、理想的幻灭

我从事教育著述生活的最初理想，是要创立一种以劳力自活而与学者共同工作互相砥砺的私人学院，打算以长期的时间完成此种理想。 可是经过三年，不独这理想未曾完成，即研究工作久悬为的之《近代中国教育通史》及专史亦未完成，其原因一部分是由于时局的影响，一部分是由于一位朋友的情谊。

1925 年至 1928 年之三四年间，中国政局变动最剧，对于出版业之影响最大。 我虽然得出版家的帮助，使我在战乱频仍中能安心工作，但以政局不定，教育经费受影响，教育界之购买力极弱，为欲以劳力自活，不得不多费时间于生活的工作；同时为着"教育家"的虚名，各地教育者之来访者甚多，又为接谈而费去的时间不少；再加史料整理之不易，教育刊物编辑者之索稿，又费去许多时间，所以三年之中竟不能完成《近代中国教育通史》及专史的工作。 而以时局不靖，购买力薄弱，书籍销路不大，经济不甚充裕，不能多约同志及青年共同工作。 即原有的诸人，亦于 1927 年 5 月起而有点近于职业的性质，不能尽如原来的理想。 这种种我常感不满，本拟时局平静经济有相当基础之后，逐渐改正，使之近于理想，但为着一位朋友的情谊，终于完全把理想放弃。

　　这位朋友我不说，读者一定知道是陆费伯鸿先生。

　　他与我自 1922 年秋在吴淞中国公学偶然晤谈而后，便因"一见如故"之第一印象而立即发生很好的友情。就一般情形讲，我为湘西人，他为浙江人，以民族性讲似不易做朋友，但他生于汉中，长于南昌，自幼即受地理上之影响，其生活习惯已异于一般浙人；而在体质上为神经质兼多血质，故爽直而富感情，处事有决断有毅力。其体质与习性很与我这湘西人的刚爽脾胃相合。所以"一见如故"而后，友情便继续的滋长。就人情上讲，他对我之所求，如与我的夙志及能力相去不太远，我自不能不为友谊而牺牲理想。

　　中华书局初创时，由范静生（源廉）先生任编辑所长，1915 年范出任教育总长，由戴懋哉（克敦）先生继任，但戴以年迈，久欲退休，1924 年戴逝世，由伯鸿兼任。他自 1922 年在吴淞与我相识之后，便有意约我入局任职。1923 年 1 月我欲去南京时，彼欲约我入公司，我因要从事学问而未允。1925 年 6 月由四川返宁，在沪相见，在他人以为成都的喜剧于我有损，他则谓为是我最难得的宝贵教训，而再约我入公司任事，我以欲实现我的理想又未允。1927 年 4 月至沪，他曾提及入公司之事，我又不允。他以有决断，有毅力，看定一事或一人必欲设法达目的；我虽几次不允其请，他对于我入公司任职之意念始终未消。而我们的友谊又日深一日，就他平日"为而不有"的治事精神讲，他本愿意成人之美，就他对公司的"求人"讲，他更愿助我，使我在外面多有历练，以免进公司后发生问题。所以在那种"干戈扰攘"之秋，对我总是尽量相助。1927 年国民政府定都南京，时局已渐上轨道，1928 年中国统一而后，时局更渐平静，且戴君已逝世，编辑所长职务虚悬无人，本想约我入局；但以我的个性很强，我的理想未经实验，即再提亦未见能允许，故不明说，而只在事业上帮助我，使我们的友谊日增。但同时又恐我有他种机会而他适（河南一师及师大聘我不去,他均知之），不易再返，于是于 1928 年 3 月 30 日寄我一封很恳切的长函，约我主编《辞海》。 那时我的近代中国教育史工作，只完成一部《留学史》与《教育思想史》，通史及专史只有材料而未执笔，且《简明文艺辞典》及《人名辞典》正在开始，本不欲接受《辞海》工作，但感于他的友谊及他对公司的热诚①，经过数日之苦思，终于 4 月 5 日复允之，但保留研究工作之继续。 经过几度函商，我并于 23 日应彼之约去沪详商，晤谈数日，他欲我将未完之两部辞典稿并入《辞海》，以便专心于辞海工作，我允之；我要求除主持编辑事务及校阅稿件外仍须继续研究工作，他亦允之。 卒于 26 日签订契约。 当日我们同去吴淞游览，在途中他正式提出编辑所长之事，我仍以将来再说答之。 但 1928 年秋，我迁杭州后，他去杭数次，每去必旧事重提，1929 年夏杭州开西湖博览会，我们一度共事②，更经多次长谈，我终于 1930 年 1 月 1 日至沪任中华书局编辑所所长，不独我的学院理想未实现，即职业亦经改变。

二十五、快乐的园地

我于 1925 年秋由南京近北门桥街市的莲花桥迁至近鼓楼的何家花园。 这花园占地五亩余，除两个池塘几株古树而外，花木很多，虽然荒芜一点，但其本质仍不失其为花园。 花园之北端为一排不相连系之房屋三座，中间为何氏家祠，东为四开间之平屋，西为三间河厅，再西为园主的住所，其前门即属大街。 园中并有三开间的独立平房一座。 离南端围墙十数丈，墙外即暨南学校所在的薛家巷，园西邻暨南

①　《辞海》于 1915 年由徐鹤仙(元诰)先生开始，时作时辍，十余年只成初稿数十万言，他急欲完成，而苦无适当之人。

②　他任博览会宣传处处长，我任副处长，实际上他在博览会期三月余中不过去杭数次，实系挂名，一切事务，均由我处理。

学校，园北则邻百数亩地之空坪。 我的寓所即在西北角上之四开间平屋。 而1926年李儒勉来居河厅，余家菊来居独立平屋(1927年春余去沪，该屋空租，李返赣，由刘范猷续租)，故全园虽有三户，但均为旧友，实际无异一家。

南京在那时本属富有乡村味的城市，而何家花园的环境，更为著述的理想境地。 地方空旷，树木参天，空气之清新，自不待言；远离街市，不闻车马之声，寂静更属难得。 而四季的鸟语花香，鱼跃犬吠，更富乡村味而足以陶情怡性。 至于生活之低廉(我的寓所租金最初不过十二元，1928年亦只二十元)，交通之便利(上海各报当日下午5时即到)，尤其余事。

1925年、1926两年，虽然干戈扰攘，但战事未及南京，故生活颇为安定。 而南京有东南及金陵两大学及若干中学，教育界、学术界友朋甚多。 我的寓所比较空旷而有花木，朋友之过往者亦多(其时往来最多者为少年中国学会会员宗白华、方东美、杨效春、黄仲苏及徐悲鸿、赵叔愚诸人)，至于暇时之结队出游，更属常事。 我于著述而外并常以摄影自娱，故那时的生活，在物质、精神两方面都可称为最舒适最理想的。

1925年、1926两年虽亦有许多过客相访，商谈教育问题，费去我一部分时间，但为数不多。 自1927年4月国府定都南京而后，南京成为政治中心，各地人物差不多都集中于南京，故旧或闻名而来相访者日多，而湘军首先入城，随军而来者固多，因其时国府委员有谭延闿先生，军事委员会总务处长为雷崤岳先生，他们都是湖南军政界前辈，其旧属之闻风而来者自异寻常；再加以范猷原在湘军政界服务过，其在军政界中之旧交更多。 因之我之座上客常满，而大半均属同乡。 他们"来自田间"，对于时间观念本农家之习惯素不重视，一谈便数小时，我则常常陷于"迎拒皆非"的窘境。 因为与之闲谈，则我的工作时间被牺牲，精神上感痛苦，不予招待，又要得罪人；而军政的人物，尤其有一面之雅的人是得罪不得的。 至于借钱者之无力应付，以及酒食征逐之浪费，无其小焉者。 我在无可如何之中，便想迁居。 但以书籍太多，迁徙不便，遂又中止。

1927 年 4 月以后，东南虽渐奠定，时局日趋平静，但党派之争仍甚激烈。 表面的党争虽无与我事，但出版物的检查(当时天津之《国闻周报》，北京之《晨报》，上海之《向导》《醒狮》以及与政治有关之书籍，均被禁邮寄)，却予我的工作以许多不便(因为《辞海》要搜集新词，须阅读各种新出版书)。 我虽有岳麓旧同学宾宽及覃涤寰诸君在军政界任要职，于检查方面得许多便利，且能看得许多不易看到的出版物，但当时因为邮寄物之关系，被寄递人莫名其妙地由公安局捕去关几天而后释出者更是常事。 我以《辞海》关系，不时与当时的最高法院院长徐鹤仙先生相往还，又以论学关系，而与少数党国要人及湖南名宿有交谊，万一有事，不患无人证明，无人作保，但无故捕到公安局去坐坐究属不必要。 因而迁居之念，时时萦绕于心，结果为着借口书籍迁移费事的惰性，又只依徐君的建议向卫戍司令部去一函，声明我以工作上之需要而订阅许多刊物，并无其他作用，同时托徐君及党国要人及湖南名宿向该部预为说明而仍在何家花园安居下去。

二十六、迁居改业

1928 年 8 月，国民政府因翌年 3 月要奉安孙中山先生之灵柩于南京，决定扩修街道，我的寓所正在由下关直达东城外紫金山的中山路上之路线内，早经公安局布告，令房主自拆。 我的房东，以苟安的心理延不从命，但 9 月 7 日午前 10 时，何氏家祠及我之寓所之四分之一卒由消防队率队代为拆去。

当 8 月公安局布告拆屋时，我的理智明知非迁地不可，但因为惰性与爱南京之故，仍想苟安下去。 我虽知何家花园要被马路穿过而拆而为二，但我的寓所之半边，仍有两亩余的面积，只要房主允为我临时搭两间房屋，使我能把《辞海》一年余之契约完结，仍可置客扰与物价高涨等问题于不顾而勉强住下去。　那时的南京既属政治中心，外来的人比原来者加多几倍，房屋本已不敷，再加拆去若干房屋，自更难于在南京再觅适当之房屋。　而因房屋奇缺，房租陡涨，我的寓所最初为十二元一月，1927 年加至二十元，1928 年我出六十元而欲房主将我被拆之四分之一，搭临时房屋以补足之，他亦不允，且余下之四分之三亦不愿以六十元继续出租。　其他物价，也为倍数的增加，而燃料与女工尤为缺乏。　我的预算自然也大受影响。　到了 1928 年 9 月，在生活与房屋上均使我不能不迁地为良，在 8 月初与房主交涉无结果之后，即赴沪与伯鸿面商，决定了迁居（但不去上海，因我不喜都市生活），并亲去南通、苏州，派廉铭去杭州分途觅屋。　因为参考书数万册，工作人员已达十余人，颇难觅相当的房屋。　经半月的时间，终于 9 月初决定率领范猷等迁杭州，罗、孙两人则以在东大就学，由我指定范围，自行工作，听其留宁。　——此次迁居使我最感痛苦者，是在途中遗失 1921 年秋至 1926 年之五年余的日记。

　　1928 年 5 月，我接受主编《辞海》的职务以后，我已以编辑为职业，所谓私人学院之理想，已经幻灭。　但《辞海》工作进行之始，除去厘定编辑计划，规定内容及排列方法外，因同人方开始工作，搜集材料查阅参考书之时为多，成稿甚少，我的校阅时间不多，故在 5 月尚能写关于教育经费问题的论文两篇，草拟学校制度改革等三提案，尚可谓为系教育著述工作。　6 月、7 月而后，同人之成稿渐多，我忙于校阅，但尚能以最少之余暇，从事教育史料之搜集与整理（唯以工作未完，未有成稿）。　8 月忙于迁居问题，直至 9 月 23 日方将书籍行李及杭寓料理清楚而于 24 日离宁迁杭。　此两月不独我无暇顾及教育研究与著述工作，即同人之工作亦不能照常进行。　迁杭而后，布置就绪，《辞海》编辑同人亦逐渐加多，我校阅稿件且不暇，更无暇顾及教育研究与教育著述工作。 自 1930 年入中华书局而后主持编辑所行政事务，天天在核稿、签字、会客、赴宴、听电话、打电话的所谓应付中过生活，虽亦未尝无余暇，但只能看书报、写日记，极少整段的时间去做研究工作，写整部著作。 所以《近代中国教育通史》和专史，也成了画饼。 我的教育著述生活也就是全部教育生活，就在 1928 年 7 月而止。 这部我和教育所叙述的我的教育生活的种种也至那时而止。而 1928 年 7 月 9 日即阴历五月二十二日，正是我满三十五岁之期，所以这部《我和教育》也可称为我的三十五年教育生活史。

附录一

几件礼物

　　我以小农之子，因着遗传环境与教育的种种关系，体验一种"无限自觉创造"的人生见解，对于三十余年的中国教育，时时怀着不满之感，而为解决自己的苦闷计以研究教育。作学生被开除，作教师几次作风潮的对象，然而终于本着我的理想不顾一切，专心过几年教育著述生活。我在三十五岁以前以至现在都不能算成功者，但以我的家庭与教育基础而能如此，亦不能称为大失败。我之所以不大失败，自然是环境的磨炼、朋友的帮助和父母师长的教育。我之能有今日，我应当感谢父母、师长、朋友和社会，但若有人问我除去上述的种种而外，我一生最受益的教训是什么？我可不迟疑地立即回答说：

　　"吃不穷，用不穷，不会打算一世穷。"——幼时母亲常常对我所说的话。

　　"天将降大任于斯人也，必先苦其心志，劳其筋骨，饿其体肤，空乏其身，行拂乱其所为，所以动心忍性，增益其所不能。"——二十岁由溆浦县城起行赴常德时，父亲给我的临别赠言。

　　"父子有亲，君臣有义，夫妇有别，长幼有序，朋友有信。"——五教之目。

　　"博学之，审问之，慎思之，明辨之，笃行之。"——为学之序。

　　"言忠信，行笃敬，惩忿窒欲，迁善改过。"——修身之要。

　　"正其谊不谋其利，明其道不计其功。"——处事之要。

"己所不欲，勿施于人，行有不得，反求诸己。"——接物之要。

以上为岳麓高等师范所揭示的朱子白鹿洞书院教条。

我一生得着上面几段话的益处太多，在本书中曾常常说及。这部《我和教育》无甚精义，恐怕浪费读者的时间而得不着益处，谨以上述的几段话奉献于读者，作为我赎愆的礼物。

1940 年 3 月 25 日，上海

附录二

写完以后

这部书自最初执笔至完稿，经过十年，其完成且出于预期之外；在我的写作生活史中，不独是一件值得纪念的事，再过若干年，甚至连自己也记忆不着其中的曲折。所以在全稿校阅完毕之后，再加上这段话。

当1929年11月10日我与中华书局订立编辑所所长契约之前，即与陆费伯鸿先生再四谈及任职后之写作与《近代中国教育史》未完成之工作问题，他谓编辑所之事务不多，同人均系君子，无需管理，尽有余暇从事自己的工作。所以在契约上写上好几部当时已经动手或已有材料的书目。不料193年1月入公司而后，天天忙着核稿、签字、写信、会客、赴宴的种种"应付"问题，实际上诚然"尽有余暇"，不过"余暇"都是片断的，不能拿来从事于较大部的著述；而且"应付"的问题，要随时以他人为主，事务固不能由自己决定，时间更不能自由支配。有时一件事看来极平常，不过一二句话或三五个字即可解决，但以人事与环境上之种种关系，要写此三五个字或说此一二句话，便得事前或事后考虑几小时以致数日或更多的时间。所以在时间上，诚然"尽有余暇"，在脑子里却少空闲。到沪而后，除去写信和写日记外，什么都写不成，甚至《人生哲学》和《中华百科辞典》要略加修订，也得请人代劳。

整理编辑大部书籍固然要整段时间，而为我1930年以后职务所不许，但以素有写作习惯而发表欲颇强，欲完全将时间消磨于事务处理或闲散之中，亦非所愿。故到沪以后，以为放弃研究工作，固为事实之所逼，但写个人生活的自传，当无问题。而我在三十五岁以前的生活是以教育为主体，故决定以片段的时间，写一部《我和教育》。适1930 年 12 月 3 日赴南京出席中华学艺社年会而有两次讲演，均以"我和教育"为题。当时本拟努力写作，在短期内完成，故于 1931 年出版之《致青年书》及《中国教育建设方针》的叙文中，均说不久将有自传式的《我和教育》印行。

1930 年 12 月自南京返沪，确曾执笔，且从序文写起。因时作时辍，至 1931 年 3 月还只将私塾生活写完，以后即因事搁笔。1932 年"一·二八"事件发生，公司以时局影响，只半日办公，于是以其余暇再写。4 月公司恢复原状，我的写作亦因而停止。但以当时心绪不宁，只写到兑泽中学之生活而止。此后数年，虽时时以有着"一件心事"的心情，而常欲执笔，但终于未能实行。"八一三"后，公司再受时局影响而有 1938 年之工潮，公司几至停顿。我于处理事务之余又来续写。不过在时势与局事夹攻之中，仍难专心致志于写作。故十个月中只写到福湘女学为止——三次综计不过六万字。1939 年 11 月因事寄居他处，但心绪比较宁静，以一个月之时间写成近十万字而将教师生活完毕即去香港。1940 年 1 月自港返沪，静居家中，余暇虽较多，但以对公司责任所在，仍不能安心写作，2 月以前竟未执笔。但心理上则时时悬念，若有所失。楫君以为即此停止，实是功亏一篑，乃极力督促，卒于 3 月 1 日起奋力为之，终以二十五日之力写成七万余字，而将全书完成。再以五日之力，从事校阅，于 3 月 3 日在她生产姗姗①的医院的病房中校阅完毕。

---

① 我的子女除书中已提及之泽湘、泽淞、泽宁、泽湖外，尚有三男泽杭生于 1929 年 6 月 9 日，三女泽沪生于 20 年 12 月 9 日，姗姗为第四女

　　人的生活范畴是时代与环境的反映，我之如此如彼，当然要受时代与环境的影响或支配。　故书中所叙事实，都将其当时有关的重要时势与环境情形简要说及。　在形式方面，最初本拟采用文艺的描写方法。　后以本书的目的，重在表现三十五年（1893—1928）间中国教育的具体史实与我个人求学及从事教育的生活实况——我能将往事叙得比较清楚，很得力于写日记及保存书信的习惯。　1926 年以前的日记虽经失去，但 1919 年以后之书信、十六岁时之日记、课艺、师友录及岳麓高师之校志《湖南教育月刊》、中国公学、成都高师风潮之报纸记载均存。　如用文艺的描写方法，不独要牺牲一部分真实史料，且篇幅亦非加多数倍不可。　故最后决定采用历史的记叙方法而兼带描写，以期节省篇幅而无损阅读趣味。

　　本书时写时辍，前后达十年，中间曾以无暇完成而欲将已成之稿毁去；而卒能完成者，楫君强为保存稿件而外，国难是促成此书的最大因素。　我现在还想用文艺的描写方法，写几部我和什么以表现我幼年、少年、壮年、中年的全部生活，但除自己的努力和楫君的鼓励外，只希望不再国难中过写作生活。

　　本书排就曾蒙陆费伯鸿、董任坚、沈有乾、陶菊隐、金子敦、夏丏尊诸先生详加校阅，多所指示，复由楫君校订三次，均在此致谢。

1941 年 7 月 1 日，上海